2016年教育部人文社科青年项目新型城镇化背景下中国传统村落转型与发展路径研究
（16YJC840005）资助



# 新型城镇化背景下
# 中国传统村落转型与发展路径研究

郭海霞　李永祥◎著

中国農業大學出版社
China Agricultural University Press
·北京·

**图书在版编目(CIP)数据**

新型城镇化背景下中国传统村落转型与发展路径研究 / 郭海霞,李永祥著. --北京:中国农业大学出版社,2024.7

ISBN 978-7-5655-2802-6

Ⅰ.①新… Ⅱ.①郭… ②李… Ⅲ.①村落-城市化-研究-中国 Ⅳ.①F299.21

中国版本图书馆 CIP 数据核字(2022)第 103743 号

**书　　名** 新型城镇化背景下中国传统村落转型与发展路径研究
Xinxing Chengzhenhua Beijing xia Zhongguo Chuantong Cunluo Zhuanxing yu Fazhan Lujing Yanjiu

**作　　者** 郭海霞　李永祥　著

**策划编辑** 石　华　　**责任编辑** 石　华
**封面设计** 中通世奥图文设计中心
**出版发行** 中国农业大学出版社
**社　　址** 北京市海淀区圆明园西路 2 号　　**邮政编码** 100193
**电　　话** 发行部 010-62733489,1190　　读者服务部 010-62732336
编辑部 010-62732617,2618　　出　版　部 010-62733440
**网　　址** http://www.caupress.cn　　**E-mail** cbsszs@cau.edu.cn
**经　　销** 新华书店
**印　　刷** 河北虎彩印刷有限公司
**版　　次** 2024 年 7 月第 1 版　2024 年 7 月第 1 次印刷
**规　　格** 185 mm×260 mm　16 开本　12.5 印张　201 千字
**定　　价** 38.00 元

## 作者简介

郭海霞，女，现任职于浙江科技大学马克思主义学院，长期从事乡村发展研究、村落转型研究。已出版个人专著2部，参与写作专著5部，在《中国社会科学文摘》《开放时代》《农业经济问题》等期刊上发表多篇论文。

李永祥 男，上海交通大学博士，浙江大学博士后，副教授，杭州市D类人才，现就职于杭州职业技术学院。已发表各类学术论文30多篇，主持国家级、省级等科研项目多项。

本书由“2016年教育部人文社科青年项目
新型城镇化背景下中国传统村落转型与发展路径研究”
（16YJC840005）资助
本书由浙江科技大学马克思主义学院资助

# 前 言

1982 年到 2021 年年底，中国城镇常住人口大幅度增加，城市化率从 20.9%提高到 64.7%。与快速城市化和工业化构成一体两面变化的是传统村落的加速解构和转型。面对传统村落的大量消失，有关“传统村落将向何处去、又将如何去”的研究就显得尤为重要，这不仅是因为传统村落及生活于其中的村民在整个社会结构中占据一定的分量，而且是因为传统村落表征了以其为基础的传统组织构造和文明形态。在更深的层次上，传统村落的生活模式和文化传统代表着中国历史的传统，也影响着未来的发展。

现代化语境下的村落研究常常聚焦于回答传统村落在社会变迁中的存留、适应、演变、再造等问题。然而，现代化的宏大叙事总是将“传统”与“现代”割裂，难以对现实中传统村落的复杂转型做出有力解释。为此，本书突破以往嵌于乡村-城乡连续统中的传统村落研究，摆脱“城市中心主义”的价值预设，通过对五个典型传统村落的深入分析，展现新型城镇化背景下中国传统村落现代转型的复杂性及多元化发展路径，希望能够对相关研究起到抛砖引玉的作用。

传统村落的衰落其实是乡土文化的失落。和谐村落的建构并不意味着与传统文化的彻底诀别，并非要完全移植西方工业化或城市化的模式，而恰恰是要立足于乡村，梳理我们自己的乡土经验，从关系网络、地方习俗、伦理观念以及村民日常生活中去寻找演变的轨迹和可能的答案。

因此，传统村落未来的发展有一系列问题需要厘清：第一，村落的未来，取决于我们怎么看待传统村落，如果 2010 年之前在对传统村落未来发展的考量中，重视程度不够，对其的政策支持和资金投入也较少，那么现阶段已经得到转变，传统村落已被视作凝聚众多历史信息、文化景观和民族记忆的活态遗产，中华民族悠久灿烂文明的重要载体，对其的政策支持和资金投入越来越多。第二，必须重新审视现代化、工业化和城市化的关系问题，以城市发展为主导的现代化如何更好地容纳非城市形态的村落？第三，传统村落是否可以像城市一样，成为村落现代化的载体和场域？如果可以，需要的基本条件和要素是什么？传统村落应该如何来达成这些基本条件和要素？本书的重点就是厘清这些问题。问题厘清了，答案也就出来了。

对于传统村落的预判，既不应当是浪漫主义的，又不应当是悲情主义的。传统村落的未来不是等来的，是行动出来的。学者们需要走进传统村落的日常生活，理解村落与国家互动的历史逻辑，并从中去寻找可能的答案。学者们需要向20世纪三四十年代进行乡村建设的前辈们学习，不仅仅是思考，还要行动和实践；不仅仅记录当下的村落，更要参与建设当下的传统村落，让更多的知识分子及其他的专业技术人员、企业家等参与乡村建设，与村民们一起，共同实现传统村落的未来。

郭海霞
浙江科技学院（浙江科技大学）
2022年2月

# 目　录

# 第一章　导　论

## 一、研究背景与意义

对于传统乡土中国而言，村落是传承文化根脉的地理空间，是乡土文化的载体，是村民生产和生活经验的坐落之处，是生于兹、死于兹的人生价值依归之地。那么，对于现代中国而言，村落究竟意味着什么？

1982 年至 2021 年年底，中国城镇常住人口从 2.1 亿人增加到 8.5 亿人，城市化率从 20.9%提升到 64.7%。与快速城市化和工业化构成一体两面变化的是传统村落的加速解构和转型：2000 年，中国的自然村落有 363 万个；2010 年只剩下 271 万个，10 年减少了 92 万个；2021 年中国还剩多少自然村落，确切地说，不知道。“失落的乡村”“乡土中国的裂变”……传递的是对乡村处境的隐忧。村落里发生了什么？老年人寂寞度日，年轻人奔赴远方，将近 1 亿的流动儿童及留守儿童与完整的家庭生活割离。那些根植于乡土的文化观念悄然发生着变化，城市成为新的向往。

在新型城镇化进程中，有关“传统村落将向何处走、又将如何去”的研究已成为社会各界共同关注的重要课题。这不仅是因为传统村落及生活于其中的村民在整个社会结构中占据一定的分量，还因为传统村落是乡土社会生产、社会生活的一种活态遗产，其中蕴含着大量的历史记忆、宗族传衍、俚语方言、乡规民约和生产生活方式等，对经济、社会、文化等方面的发展和研究都具有很大的价值。在更深的层次上，传统村落表征了以其为基础的传统组织构造和文明形态，不仅代表着村落的过去，也影响着村落以及社会文化的未来。

## 二、国内外研究现状和趋势

20世纪前期，中国的知识分子不仅思考，而且实践并引领了20世纪三四十年代轰轰烈烈的乡村建设运动(代表人物有晏阳初、梁漱溟、陶行知等)，他们思考的核心主题是乡土中国如何面对现代化的挑战，其成果带有解决中国问题的理想性质。自20世纪90年代以来，学者们把对乡土社会的重视强调为将“乡土中国”作为一种学理类型来看待。近十几年来，从事村落研究的一些学者则主张“中国主位”的乡村研究，其思想核心在于建构一套用非西方理论“获取”的中国乡土经验，即从中国自己的经验中发育的理论，进而与西方学界对话，而非套用西方的理论来研究中国的现实。

### (一)乡村转型研究

一般而言，研究和提出乡村转型理论在本意上是要强调对乡村变化做整体分析，强调社会结构在变迁中发生的质性转变，即村落根本性的“转型”，而非简单的“变迁”。不少学者要求把乡村转型研究从二元对立、一极到另一极转型的概念中转移，并试图扭转现代主义乡村研究中农业政治经济学和乡村转型理论各自的视角，发展“第三条道路”，综合纵向的国际农业体系重构和横向的乡村社区变迁两股力量、两种视角，以形成Murdoch(默多克)(2000)提出的乡村发展纵向和横向网络研究新范式。这种努力揭示了另一个事实，即全球化的乡村并非只有衰朽的宿命。这不仅是因为对田园生活的期许似乎总是深植于乡村居民的思想中，并被中产阶级和其他群体不断创造、建构，田园被装扮为现代化的“避难所”，更是因为乡村在当今社会仍然具有无可替代的基本功能:保证食品供给和安全、自然资源保护、保护文化多样性等。从该意义上说，对乡村转型理论而言，特别是其对去农业化、去社区化观点的批判似乎是激励乡村摆脱被动适应全球化的惯性，通过自身发展而实现反控制。

关于西方国家乡村转型研究的代表性观点是Halfacree(哈夫克瑞)(2006)描述的从生产主义乡村到后生产主义乡村的转型。“后生产主义乡村”这个概念受到不少研究者的认可和追随，它强调发达国家的乡村(农业)已经实现转变或转型。一些研究者把它作为事实而展开过程分析，如Holmes(霍姆斯)(2002)认为澳大利亚牧场的后生产主义转变已经赶上西欧的速度，只是在变迁的动力、参与者、过程和成效上有所不同;Froisonda(弗罗伊桑达)等(2007)用案例来描述农村商品化发展的过程,并分析这一过程中的主导力量。乡村转型在很多地方都发生,比如英国式的后生产性村庄转型、美国式的工业化村庄转型等。20 世纪 90 年代以后,发展中国家的乡村也被视为进入了这种转型,Rigg(瑞吉)和 Ritchi(瑞切)(2002)的研究乐观地认为非洲、拉丁美洲和亚洲的乡村"去农业化"是真实的,另一些研究者则质疑生产主义/后生产主义这个基于英国中心视角的二元概念是否能广泛地适用于欧洲或其他地方。Hoguet(霍格特)(2001)等批评英国乡村的"后生产主义"景象根本就没有表述和论证清楚,研究西班牙的乡村发展也可以发现有关乡村从一种形态到另一种形态的转型分析对理解西班牙的情况几乎没有帮助。总体说来,较温和的批评者,如 Wilson(威尔森)更愿意"地方化"地看待生产主义和后生产主义,即强调乡村多样化,认为大多数乡村社会位于生产主义/后生产主义的连续统中,或者说生产主义/后生产主义的行为和概念在乡村是多维共存的;较激烈的批评者,如 Morris(莫瑞思)(1999)和 Evans(伊文思)(2002)则声称后生产主义本身就是一个有争议的概念,看起来更像是一个"神话"。

关于乡村转型的机制问题,Marsden(马斯登)(1990)提出从生产与消费的关系、社会关系与社会行动、制度与权利的社会性构建等几个方面来考察;Cloke(克洛克)(1992)和 Gooduin(古德温)(1992)提出以规制理论为基础,从经济变迁、社会文化重组以及国家角色的再设计三个维度来评估乡村转型。毛丹等(2014)认为,中国对乡村转型机制的研究文献大多不反对采取国家、市场、社会三位一体的研究框架,主要是因为这不仅可以容纳乡村变迁或转型过程中出现的新特点,例如,利益复合性、合作、统治网络、地方政府权威、责任和功能、角色重组等,而且更有利于表达一些重要观点。①乡村的不均等发展类型背后包含着市场、利益与网络关系(地方与地方)的重新组合。②不同的乡村发展模式代表着不同的资源组合与配置,同时包含了不同的商品化过程。③不同经济关系的重组是镶嵌在不同地方的社会、政治等条件之下的。简而言之,分殊化的乡村类型就是不同的地方制度、市场化与社会网络关系的重组,从而形成再区域化,重组地方之间关系网络的过程。④乡村区域化的转型不再是一个地理邻近性的概念,而是由国家经过区域再到地方进行控制与分工的过程。总之,使用这类复合机制解释乡村转型应该比使用单一机制解释更为科学、有效,能更好地理解各种复杂的农村变迁现象与过程,并审定价值立场和政策选择。

## （二）村落转型研究

村落通常是指农村的社区、聚落或地方，是相对于城市社区的特定生活空间。李善峰(2004)指出，作为农村广阔地域和历史渐变中的一种实际存在的最稳定的时空坐落以及紧密联系的小群体，村落是在内部互动中的有活力的文化传承和功能发挥的社会有机体。从政治层面看，中国的村落是以行政村方式存在的国家基层治理单位；从经济层面看，中国的村落是农村集体经济的重要组织者；从社会层面看，中国的村落是一种地方社会共同体，发挥着社会成员身份界定、情感认同等诸多的功能；从空间层面看，中国的村落是很多人或愿意或不得不选择生活、居住的地方，是整个社会居住体系的重要组成部分。

村落转型主要是指村落从一种组织形态到另一种组织形态的变迁。村落转型研究，即类似于经济变迁、社会文化重组和国家角色的再调整。在村落与市场、村落与国家、村落与城市社会的三大维度下，村落会出现不同层面的根本转变。

从西方国家的经验来看，以村落为主体的传统农业社会逐渐被以城市为主体的现代工业社会取代是社会现代化的一种趋势。根据现代化理论提供的历史图景，在日益全球化的时代，村落转型可能意味着作为“乡土本色”的传统村落的消失，“村落的终结”也的确是每天都在发生的事。相关调查数据显示，中国在 2000 年有 363 万个自然村，2010 年减少到 271 万个，2012 年又减少到 230 万个，传统村落的境遇不容乐观。正如《村落的终结:羊城村的故事》所言:“它们悄悄地逝去，没有挽歌、没有诔文、没有祭礼，甚至没有告别和送别，有的只是在它们的废墟上新建的文明的奠基、落成仪式和伴随的欢呼。人们似乎忘却或忽略了在故去的老人和新生的婴儿之间存在的继替关系以及后者的血脉和身躯里依旧流淌和生存着的祖辈的血液和基因。”

然而，在这波村落消失的大潮中，经典现代化理论的两个假设越来越受到理论和实践两个方面的挑战，学者们开始怀疑西方现代化模式在全球范围内的普遍适应性，开始重视非西方民族文化传统在现代化中的意义。如有些学者基于村落与市场、村落与国家、村落与城市社会三大维度，把近 30 年的村落转型表述为经济共同体转型、治理共同体转型及农民社区转型。有些学者认为，在发展主义理论体系中，“传统”是走向现代化国家的“阻力”而非“动力”，但在东亚现代化过程中总能寻到高扬传统背景下的现代化快速发展方式，因此，应重新理解“传统-现代”的复杂关系，切实推进村落转型和振兴。传统村落具有经济、社会、生态、文化等多元化价值，传统村落没有“终结”，而是在“转型”，村落可以借助于城镇化、工业化和市场化的力量重新积累，发展资本。有些学者质疑现代化和发展的研究对农村命运的基本假设，提出中国工业化进程的推进并没有大幅度地减少农村人口，相反，强有力地刺激了乡村社区，特别是乡村社区的超前发展，并形成了“工业村”的新形态，或者说创造了“超级村庄”这样一种新型的社区形态。在日益工业化、城市化的世界，乡村的存在形态和功能角色正在发生巨大的改变。传统的依赖资源的乡村正在明显地衰退，正在转向一个“新乡村”，更确切地说是一些不同于传统、眼下正在发生巨大变化的新乡村。村落终结不是传统村落共同体、农业、农民被现代化消磨的过程，而是村落经历凤凰涅槃式的重生、主动融入现代社会体系的过程。村落转型就是对村落社会变迁中众多要素的捕捉、抽象，对现代化与村落关系重新解释的新理论。村落转型意味着村落生活各个层面的根本性调整，其中变迁的过程是因果相关的，既包括量的变化，也包括质的变化。传统村落社会的发展不是断裂式的跃进，而是连续的进化过程。

值得注意的是，中国的村落与发达国家的乡村在发展起点上不一样，历史、制度、环境也不一样，所以发展的目标定位和路径选择必然也会有很大的不同。因此，我们的村落转型研究就不可能直接套用西方乡村转型的理论，只有从中国村落自身是什么、处在什么阶段、宏观的制度背景和影响因素出发，才能有一个较为清晰的判断。中国学者强调任何转型都有一个原点问题，转型必须重视对原点结构的路径依赖，必须从村落是什么、处在哪个阶段等原点问题开始，才能回答村落“从哪里转到哪里”的问题。

### （三）传统村落研究

在传统村落的研究过程中，国外学者以“乡村聚落”这一概念作为传统村落研究主题，这个传统村落研究大致可分为四个阶段。

一是起步期。19 世纪中期，欧洲各国兴起对乡村聚落的研究，学者们主要将目光聚焦在自然环境对聚落的影响上，其中比较有代表性的是德国地理学家科尔，他在 1841 年出版的《人类交通居住与地形的关系》一书中开始对城市与乡村不同类型聚落进行研究，通过对比两种聚落的分布特点，阐释了聚落分布与土地之间的关系，这是学术界首次对聚落进行整体系统的研究。

二是发展期。20 世纪 20—60 年代的研究成果主要集中在聚落成因、发展过程、聚落的职能规划上，还有一部分学者不满足于对其进行单纯的理论研究，开始对乡村聚落进行实地调查，正因如此，他们的结论更加切合实际，参考价值更高。尤其是德国学者克里斯塔勒在《德国南部中心地原理》中提出的中心地理论，法国学者阿·德芒戎在《人文地理学问题》中提出的乡村聚落的四种类型，皆是他们在进行大量田野调查的基础上完成的。这些理论丰富和拓展了乡村聚落理论研究的内容和范围。

三是加速期。20 世纪 60—80 年代的研究多集中于对村落的自然、社会、人文等因素的分析，研究方法趋向于定量与定性相结合，一些研究者还引入了行为科学的方法，使研究成果更加准确科学。例如，邦斯的《都市世界的乡村聚落》和基士姆的《乡村聚落和土地利用》等经典著作。

四是成熟期。进入 21 世纪后，乡村聚落的研究不仅逐步与其他学科相互交叉融合，而且更多地将视角投向乡村聚落出现的新问题与新变化。此外，一些学者开始将研究视角投向探讨人口密度、经济发展与乡村聚落之间的关系。

中国对传统村落的研究最早始于 20 世纪 80 年代后期，当时学界主要从民居建筑、村落环境、文化空间、旅游开发等多个角度对古村落开展研究。当时的研究未能将“传统村落”与“古村落”“历史文化名村”明确界定。2012 年，全国传统村落保护和发展专家委员会第一次会议决定将习惯称谓“古村落”改称为“传统村落”。冯骥才(2013)认为，传统村落是指那些历史面貌比较完好，具有比较丰富的文化遗存、独特的生产生活方式以及依然有村民居住与生活的活态的村落。何连弟(2015)认为，传统村落是指民国以前建村，建筑环境、建筑风貌、村落选址未有大的变动，具有独特民俗民风，虽历经久远但至今仍为人们服务的村落。

**1. 初期研究的三个角度**

(1)乡土建筑　建筑学界的专家们对乡土建筑的研究推动了传统村落研究的开展。20 世纪 80 年代初，单德启在《建筑史论文集·第六辑》上发表了《村溪·天井·马头墙——徽州民居笔记》，对黟县的西递、碧山、屏山、宏村，歙县的唐模、呈坎等村庄做了一定的村落环境分析，指出“顺应自然—利用自然—装点自然”是徽州民居的难能可贵之处。1991 年，陈志华在《读书》杂志上发表了《请读乡土建筑这本书》，强调了乡土建筑和乡土文化研究的重要性。1997 年刘沛林《古村落：和谐的人聚空间》以及 1999 年陈志华《楠溪江中游古村落》的出版标志着传统村落作为一个独立的研究主题进入了学术界的研究视野。

(2)地方历史文化　乡土文化是构成传统村落面貌的整体框架，对传统村落进行全面系统的研究，必须认真研究地方历史文化，厘清乡土文化的根源、脉络和表现形式。1988年谢凝高在《楠溪江风景名胜区规划》中从历史、文化、地理的角度，探讨了“楠溪江风景区的农村耕读文化”和“永嘉农村文化研究——历史、演变与时代背景”，揭示了以“耕读文化”为主体的楠溪江一带古村落特有的乡土文化气质。1996年刘沛林的《论中国历史文化村落的“精神空间”》等文章重点探讨了乡土文化的形成、特点及景观构成的问题。

(3)传统村落的开发、保护及地方实践 针对传统村落的开发与保护，各地初步探索了一些模式，出现了诸葛八卦村、新叶村、宏村、西递村等一批耳熟能详的“名村”，但学界对此褒贬不一。楼庆西(2013)比较认可周庄的保护模式，认为周庄沿袭了历史上的商业传统，且较好地保护了原始建筑。赵旭东(2014)反对“将古村落围起来收取门票”的保护方式。胡彬彬(2014)建议尽快由国家制定和出台传统村落的界定标准，并参照中国文物保护经验，分别建立国家级、省级、县(市)级三级标准和相应的保护模式。潘鲁生(2013)认为古村落保护必须结合自身的资源特点，融入当代生活，实现动态、生态意义上的保护和发展，文化的活态传承及整体性的可持续发展。冯骥才(2014)认为传统村落保护必须与村民生活改善、村落可持续发展有机结合，需要政府、社会与村民等多元化主体的文化自觉。周建明(2014)指出传统村落的保护应在确认以政府部门为主导、以当地居民为主体的基础上，建立有效的运行机制并发动社会各界的广泛参与。传统村落的保护和发展涉及历史住宅、历史街巷、公共建筑、生产性建筑、公共基础设施，关系到村落及区域的工业、农业、商业、交通运输、科教、卫生、环境、信息等多方面的发展，这也意味着，传统村落的建设不仅仅是修缮几间房屋那么简单，而是关系到改善当地居民的物质文化生活、繁荣村落经济、可持续发展乡村旅游业的大事。

**2. 成熟期研究的三个方面**

(1)传统村落价值研究 中国有许许多多历经百年乃至千年而不衰落的村落，它们是社会结构中有生命活力的细胞。村落既是社会基层物质文化的集中体现，又是联系自然环境和人文环境的“中介”。刘沛林(1997)认为，村落的结构和面貌是由地理环境(即村落的位置、气候、地质地貌基础等)、文化观念(人群关系、宗教信仰意识、伦理道德观念)、经济基础(贫富程度、工农商业状况)、历史传统(历史文化背景、祖先宗祠的遗传)、社会习俗(婚丧节俗的民风)等结合而成的。传统村落不仅是人群聚居、生息、生产活动的集结体，还是地方文化、地方精神的物质体现。

冯骥才(2013)认为那些数以千计的、个性鲜明的传统村落是“优秀传统文化的明珠”，它们是传承优秀传统文化的重要物质载体，传递了中国传统社会的历史、文化、经济、社会态度、审美以及人地关系等多种重要信息。

传统村落的价值包括文化价值、经济价值和科研价值等。秦红增(2016)认为传统村落文化价值主要体现在文化遗产方面，这源于文化遗产是一种价值遗产。它的独特性决定了其在某种程度上可被视为是传统村落的精神根基，对文化遗产的个案研究是对其原真性的最大保护。在经济价值方面，研究成果集中在传统村落在乡村旅游背景下的经济收益；在科研价值方面，传统村落的研究主要体现在其呈现的外在形态，如通过对传统村落地理位置的研究，进而探究早期的地形特征等。

(2)传统村落的保护模式或发展策略研究　2013 年中国传统村落保护与发展研究中心成立，它的主要工作是对目前中国所存的各类传统村落的政治、经济、社会、文化情况进行走访和调查。2012—2019 年，国家进行了五批次的《中国传统村落名录》调查与审评，基本完成了对中国 230 万个自然村的甄选。

传统村落的保护模式或发展策略主要存在几种方式：①博物馆式保护方式，即指一种活态博物馆式的保护，强调保护和保存文化遗产的真实性、完整性和原生性。这种保护方式对有价值的东西不搬迁、不复制，而是就地保护，同时保护使其得以存续的环境。②旅游开发式保护方式，现在大多数传统村落都采取这种方式，其理想状态是一方面通过旅游开发吸引更多资金，并将其投入传统村落的保护与发展；另一方面传统村落旅游业的开展促使该地区的居民更关注对古建筑和古文化的保护，增强当地居民的保护文物的意识。总体来说，发展旅游是保护传统村落的一条有效途径。值得注意的是，选择好旅游开发的形式是发展旅游最关键的问题。③集散为整的保护方式，也称之为民居博物馆的方式，就是把分散的经典的建筑集中于一处进行保护，如山西王家大院就是这种方式。④就地重点保护方式，即指对较为孤立存在的历史街区或代表性院落进行就地重点保护的方式。⑤分区式保护方式，即原有的传统村落不动，在其旁边再建一个新区，以供村民居住和生活，这样传统村落就能原汁原味地保存下来。⑥原生态保护方式，与分区式保护不同，这种方式特别强调保持当地居民的原生态生活。⑦发展特色产业方式，结合传统村落自身资源的特点，发展传统村落的特色产业，比如花卉、编织、盆景、园艺、农产品和水产品等。这几种保护方式可以单独进行，也可以结合使用，现实中往往是 2～3 种方式结合，但会以其中一种方式为主导。

保护淳朴的村民，保护原本自然的生活场所，而不是利用外力随意地去改造，也许就是传统村落最好的保护方式。同时，培育和激发传统村落里的内生力量，让村民从文化自发走向文化自觉，进而能够利用各种社会资本在各种危机与困境面前采取重建生活家园、自觉保护和科学修复传统村落的行动，也许才是传统村落最好的保护模式与发展策略。

(3)传统村落的空间形态研究 村落的空间形态并非是单一的形态，自然因素和人文活动均会对其产生影响。实际上，空间形态就是在这种综合作用下形成的。不同于从人文思想角度分析的观点，陶金等(2016)认为村民对自然环境改造、与自然环境进行互动的反馈，其体现的形式就是空间结构和形态。有学者立足于空间形态的特征、差异、选址、机理等，对山西、广东等地的传统村落进行研究。

此外，传统村落研究也涉及村落内公共空间的营建和改造、不同地域尺度的空间分布规律、在乡村振兴背景下地域空间的重构等内容。传统村落空间形态的研究重点主要集中在：第一，传统村落空间布局的影响因素；第二，用实证分析的方式来研究不同类型传统村落的空间形态；第三，如何对传统村落的空间形态进行重构。

综上所述，通过对文献的归纳与总结，无论是国外，还是国内，传统村落的研究从总体来说呈现由简单到深入、由单一到多元、由定性到定量的发展趋势。虽然多学科交叉的研究方法不断为研究提供思路，但必须清醒地认识到既有研究方法也存在研究角度较为单一的问题。因此，拓展研究对象边界，开展多案例对比在今后的研究中十分必要。

## 三、田野点的选择与研究方法

本研究关注的问题是：那些没有被“终结”的传统村落是如何在中国现代化改革浪潮中保存下来并成功转型的？在新型城镇化背景下，这些传统村落面临着新的转型，中央政府、地方政府、村组织及生活于其中的村民是如何行动和选择的？为此，我们选择了5个典型的传统村落并展开了长期的田野观察。

### （一）田野点的选择

一是浦江县新光村，这是一个始建于清朝乾隆初期，至今已有近280年历史的传统村落。它在转型和发展历程中，虽然经历了不少曲折，但大体而言，这是一个有活力、有吸引力和有内源发展动力的传统村落。通过对新光村的研究，想回答的问题是：为什么在相同或相近的政治经济条件和历史环境下(甚至相同或相近的自然条件下)，有的村落有活力、有吸引力、有内源发展动力，而有的村落则没有活力、没有吸引力、没有内源发展动力，以致在时间长河中渐渐消亡了？究竟是哪些要素构成了一个村落的活力、吸引力和内源发展动力？

二是建德市新叶村。新叶村始建于南宋嘉定元年(1208年)，距今已有800多年。通过对新叶村的研究，想回答的问题是：在这样一个纯农业传统村落的现代转型过程中，村落共同体扮演了怎样的角色？国家力量是如何影响和形塑一个偏远地区的小村落的？国家(政府)、市场和村落的共同体都规制着一个村落的转型和发展方向，而在这三股力量的叠加影响下，村落社会形成怎样的转型和秩序格局？

三是兰溪市诸葛村。诸葛村始建于元代中叶，是诸葛亮后裔的最大聚集村，是中国传统村落治理的经典代表。它先是由一个以农业为主的村落转型为一个远近闻名的商业型村落(清代初期至民国时期)，再转型为纯农业型村落(中华人民共和国成立后)，又转型为旅游型村落(1994年至今)。无论是以前，还是改革开放的今天，它都是其所处时代的先进社区。诸葛村的转型与发展历程对中国乡村社会的转型与发展路径选择的启示在于：中国的现代化路径并非一定要以现代化叙事为标的，乡土化也许是一条更为切实可行的途径。村落传统文化在乡村社会发展进程中的存在并非一定会与现代化目标相冲突，或者说一定是一种文化包袱，相反，如果对其恰当地把握、辩证地扬弃，倒很可能是一种独特的潜在文化优势，成为村落现代转型的一大助力。

四是武义县俞源村。俞源村始建于南宋末年，是以俞、李、董三姓为主的村落，其中俞姓占人口的八成以上。通过对俞源村的梳理和研究，想回答的问题是：在现代化大潮和外部世界的裹挟下，俞源村是如何既表现为顺应又按照自身的逻辑进行调适的？在发展的低谷期，它也没有像有的村庄一样迅速涣散并解体，是什么机制起了缓冲和自我调节的作用？在乡村振兴背景下，国家积极帮助村落发展，村落自身的转型方向是什么？在村落转型过程中，为什么村落空间存留的同时，村民的现代性得以发育？村落传统性和村民现代性的融合如何能够并存？

五是永嘉县屿北村。屿北村始建于唐代，南宋时，吏部尚书汪应辰、汪应龙两兄弟为避秦桧奸党迫害，从江西玉山迁来，隐居于此，迄今已历三十五世。研究屿北村想回答的问题是：社会结构和村民行动是怎样影响村落转型的？从传统时期到农村集体化时期再到市场化改革时期，不同历史阶段屿北村的政治结构、经济结构、文化结构和社会结构有哪些不同？从“国家-社会”的视角来看，不同阶段呈现什么样的结构模式？村民在不同历史阶段的主体性有哪些表现？村民行动又是如何影响村落转型的？

## （二）研究方法

### 1. 方法论的选择

过程类研究多属于解释性研究，当然也离不开对相关状况的描述性研究。在进行描述性研究时，人们习惯对这类研究采用问卷调查等定量研究的方式。对于定量研究而言，它的优点显而易见，比如规范、统一；可以对事物进行大规模的调查和预测，且可以通过抽样的方式选取代表总体的样本；定量研究是否有效在很大程度上取决于研究者处理数据的水平，可以尽可能地实现“价值中立”等。然而，由于本研究关注的主题是新型城镇化背景下中国传统村落的转型与发展路径，我们需要对具体的传统村落进行过程描述，而要完成这一过程，就应进入村民们的生活，了解传统村落及其村民过去和现在发生的故事。从这一点出发，可通过“移情理解”，与被调查者建立“情感的共鸣”，从而深入地走进当事人的生活环境，在回归到多元化现实生活的同时，可以更准确地了解发生在当事人身上的各类故事和他们的真实情感。

本研究在方法论上采用人文主义方法论。人文主义研究把焦点放在人们体验周围环境、解释这些问题的方式上；关注的对象是相互交流和相互影响的人，而不是事物；理论解释的目的是回答行为的内在依据，包括个人的、社会的、文化的问题。人文主义方法论强调社会不是一个静态的实体，而是不断形成、不断变动的形态。社会研究应注重过程分析，这也要求研究者要对研究的事件进行广泛深入的参与和考察，从而体现实地考察的重要性。

### 2. 研究方式的选择

在理解和解释中国传统村落的转型与发展路径时，研究者只坐在办公室里研究各种材料和数据是无法真切理解事实的，如访谈录、二手资料、统计数据等。无论这些材料多么丰富，研究者都应当在实地观察中去获取一切与自己的理论有关的事实。

基于本研究的目标和内容，课题组将实地研究/田野调查作为主要的研究方式。所谓“实地研究”又称田野调查，是指研究者在调查对象所在处直接搜集社会资料而进行的研究。研究者要深入研究对象的社会生活环境，且要在其社会环境生活很长一段时间，依靠观察、询问、感受和领悟去理解研究对象。当然，无论如何努力都将无法摆脱“概括性幻想”的困境，即“这种观察所看到的往往也是他人和自己意识层面所能够表现出来的东西，意识之下的世界便不能够清楚地把握了”。这一困境可通过长时间细心地观察和多角度访谈来解决。

此外，由于本课题研究对象的时间跨度大，几乎所有的传统村落都历经几百年（少则100年）的风雨变迁，今天的村民对祖辈们的生活已经不是那么清楚，文献研究也是本课题的研究方式之一。通过搜集、鉴别、整理文献，并对文献进行研究，形成对传统村落历史、文化等方面的科学认识。

**3. 具体的研究方法与工具**

（1）个案研究与比较研究相结合　大多传统的村落研究局限于孤立的个案分析，这种研究方法可以提供特定“点”个案的“深描”分析。庄孔韶称这种研究方法为“鼹鼠”法[①]。但是过于具体的个案研究提供的似乎仅仅是一些孤立的“故事”，看不到更广泛的联系及其反映的乡村社会的一般性问题[②]。比较分析可以帮助我们跳出狭隘的视域，从而对村落及其转型有更全面深刻的认识。为此，本研究通过诸多个案的比较研究，探寻传统村落转型与发展的一般规律。

（2）村落微观分析与宏观大环境分析相结合　村落微观层面的“深描”分析有很大的局限性。为突破这种局限，应关注对其有影响的宏观背景，进而做出综合分析。因此，在本研究中，即使研究对象是一个个具体的村落，所关注和解释的问题也并不局限于村落本身，而是包括承载村落转型的宏观历史和社会文化大环境。

（3）文献法、深入访谈法与观察法相结合　本课题是过程研究，仅仅看到现在的状况是不够的，现在的事实是由以往的事实累积的。因此，在本研究过程中，课题组将采用文献法、深入访谈法和观察法等方法。在实地调查中，课题组成员在调研村落常住，亲身体验村民的衣、食、住、行、社会交往等，参与观察村民的日常生活，听他们讲村落的过去、现在和未来，听他们谈祖祖辈辈的生活和价值理念及今天村民的生活和价值理念，听村民自己的看法和意见。在实地调查中，使用的具体方法主要有参与观察、结构性和非结构性访谈、小组访谈、关键人物深度访谈以及口述历史等。

---

① 庄孔韶.“蝗虫”法与“鼹鼠”法：人类学及其相关学科的研究取向评论[J].开放时代，2007(3)：131-150。

② 林聚任.中国村落研究的传统及其超越[J].山东社会科学，2014(9)：60-62。

## 四、主要创新点

第一，现代化语境下的村落研究常常聚焦于回答传统村落在社会变迁中的存留、适应、演变和再造等问题。然而，现代化的宏大叙事总是将“传统”与“现代”割裂，难以对现实中传统村落的复杂转型做出有力解释。为此，本研究将突破以往嵌于乡村-城乡连续统中的传统村落研究，摆脱“城市中心主义”的价值预设，展现新型城镇化背景下传统村落向现代化转型的复杂过程及多元化发展路径，并重新反思“城市”与“乡村”“传统”与“现代”的关系。

第二，经典现代化理论有两个基本的观点：①现代与传统是相对立的；②传统社会向现代社会的转变是“单线式”的进化，“传统”与“现代”是根本对立的两极。本书以 5 个典型传统村落为例，研究了其不同的转型和发展路径，使我们看到了优秀传统文化的独特性，为我们深入理解“传统-现代”的复杂关系提供了极为典型的样本。“传统”并非现代化的“阻力”。“传统”与“现代”之间是可以共融与相互杂糅的。中国传统村落转型和发展的多样性表明了现代化发展具有多重路径。

# 第二章 村落的旅游转型与村落自主性
## ——新光村经济社会转型与发展路径研究

一个家族,试图用房屋与厅堂的布局
诠释中华传统的内涵
就好比一棵蓬勃的树,不断分权
布下天经地义的图案

灵岩老人,当年在杭州相逢银子之后
首先考虑的,便是
如何相逢子孙后代的未来
以及他们各自的空间

必须在转弯处,布置路灯
必须让潜在的龙,舞于墙檐
必须在中国的农业社会
寻找祥和与平安

我走过宁静的七十八间
又注意到七十八间以外的不断延伸的屋檐
我看见一个国家的完整的骨骼
在一个小小的山村显现

银子,是可以随着山溪流走的
但思想的骨架留了下来

老人安详地闭上双眼
他向这个世界交出了
一个中国人标准的案卷

——黄亚洲《浦江·诒毂堂》

新光村旧称朱宅新屋,位于浙江省金华市浦江县虞宅乡,坐落在金华山脉的群山之中,村域面积5平方公里。村落以四进厅堂为中轴线,以中央八卦形向四周扩展,东西分列,6幢厢房,厅厢共78间,两横两纵的街巷,形成一个大的“井”字。茜溪环绕全村,村口的金鱼山首尾相连着茜溪,村落犹如金鱼在溪中游。新光村境内至今尚存有仙音殿(淡坞殿)、胡公庙、关公庙等。

2012年,新光村入选了由住房和城乡建设部、文化部、财政部公布的第一批中国传统村落名录的村落名单。2020年入选第二批全国乡村旅游重点村名单。

在新光村建村至今将近280年的历史进程中,村落历经传统社会结构及其近现代化转型、中华人民共和国成立后的土地改革、人民公社、“文化大革命”、家庭联产承包责任制、引进水晶加工厂发家致富、引进青年创客基地、古村焕发新气象等阶段,起起落落,却始终保持着村落发展的内生动力,是一个远近闻名的魅力村落。

本章想回答的问题是:为什么在相同或相近的政治经济条件和历史环境下(甚至相同或相近的自然条件下),有的村落有活力、有吸引力、有内源发展动力,而有的村落则没有活力、没有吸引力、没有内源发展动力,以致在时间长河中渐渐地消亡了?究竟是哪些要素构成了一个村落的活力、吸引力和内源发展动力?

从浦江县虞宅乡新光村来看,它之所以一直是一个有活力、有吸引力、有内源发展动力的村落,至少有这些原因:一是有持久稳定的宗族历史,新光村村民可以说都是灵岩公朱可宾的后代;二是有居住建筑形态的支撑;三是有村落共同生活意义的嵌入;四是有稳定的财富输入以维持村落的平衡。在现代化大潮的冲击下,传统的新光村不可避免地开启了现代化转型,其历史形成的文化价值与村落结构规约了村庄的发展方向,使其免于沦为“空壳村”的命运,并使村落作为一个有意义的生活载体得以存续。在对新光村进行实地调研的过程中,我们既能“听”到这个古老的传统村落在应对现代化浪潮时力不从心的“叹息”,又可感受到它在不断克服困难、不断自我更新中的顽强脉动和生生不息。

# 一、宗族历史：村落记忆

## （一）宗族历史与记忆

树有根，水有源，人有祖。要探究新光村（朱宅新屋）的历史，就有必要先了解朱氏宗族的历史。

商周时期，周武王封武将曹侠于邾氏部落，曹侠从山东定陶区的古曹国（小诸侯国）迁至山东邹县，建立邾国。曹侠继承原邾氏族的蜘蛛图腾，并以国名邾为其姓氏。初创时，邾国方圆仅 15 公里，经几代人的奋斗，其疆域拓展至 100 余公里。

公元前 471 年，没落的国王邾隐公被越国俘虏，授朱何为国君。春秋战国时期，弱小的邾国又被强大的楚国所灭，邾国的国民只能四处逃生，为了躲避楚国官兵的追杀，一部分国民改姓“邹”，一部分改姓“娄”，一部分遗民将原姓“邾”的右耳旁去掉，以表示邾人失去国土的亡国之意，将亡国的耻辱和痛苦烙印在自己的血缘徽志上，并争取日后能兴旺发达，雪耻求荣，这便是朱姓的来源。朱姓是这三个姓氏中最为兴旺的一支，而朱姓中最大的一支徙居沛国相县（今安徽濉溪县一带），后裔兴旺，遂形成千百年来朱氏的共同郡望——沛国郡（即朱氏的最大集居地）。

五代后汉时期，朱氏第十三世的幼子（第十四世）任江苏扬州刺史，刺史生有四子，而四子则生有十八孙，恐散居而没有会合的凭证，于后周广顺年间（951—953 年），在淮甸（现江西婺源一带）古庵铸造罗汉像十八座，分给十八个宗支，其中一支从淮甸迁居金陵，后又迁吴兴，并于 958 年生下朱照（第十七世）；988 年朱照带其父的一尊罗汉像（第五顺位）仕婺（金华）判司，后升通判，退休后便定居浦江县城西隅，即为浦阳朱氏始迁祖。第二世朱临生三子，仅次子朱顺卿留居浦阳，并仕吏部侍郎，长子、幼子和朱顺卿的幼子前后均返回祖籍地淮甸。第七世朱夔为监察御史，朱质为吏部侍郎。

浦阳朱氏第十二世朱友振生有四子，老三朱胜（均五公）生于元至正五年（1345 年），长大后从事制作利杀戟（镰刀）生意，大约在明洪武元年（1368 年），从浦江县城到茜溪沿村卖手艺，彼时茜溪上宅（朱宅旧屋上半村）居有瞿姓等农户，朱胜借宿于瞿氏家。朱胜的制作利杀戟的手艺好，既锋利又耐用，得到人们的交口称赞，他英俊潇洒，一表人才，借宿中更是帮助东家搞卫生、做家务，干练利索而勤快，瞿氏的大女儿经过一段时间的细致观察，认为朱胜英俊、忠厚、干练、大方、有礼，值得托付终身。朱胜于明洪武二年（1369年）迁居茜溪上宅，被招为瞿氏上门女婿，朱氏后代对瞿氏不称呼外公，一直称呼瞿爷爷。家谱上记载，朱胜只有原配而没有继配或侧妾，生三子，即朱球（仁房祖）、朱瑺（无后）、朱琼（义房祖）。

瞿氏农户在当时的上宅到底有多少，现已无法考证，但朱胜的后代极为昌盛，朱宅仁房分居于上宅（旧屋上半村），朱宅义房分居于下宅（旧屋下半村的下和禄一带），故此，朱宅之名应该始称于明朝中期左右，且朱姓在当时很可能是该村唯一的姓氏。

### （二）聚族而居

聚族而居是宗族所特有的一种生存方式，也是宗族最基本的行为特征之一。“聚居之风，古代北盛于南，近世南盛于北。”在浙江，宗族的生存状态基本是聚族而居。不论规模大小、世系深浅、名望高下或聚集于一村一地或盘桓于一乡一里。

朱胜以婚姻（入赘）形式迁居茜溪后，其后人相继把朱宅旧屋和朱宅新屋（现新光村）作为生息地。若以村落为着眼点，那么就是一村仅为一族，甚至后来两村为一族。

村落是一个有机的系统，它不能完全自发地形成和发展。它需要一种管理机制，而这种管理机制需要公权力或某种权威才能运作。一个村落从选址到规划、从布局到建屋、从引水到抗洪、从造桥到修路，还有日常的卫生和环境保护等，不论大小，不论繁简，都是公共事务。公共事务必须有公权力来组织和领导，否则就不可能保证村落生活的正常健康运行。新光村的公权力的代表就是宗族，宗族的血缘纽带是它的组织力量的天然基础。

茜溪朱氏宗族的管理体制为族长制。族长制是由强调家长权威地位而产生的。族长具有地方官所没有的“通”骨肉之“情”的特殊身份，这种特殊身份使他可以代祖宗立言，替祖宗行事，凌驾于一族之上，对族众具有不可冒犯的权威①。

宗族的日常管理主要是奖善惩恶、兴利除弊、经营族业、维护公益、济贫扶困。无论是思想道德教化，还是经济救助，宗族日常管理的原则和功能都是用儒教伦理来规范社会秩序，维护族内和社会的安居与稳定。

① 朱士群，李远行．自洽性与徽州村庄［J］．中国研究，2006(1)：121-146，256。

## （三）分支繁衍

宗族繁衍由远而近，由寡而众，遂有宗、族、支、派、房、家等不同指称。宗是指姓氏始祖或始迁祖，凡同姓，承认同一个始祖或始迁祖，皆可称同宗。如浦阳朱氏皆以朱照为始迁祖，茜溪朱氏皆以朱胜为始迁祖。浦阳朱氏与朱熹系同出一门，《茜溪义房朱氏宗谱》的首页上即有朱熹的“家宝”两字。宗族一般以始祖或始迁祖作为同族的认同标准。派、房、家一般为聚居一村或以一村为中心的家族群体。

宗族通过宗、族、派、房等一系列分支，以血缘网络体系之名，行土地生存空间占有之实，是血缘和地缘结合的表现。宗族是始祖繁衍下来的若干个家族的结合体，家族不能脱离宗族而存在。族众既多，五服以外，血缘关系本已疏远，为了加强宗族间各家族的关系，往往会通过祭祀始祖和编纂宗谱等活动来加强联系。茜溪仅义房编纂的谱牒就有八卷，《茜溪义房朱氏宗谱》的内容包括：卷一，家宝（朱熹亲题，从全国朱氏族谱那里得来的字）、祖像、浦阳朱氏宗祠图、灵岩公像、题字、新谱序、第一至第三十四世系图等；卷二，谱论集议、宗谱条例、祠规、家规、旧谱序、先世迁居考、先祖传记、诒穀堂记等；卷三，大宗祠祭薄序、大宗祠祭薄享田、祭仪规引、祭仪祭规、祭文式、世哲堂记、小宗祠祀产、崇本堂享会、崇本堂享会议约、崇本堂享会引讳、仕宦题名等；卷四，迁居地里、诒穀堂延师议约、永济桥记、塘山、里坞墓图、始祖到芳字行传；卷五，增字至铭字行传；卷六，浚字、树字行传；卷七，焕字、埰字行传；卷八，钜字、济字、桓字行传，修谱后记。谱牒的功能主要是慎终追远、昭示渊源、表彰先贤、记述功德、教化子弟和敦义睦族。

滕尼斯在《共同体与社会：纯粹社会学的基本概念》中认为，人类群体生活有两种结合形式，即共同体与社会。共同体主要是在家庭、宗族——血缘共同体中实现的。这种共同体是一个有机浑然生长在一起的整体，是一种“持久的和真正的共同生活”，也是一种“原始的或者天然状态的人的意志的完善的统一体”。

在新光村建村将近 280 年的历史进程中，其村落兴衰历经土地改革、人民公社、“文化大革命”、家庭联产承包责任制、引进水晶加工厂发家致富以及 2012 年入选第一批中国传统村落名录的村落名单、引进青年创客基地、古村焕发新气象，等等，无不与宗（家）族有关联。

然而，宗族还是终结了。其终结的原因倒并不是中华人民共和国成立后的历次政治运动，而是发端于近代的中国封建体制的解体和当代市场经济的兴起。宗族对村落的管理与封建王朝对国家的统治在本质上是同构的。宗族结构只是对封建国家结构的微型复制。市场经济的自由原则本能地解构着共同体意识，并在对社会成员的欲望放大增效的同时，削弱了传统伦理对个体化村民社会行动的范导作用和规约作用。两者的合力导致了宗族的衰落，乃至解体。①

当今新光村的资产，除得以幸存的诒穀堂、廿九间里、双井房、昆山书房外，保存最完整的无外乎《茜溪义房朱氏宗谱》，一代一代的记录从未中断。宗族的终结并非意味着宗族记忆的离散。改革开放后，在全国各地大兴重修家谱之风而苦于无根之时，新光村所要做的只是整理和续谱而已。

## 二、村落格局

宗族的组织结构对村落的社会结构、经济生活、习俗文化等方方面面都产生了重要影响。在这一空间环境中，生活的人们因应着血缘关系的维系，分享着共同的历史和文化，承袭着共同的生活模式与风俗习惯，因而具有行为心理、价值取向的地域共识。

新光村的村落空间形态表现为内聚性的多核心结构，形成一种结构明晰的“社会向心空间”，体现了一种完整的权力聚散的网络体系。

### （一）村落选址

清朝乾隆初期，居于朱宅旧屋下和禄的义房第二十三世朱可宾在杭州等地赚得大钱，号称“朱百万”。朱可宾有四个儿子，一家十来口人，他赚钱后需要迁基建造新屋。古代民居，特别是大户人家的选址上十分重视住宅的“风水”，即坐基，朱可宾也不例外。

除为住宅坐基选址外，朱可宾其实还在为后代聚居地选址。后代聚居地的选址要具备土地、水源、植被、气候、矿产、交通等条件，但只有这些条件还不够，还要考虑居住的安全。居住的安全大致有三个方面：一是自然环境的安全，即提防洪水和其他灾害性地理因素，不选择有危险的地方；二是社会环境的安全，即避乱；三是心理的安全，即住在一个可以直观而有明确的领域感的地方，尤其是背后有山可靠，面前有水环绕。这样一个环境能给人以安全感，首先，周围一切都是可以直接观察、直接度量，甚至可以亲历的，没有不可捉摸的神秘性；其次，觉得四面山

---

① 朱士群，李远行. 自治性与徽州村庄[J]. 中国研究，2006(1)：121-146，256。

环水抱有屏障，不会像在一个十分广阔的大尺度环境中八方凭踞，无依无靠；最后，明确的领域感有利于酝酿村落居民的内聚力，产生相互需要、相互依靠的亲切感。①

### （二）村落主体：灵岩庄园

据说朱可宾在朱宅应家畈杨树滩龙凤地②定基后，从杭州请来高人设计规划整个庄园的空间结构和布局，这才有了灵岩庄园。灵岩庄园（朱宅新屋）始建于1740年，共有约20幢200余间房子，占地面积20 000多平方米。

灵岩庄园的空间布局以三间四进厅堂为中轴线，分别向四周扩展（图2-1）。

园中有五个大小厅堂，唯诒穀堂为朝南。高达十来米的大厅门牌坊上“南极呈祥”及有关图案为磨砖雕，工艺精湛。顶端为由泥塑烧制的洋葫芦，居中，两边分别画有游鱼；下端衬以喜鹊登梅、麒麟献瑞等浮雕，厅堂内雕有雄狮滚球、狮子母子、人物牲兽，采用大气的徽派微雕。雕梁画栋，艺术砖窗构思巧妙。

中厅为“诒穀堂”，有新娘验小脚的六十厘米高的石门槛。东西墙刷有两块通长的黑板，并写有“礼义”“廉耻”四个排笔字。

三厅为祭祖处，挂有灵岩公等容像和举人薛砚封撰写的楹联“积功累仁留名乡国　继志述事为贤子孙”。

第四进设有“天池”，为“祭天”处，嘉庆皇帝赐赠的“七叶衍祥”直匾竖在堂中。此外，还有浙江巡抚、金华知府、金华武状元、浦江知县等赐赠的“惠及儒林”“钦旌孝子”“前徽克绍”等十来块匾额悬挂于四个厅堂。

分列厅堂两边的是开创者朱可宾的灵岩故居、读书房、练功房、礼仪房、三会房、钱库房等共六幢。它们既各自独立，又拼成整体，人称“金盘里”，厅厢共78间，规模宏大，气势不凡。厅门正对元宝山，寓意财源滚滚来。

“金盘里”的八个弄堂口都设有巷门，其中仅长66米的汇仁巷设有四道门。厅堂两侧设有九个向外展开的边门。据说在厅堂集会时，如果发生紧急情况，能马上打开边门，及时疏散人群，体现了设计的科学性。

诒穀堂是一进四马头、二进六马头、三进八马头，寓意步步攀升；四进厅堂和堂楼的阁下层高4.8米，厅堂和堂楼并称为“浦江第一高厅”。四进厅堂共有八道

① 陈志华，李秋香．中国乡土建筑初探[M]．北京：清华大学出版社，2012：33-38。

② 村中传说当初灵岩公与风水先生在杨树滩查看地形和环境时，刚好碰见一条长蛇与一只长尾巴的奇鸟在嬉闹，心想这就是龙凤呈祥的化身吗？于是决定在这里正式定基。

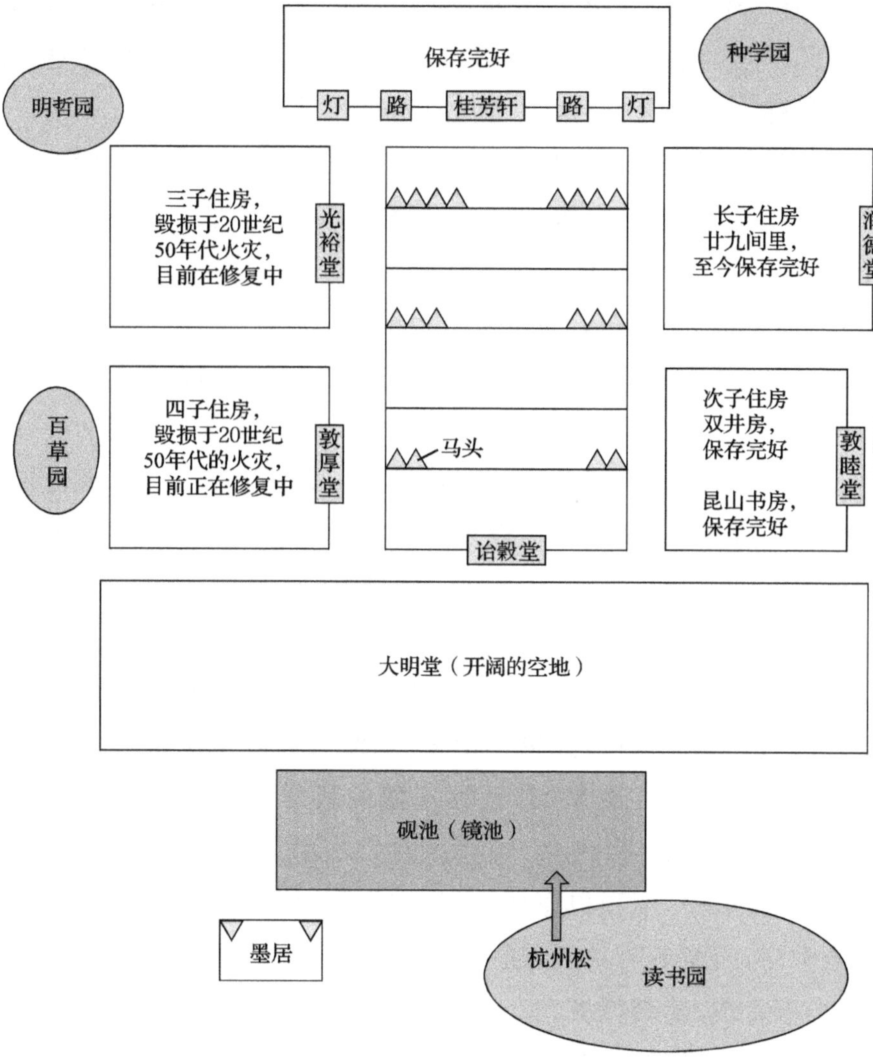


图 2-1　灵岩古庄园

穿堂门，展现出气派和深度，不到重要时刻，一般不会被轻易全部打开。堂楼中还设有一个天池，远近罕见。堂楼后的水埂在正中，约 1 米深，沟底低一档，与厅前的笔架山、元宝山遥相呼应，为聚财之意。

厅前为 18 米×56 米的长方形大明堂（意为纸），再前是长方形砚池（也称镜池），再左前是四间头墨居，中右前是小花园和菜园，园中栽种一株杭州松（意为笔），文房四宝齐全，太阳照射，便形成“笔墨影砚池”的景观。再前是灵岩公的读书园，由德道仁池和花坛组成，诗曰：“德道仁池读书园，四宝伴你做文章；学成立德最为先，取仁求义美名扬。”村里传说，只要站到大明堂，让镜池照一照，就能分清好歹，敦促读书人成才立德。

厅堂与厢房有一个两横两纵的街巷，成为一个井字，这是浓缩的州府框架结构，并可上溯至几千年的井田制和皇宫都城的规划设计风格。八个弄堂口用直线相连就是一个规整的八卦，因此，这种设计规划是八卦图形的扩展。

按照礼制排列，厅堂的左后为长子住房，即廿九间里——润德堂等；左前为次子住房，即双井房——敦睦堂、金鱼楼（古三层楼）等；右后为三子的住房，即“豆腐爪圈”——光裕堂等；右前为幼子住房，即“七间头”——敦厚堂等，厅堂的后侧为桂芳轩等。四个小厅堂全部朝东，寓意东有启明。

大房祖先静斋公居住的润德堂，又称“廿九间里”，比通常的廿四间头还要多五间房屋。它设有六个大小天井，寓意六六大顺，四周设有五个大小台门，也是金、木、水、火、土的“五行”设计，其中大台门气派轩昂，篆体砖雕“北极呈祥”，熠熠生辉；四个小台门各有特色，其中南门设了一个“水门”，以镇住火龙而消灾。东面墙上设有方窗、圆窗、八边窗，妙趣横生；楼下回廊设有多个围门，上装粗犷木雕，楼上也有回廊。楼上、楼下设有回廊，犹如一座迷宫。如此宏大的一幢砖木结构的房屋很容易发生火灾，因此便在三个三间和四个五间的中间各自设计一道通顶的防火墙，共计八道之多。这样，如果发生火灾，便有可能把火灾控制在一个较小的范围内，以减少损失。现在看来，其设计规划的科学性在其将近 280 年的历史中得到了验证。

三间厅的润德堂居中，门顶以篆体“宜俭宜勤”为家训，两个大天井相隔，四周为住房；六扇全堂门，门窗装有抽板，通风、启亮方便，窗门、窗花做工精细，铜制圆拉手、方拉手，小巧玲珑、美观漂亮。

润德堂于嘉庆年间修建的“痴泉”是一个圆圆弯弯的水井，建有十几步石板、石阶，可直接走下去挑水。几百年来，无论什么大旱年代，也从未干涸，“痴泉”一直默默地为村民提供清澈的泉水。

“种学园”是静斋公读书、散心的地方，位于桂芳轩东侧，由一座两面朝向的五间两层楼和花坛、荷池组成，故该地也称为荷花地。大房后代有二十余名秀才、太学生，可说是文风鼎盛。

二房祖先昆山公是当时建造灵岩庄园的总管，居住在敦睦堂。敦睦堂是一座八间八弄的小四合院，这幢房屋占地仅 300 平方米左右，却设计成八间八弄的双井房，四个转角各设有两条棱角的小弄堂，其中四条短的弄堂每条仅 4 米长，另外四条稍长的弄堂也只有 6 米左右，让人感觉新鲜，啧啧称奇。八弄成为一个小井字，又呈现一个小八卦形状。房屋正中是一个做工较为考究的石板天井，双井房中并无水井，因井字和天井才被称为“双井房”。四周门窗拥有庄园中最有艺术造诣的木雕装饰及凸形铜拉手，木雕凤凰如活、静物似花，铜制拉手造型独特、结实耐用，处处显示着营造技艺的精巧。今天，石板天井青苔斑斑，似乎在讲述着遥远的故事，“八间八弄双个井，就是不见有水井，原是井字和天井，书香门第出举人。”

敦睦堂旁边的昆山书房为三开间小院，台门留有古老的铁拉手和铁门管，楼下的中间墙由鸡蛋清、桐油和石灰混合后粉刷，并划有格子，至今光滑如初，且有格子立体感。楼上有壁画，门窗有雕刻，蜘蛛、蜻蜓、蝴蝶、蝙蝠等昆虫与花草和谐共处，活灵活现；古火炉坐墩、木漏斗、竹篮精致绝伦。这座迄今 270 余年的古楼仍巍然屹立，门窗拼雕、石板埂沿完好，鱼池古老，花缸精美。

昆山书房东侧伴有主人的“儒林园”，意即读书人的花园，至今还留有围墙遗迹，这是昆山公的小花园。传说当初他的同事、文友经常到此赏花观鱼，并在昆山书房中舞弄文墨，村中还留存刻有东坡名号的旧镇纸一方。

三房居住的“光裕堂”和四房居住的“敦厚堂”也各有特色，但都被损毁于 1957 年的一场大火。200 多年的房屋灰飞烟灭，令人心痛。在对村民的访谈中，村民怎么也描述不出其格局和结构，且不同人根据各自的记忆，其描述也有不同或相悖之处。这从另一个角度警醒我们，逝去了、毁掉了，就真的没有了，再也回不来了。即使若干年后重新修复，也不是当年的那个味道了。

明哲园是“为人处事明哲理”之意，是三房万聚公的小花园，位于村西北角，以前有围墙和大园门，园中有一株直径为三四十厘米的香椿树，但花园早已成为菜园，1970 年后该花园因被安排给村民建房而消失。

百草园是四房祖先立兴公的小花园，位于村西南角。据传言，园中种有百余种中草药，可随时采集，为村民治病。园中还有两个方形和三角形的池塘，池水很清澈，可以提水煎中药，据其形状也可称之为盾矛池，据其用途又可称之为药池。园东建有骏马房，传说当时拥有八匹骏马，威风凛凛。

位于诒榖堂后方的“桂芳轩”是一幢五间四居的四合院。该房建造于嘉庆辛酉年（1801 年）前后，台门门楣上书有“守拙园田”四字。桂芳轩的台门东西两侧墙上各有一盏古代路灯，正对汇仁巷，设计独特，上部设有通烟道，下部为平面，可以放置灯盏或蜡烛，古路灯外方内圆，街面外侧是绘有书画的丝织布或皮纸，防风透亮，内侧可以置换灯盏，极为方便。从台门进三四米处，设有一步台阶，据说具有防盗抓贼的功能（从前没有电灯，人们靠煤油灯或蜡烛照明，光线不好，亮度不足。如果主人发现有小偷动静去追赶，小偷逃跑时便会因此一台阶踩空而摔倒，从而被抓住)。桂芳轩的天井原栽有一株单人合抱的桂花树,该树于 1986 年前后不知何因枯死,甚是可惜。桂芳轩的名称可能与这棵桂花树有关。桂花树的左右侧栽有两株石榴树,树龄也在 200 年以上,主干已经多次翻倒而被锯掉,新枝仍有旺盛的生命力。

桂芳轩东侧是大房太公的花园——种学园,它们只有一墙之隔,并且有门互通。桂芳轩的围墙上有南屏松竹友人书于嘉庆壬戌年(1802 年)的唐诗壁书,即李白的《春日醉起言志》[①]和张若虚的《春江花月夜》,精美绝伦。该书法不但整体看上去很美,而且单个字看上去也很美,甚至赞其有《兰亭集序》的气势和韵味。桂芳轩天井中还散落着练功石礅、石锁、石矶和两头矩等,与其墙上的儒雅画面形成极大反差。这里练出过两位武秀才——朱绍粟、朱宗考父子。据说朱宗考武功了得,能飞檐走壁,一座约 20 米长的永济桥,三步就能腾(飞)过去;朱宗考有一个经典招式——姜太公钓鱼,即他可以将桂芳轩天井上重两百七八十斤的石礅置于本人左腿膝盖上,由左手扶住,同时右手还能执一把重约 120 斤的大刀,且平行伸直如钓鱼。还传说他双手提着石礅能在这个天井连走 18 圈,着实名噪一时。浦江有名拳师杜亦勇曾拜朱宗考为师,在其指导下武功大有长进。民国二十二年(1933 年),朱宗考九十大寿,浦江城后街的监生石有恒赠予邑武生朱宗考"齿德俱尊"匾额,并悬挂于茜溪朱氏宗祠务本堂第二进右侧。

灵岩庄园围绕五个厅堂建设,且长幼尊卑,礼制分明,五个花园、六口池塘[②],点缀其间,美轮美奂,徽派与杭派的庄园式建筑风格相结合,人与自然和谐相处,借景和造景相结合,既有高品位、大气派,又注重建筑的精致与巧妙。

整个庄园的结构和布局大气,房子比同期一般的民房要高爽得多,农户过去晒谷的蔑垫不必横着放,可以竖着放,以节约占地。整个庄园的多幢房子上下都设有回廊。据说庄园的东南西北原来也设有四个进园大门,具有较好的安全防范功能。

若干代后,灵岩公朱可宾的后代形成四大房派。长子的后代,又称长房派,居住在廿九间里——润德堂周围,向右后扩展;次子的后代,又称二房派,居住在双井房——敦睦堂周围,向右前扩展;三子的后代,又称三房派,居住在光裕堂周围,向左后扩展;幼子的后代,又称四房派,居住在敦厚堂周围,向左前方扩展,最终形

① 《春日醉起言志》记载:所以终日醉,颓然卧前楹。觉来眄庭前,一鸟花间鸣。借问此何时?春风语流莺。感之欲叹息,对酒还自倾。浩歌待明月,曲尽已忘情。

② 读书园、种学园、儒林园、明哲园、百草园五个大小花园,是一种五行设计;鱼池、石鱼缸等,既美观,又可用于防火。

成四大居住团块，每个房派的团块有自己的地段、自己的细巷、自己的水塘、自己的住宅群。今天村子里的人，如果问他（她）是哪房后代，他（她）都清清楚楚（左、右均以村落中心——诒穀堂为坐标原点）。

### （三）村落标志：朱宅水口

水口，即村落外出水的河流关口。水口的好坏对这个村落的兴衰有着极大的影响。

朱宅水口坐落于浦江西北部，廿五都新光村的出口。它由狮山、象山、金鱼山、下水龙和“U”字形河道，东水西流组合而成，当地人称“天下第一水口”。“狮象守水口，龙鱼伏茜水。东水疑无路，折西奔壶江”是对它的绝妙写照。①

朱宅水口以狮子岭为界，从东面进入，越过狮子岭就说明已进入朱宅的地界。② 地势较为险峻，人立狮岩下，有种巨岩倾倒之感。在公路未通前，人们每每路过必然加速前行。

朱宅水口的狮山原本生得很像狮子，头、身、四爪、尾巴、狮鼻和狮耳都齐全，从西向东望去，犹如狮子戏球，妙趣横生。③ 水口的象山位于狮山南侧，因茜溪河水长期冲刷，在冲头上形成两个一米多深且互通的小石洞，人们称其为象鼻孔，还有一根凸出长为五六十厘米的弯石棒，很像象鼻头，故该山被称为象山。④

2004 年，210 省道进行拓宽改造，有关人员准备填溪、改溪、修路，而这就严重破坏了朱宅水口的自然景观，河道提前折弯又会影响南畈百亩良田并可能会导致村落出现水患。为了改溪，要炸掉下水龙的龙首，卧龙伏茜水和东水西流将成为一句空话，朱宅水口将面目全非。为此，新光村的老人们两上县城，两下杭州，向有关部门反映情况，长时间四处奔走呼号，强烈要求架桥修路。政府采纳了民众的意见，架桥修公路，朱宅水口的完整性才得以保存，人与自然继续和睦相处、和谐发展。

---

① 在朱宅水口附近的塘山后坞山坳里，清朝中后期曾设有一个武秀才训练、骑马、射箭的习武场，朱宅新屋里曾练出过十二位武秀才和一位武举人，仿佛也印证了朱宅水口的好。

② 当地传说，从前当官人到了朱宅水口，文官要下轿，武官要下马，步行两公里，到村西的上马石处才上马、上轿，继续前行，这是什么原因呢？有两种说法：一是朱宅水口生得好，村里必然有不凡的人才，如果不敬，生怕日后受到惩罚，必须下轿、下马。二是朱宅新屋的灵岩公是一位乐善好施的君子，曾获乾隆帝的赐封，他于 1763 年设立了 108 亩良田的教育奖励基金，全县考中的秀才可到村领奖，时间长达 150 年。在这些人才中，很大一部分人在日后都当上了大小文武官员。当他们因公务路过该地时，他们会出于对灵岩公的尊敬而下轿、下马。无论何种说法，从前朱宅水口在浦江全县确实是大有名气的。

③ 由于 1970 年修公路，狮山前爪被“折”，“狮子”耳鼻损害严重，但整体还在，风韵尚存。

④ 象山在 1970 年修公路时被切开，后又于 2004 年改造公路时被挖掉，建桥墩，象鼻不复存在。

作为地貌绝景，朱宅水口流传于民间已有千年历史，浦江的年长者无人不晓。每当发洪水时，朱宅水口洪水滚滚，犹如长龙翻腾，极为壮观，汹涌澎湃，美不胜收。

## （四）村落超前设计：街巷、照明和水系

新光村的道路街巷，结构明晰，长度在50米以上的道路有十几条，主路的宽度达3～4米，与浦江老县城的横街、后街宽度相当，如今还可以通小汽车，可见当初设计的大气。此外，该村落的街巷全部是直像直、横像横，都是丁字或十字交叉，没有一条歪斜街巷。这种街巷的设计在农村，甚至城市也罕见。

新光村的街巷弄堂全部采用石板路、石子路，屋内和廊道也没有一块泥地，全部做成“中间地”，即由石灰、黄浆泥和细沙石三合土经工木多次拍打而成，非常坚固、平整、耐用。院中埂沿口一律由石板铺设。天井大体用三种材料铺设，其中润德堂的大天井等是由三合土拍打成的“中间地”天井，桂芳轩等是石子天井，诒穀堂、敦睦堂等是石板天井。灵岩庄园中的廊道都已硬化，且不同的区域的铺地材料、立面形式采用不同的处理手法，200多年前能够做到如此地步，真的难以想象。

灵岩庄园设有读书园、种学园、儒林园、明哲园和百草园，共五个花园。花园中不但绿树花草茵茵，而且有相当多的水体和游鱼与之配套，很有灵气。在200多年前的农村，设有如此多的大小花园，不能不说是一种品位的体现。虽然它们已遭到严重破坏，但遗址尚存。除花园外，其他地方也见缝插针，溪塍上有七八棵古树，树径达1米左右，现仍存有两棵，旁边原有桃树和松树群。在书院儒丰居天井中，原有一棵直径为50厘米的梅树；在桂芳轩天井中，原有一棵直径为40厘米的桂花树和现有两棵石榴树等，这些要素丰富了空间环境。灵岩庄园原本就是一个绿树成荫、芳草萋萋的大花园。

灵岩庄园的照明措施也是相当超前的。灵岩公有一盏从杭州买来的大珠灯，直径达2.5米左右，是浦江县最大、最豪华的珠灯，原挂在诒穀堂，至今还有吊挂该珠灯的木葫芦，可惜该珠灯毁于1958年的火灾。过去每家每户都在回廊上挂纱灯，村里至今流传着“曾经有几个小偷走到瞿岩岭头，看到该村灯火通明，便不敢下来施恶而返回”的故事。至今尚存的几盏小纱灯的绸缎表面已黑，看不出画面，但点灯后，其上的清朝的山水、人物古画极为靓丽。而最具特色的要算桂芳轩门边和廿九间里等路边墙上的古代路灯，形状各异，现仍有六座。其中几盏墙上路灯离地1.6米，内圆直径为20厘米，外侧为30厘米×40厘米的长方形，两面糊着绘有书画的皮纸或丝布，作为灯罩，可以避风。罩门可启闭，以便随时替换蜡烛

或为灯盏加油；墙上路灯的上部设有直径为 14 厘米的通烟道，以便排烟。这种人性化的超前设计体现了主人生活的高质量和高品位，也从一个侧面反映了灵岩庄园设计的科学性。

灵岩庄园的水系设计是在充分利用茜溪自然环境的基础上，更考虑到方便生活、有利排水和消防的功能，采取人工蓄水、造景的工艺，来满足生活和安全的需要。大厅前的砚池是灵岩庄园中最中心的最大水体，并设有通长台阶，以方便洗刷和消防取水。其他的水体还有仁池、荷池、翠池和痴泉等。灵岩庄园的排水除村边自然排出外，村中全部通过明沟、暗渠排出。其中厅堂和多个四合院天井里的雨水要通过石漏、暗渠和明沟集中到砚池，再由东南排出。花形石漏水安装科学，比天井底抬高三四厘米，既可阻挡浮草杂物，又可让细泥沙沉淀，以防暗渠堵塞，便于清除泥沙。这些历经 200 多年的功能至今仍然有效、可用。

总而言之，在新光村的自然空间结构上，人与自然的相生相克，空间内在的有序与无序、封闭与开敞等同时呈现。村落的基本构成模式是单体建筑，以天井为连接点，以厅堂为主轴线，形成纵深的多重院落。这一基本形制体现了家族的内聚意识与宗法礼制观念。院落与单体建筑均有明确的主从尊卑次序，村落的整体规划与空间布局也是如此。随着人口的增加，每房的单体建筑有序发展，形成了具有强秩序感的院落组合。村落被逐渐扩展为由分散的簇状和群状围合的村落形态。在其精神空间结构上，宗祠是村落的核心，同时伴有以佛教为主的各种民间宗教场所(庙宇等)，为村民的精神世界和生活提供强有力的支撑。

正如朱士群等所言，近代工业化和市场经济的飞速发展造成了全球文化的趋同态势。由于大众性消费文化的兴起，商业化价值取代了传统地域文化价值。地域文化的连续性被割裂，作为地域文化的一部分，地域建筑确立的场所感与归属感逐渐丧失，人们穿梭在雷同的建筑群中，城乡环境失去了个性化的传统尺度。①

而新光村之所以在这几年重新“火”起来，厌倦了“钢筋水泥”的城里人都要到新光村看一看，逛一逛，可能是因为其村落格局反映了本地区传统的人文记忆、价值观念和生活习俗，而这也是“传统”的价值所在。

### （五）村落精神空间：宗祠、庙宇等

#### 1. 茜溪朱氏宗祠

农耕时代，始迁祖的直系后裔一代又一代地聚居在一起，形成宗族，同时形成

① 朱士群，李远行. 自治性与徽州村落[J]. 中国研究，2006(1)：121-146，256。

血缘村落。在该前提下，宗祠就产生了。宗祠的基本功能是供奉宗族祖先的神位，定时祭祀，利用祖先崇拜加强宗族的凝聚力，而宗族是乡土社会主要的基本组织力量、管理力量和教化力量。①

浦阳朱氏大宗祠位于浦江县城四牌楼处，创建于明万历癸卯年（1603 年），五间四进及厢房等共约 40 间，规模不小。自朱氏第十三世朱胜明洪武二年（1369 年）从浦江县城迁居茜溪上宅，至乾隆中朝，已有 400 余年，后裔已近 200 来户六七百人，朱宅距县城 30 多里，春秋两祭，屡遭风雨，山高路陡，崎岖艰辛，更不便于老年、幼儿的祭祀，故此，于乾隆庚寅年（1770 年）之春，朱之瑆首倡，各房长合议，决定创建茜溪朱氏宗祠。祠基主要由其追公捐田九分一厘多，仁房公助谷 19 担，义房公助谷 7.5 担，灵岩公助谷 75 担，应龙公助钱 30 两，之瑆公助钱 140 两，之珍公 70 两，之生公 82 两，之灏公 40 两，之芳公 68 两，其追公 316 两，其生公 27 两等。

茜溪朱氏宗祠位于新光村村东首，关公殿与文昌殿的中间，茜溪环绕东南西，北为和尚坡与义祭祠，实为一处风水宝地（图 2-2）。宗祠由五间三进和土地祠、功德祠，共 17 间及廊道组成，房屋为石柱、木梁、青砖、马头墙结构，32 根大石柱至今不知出自何地，第一进正中间，退两米大门朝南，门口是当初的大路，门口左右侧有一对大石雕物，称为祠护，小孩经常骑在上面玩耍，故也称骑马石。大木门上绘有两个大门神，左门为秦琼，手执一对铜锏；右门为尉迟公（尉迟敬德），手执一对赤鞭，很是威武，用以辟邪，一切妖魔不敢入内，以保宗祠的平安。宗祠尽是石板埂，沿石板的天井，牛腿、横梁雕刻精美，做工较为考究。大天井栽有一棵法国梧桐。

茜溪朱氏宗祠在乾隆丙申年（1776 年）竣工，成为新光村的标志性建筑。宗祠于咸丰己未年（1859 年）进行大修。由族人捐出祀田作为祠产，收租放息，成为宗祠的收入。当初还曾建有四人的管理组织及相关选举、管理规定，以利于日常管理和宗祠的修葺。宗祠立有助田、配享、领胙以及祠规、家规、供品数量和祭祀程序等。在宗祠里还要给考取秀才功名的族人发放奖励，给高小毕业生发一块大肉和两个大馒头。违反族规者被削出家谱也是在宗祠内由族长处理的。可见，宗祠是一个家族的权威中心。

---

① 陈志华，李秋香. 中国乡土建筑初探[M]. 北京：清华大学出版社，2012：72。

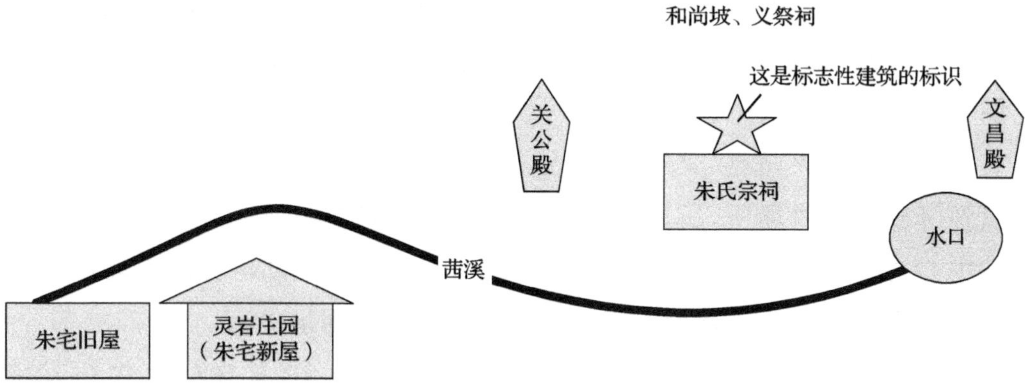


**图 2-2 "S"形的茜溪使灵岩古庄园与朱氏宗祠成为一幅太极图**

茜溪朱氏宗祠的堂名是"务本堂"[①]。它不仅是朱氏后人慎终追远、敬宗崇祖、整伦树德的场所（祠内设有神龛，供奉始祖和祖先的牌位），还是朱氏家族议事、决策、族长训教、修做家谱、婚丧嫁娶、礼仪庆典等重大事项的场所。秋尝冬烝，一族的成年男子聚在宗祠里，行庄严肃穆的礼拜，赋予他们之间的血缘关系以神圣的意义，使他们牢牢记住，他们之间有义务团结互助，遇到困难有依靠。宗祠是宗族的象征，也是宗族凝聚力的标志。从某种意义上说，朱宅宗祠记录着茜溪朱氏家族的兴衰。[②]

**2. 庙宇**

在新光村境内，目前尚存有仙音殿（淡坞殿）、胡公庙、关公庙、栖云洞、瞿爷殿等，其中仙音殿、胡公庙、关公庙传说始建于宋元时期，瞿爷殿始建于明朝。

---

① 由于年代久远，朱氏宗祠是什么堂名，有什么匾额，已经很少有人记得。88 岁的朱钜源，灵岩小学毕业，识得不少字，他能很清楚地说出宗祠的堂名叫"务本堂"，另外还有几块牌匾，但具体文字内容已记不清。朱芝辉 82 岁，说他只记得爷爷的一块牌匾的内容是"齿德俱尊"，是其祖父、邑武生朱宗考 90 岁华诞时，由城里后街监生石有恒赠送的，其他的牌匾内容也记不清了。

② 朱氏宗祠的变迁：1943 年，金萧支队在朱氏宗祠创办壶源乡中心小学，朱宅灵岩和毓英两所小学并入其中。中华人民共和国成立后，学校把南面的大门封掉，大门改到西面，并在西面扩建了操场。1960 年，浦江并入义乌县（现为义乌市），学校改名为义乌县（现为义乌市）朱宅完全小学。其间，学校进行了较大改造，第二进由一层改为二层，给老师当宿舍，祠中牛腿、牌匾被损毁，山墙卸下马头，改为斜坡封沿。1964 年，学校把第一进五间的南北墙和梁柱全部拆掉，改建为三个所谓的洋房屋教室，1967 年浦江又与义乌分县，校名又改回义乌县朱宅完全小学。1968 年 9 月，宗祠内创办初中。1970 年 9 月，初中班由宗祠搬迁至青龙头。1979 年 9 月，初中由青龙头搬迁至虞宅村，同期，朱宅小学由宗祠搬迁至青龙头校区，至此宗祠腾空。又因宗祠前后都修建了现代公路，祠基便显得偏低，但也无奈。近 30 年来，朱氏宗祠基本处于失修失管的状态。宗祠前后办过虞宅乡锯板厂、私人养猪场、肠衣厂、水泥地砖厂、磨盘加工场等，开始不用付租金，使用者只负责房子的修葺。由于宗祠属朱氏的仁、义两房，主要代表者分别是智丰村（原朱宅旧屋）和新光村（原朱宅新屋），两村集体资金都薄弱，便疏于修葺管理。新光村干部曾向智丰村干部提出共同来修葺管理，而智丰村干部认为一是资金困难；二是干部没有精力；三是地理位置上不便，暂时放弃，让新光村出租及管理，新光村故此收了部分租金。2006 年和 2009 年，替换多根霉烂的横条和椽子，增上瓦片，共计费资 1 万多元，两次较大的修葺确保了宗祠近期不至于倒塌。其间，个别租户拒交租金，由于情况复杂，部分干部和族民既不同意宗祠出租，又不愿负起修葺管理经费的责任，故此，朱氏宗祠的生存、维护变得十分艰难。

庙宇的用途是多方面的，不仅用于崇祀，还有许多公共性的功能，它们常常是很世俗化、很现实化的。在传统社会中，村落生产生活中的各种需要和愿望都有相应的“有求必应”的“神灵”主管。

有些庙宇的香火鼎盛，其他收入也丰厚，就办些慈善事业。庙宇可以为村落的商贸经济活动提供场所，所以村落的贸易集市又叫“庙会”。庙宇还是乡间文化娱乐的中心之一。村落文化娱乐最热闹、最重大、最欢畅的群众性活动就是庙会，其中最吸引人的项目是演戏，而演戏主要在庙宇和宗祠里进行。

改革开放后，村里的一些老年人在遗址上重建庙宇，又在庙宇中塑起佛像。起初，当地政府禁止修建，推倒佛像，但信佛之人又重新塑起佛像，一而再，再而三，屡推屡塑。随着宗教信仰自由在国家宪法中的确立，地方政府便顺其自然。

朱宅的每个庙宇各有组织，多数为中老年妇女。管理人员由信众推选，在特定时期开展佛事活动。但在朱宅的庙宇中，目前并没有专业的僧人和尼姑。

各个庙宇开展佛事活动，要进行开光仪式，选好良辰吉日，组织人员敲锣打鼓去双溪口接龙水，然后到庙宇为佛像以龙水点睛开光、上香、拜斗、念经。经文的主要内容为求保佑、避晦气、求好运、求生子、求发财及劝人从善等，其中虽带有迷信的色彩，但劝人向善、慈悲为怀却是积极的、肯定的。

## 三、村落文化

村民生于斯长于斯，村落构成其生命的重要坐标和影响力。新光村作为一个单姓宗族村，是一个小型的宗法共同体，宗族组织管理一切，维护着社会生活的秩序。它主持祭祀，负责伦理教化，兴办教育和公益事业，操持年节下的公共娱乐，保护自然环境，规划村落建设，等等。在自然经济时代，绝大多数村落是纯农业村落，村民们男耕女织，过着近乎自给自足的生活。新光村是少数的例外，它从诞生开始便是以商业为主的村落，是周边村落的中心，它比纯农业型村落更为开放和复杂。

### （一）礼仪教化

在传统社会中，以礼行事、规矩和讲究彰显了“其有文化”，可以看作是比较发达的文明的表现形态。新光村长期维系着长幼有序、遵规守矩的伦常体系，从求嗣、诞生到收媳至丧葬礼仪，从出生到离世，都贯穿着礼仪的教化。人生礼俗有不少在宗祠里举行，新光村的婚礼和丧礼都在诒穀堂举行。

（诒穀堂）这个门槛这么高是什么意思呢？以前，新娘嫁到新光村（朱宅新屋），大年初一新娘都要上厅堂祭祖。厅堂两边都站着人，在新娘跨门槛的时候看新娘脚的大小，因为封建社会推崇“三寸金莲”，新娘大脚走到这里脸都是要红起来的①。

（诒穀堂）第四进叫天池，浦江话叫堂楼。这里中间的画像就是朱可宾，也是我们的祖宗，我是他第三个儿子的第十代，我的房子就在厅堂的西面，被火烧了。堂楼的作用是什么呢？以前人死了以后，灵牌是摆在堂楼后面的楼上，这边隔壁有扶梯，那边隔壁也有扶梯。假如是东面的人去世，他的灵牌就由东面的扶梯送上去，从西面的扶梯下来。西面老三老四的人去世就是西面上去，东面下来，表示“一个人死了就不回头了，一直往前走了，不走回头路”的意思。天池这么高又是做什么用的呢？当祭祖烧纸时，纸飞得越高，说明祖宗越高兴，那样我们后人就越长寿②。

新光村过春节，谢年时间（除夕）与众不同，是在腊月三十日的早上，俗称开门福。新光村开门祈福谢年，一般在腊月二十前做好年糕、火糕。腊月二十八前杀好年猪、年鸡、年鸭，备好春联、纸香等物品，清扫卫生，做好全家的新衣服。腊月二十九在厅堂挂上灵岩公容像、花灯等，自家也挂上祖宗容像。腊月二十九晚饭后煮下猪头、鸡、鸭等，由族内提前选好谢年的时辰，一般会选在寅、卯、辰三个时辰内，由管年人敲打第一遍锣表示村民可以起床准备了；第二遍铜锣表示各家各户可以把猪头、全鸡鸭、斋饭、纸香等祭品送到厅堂；上百农户到齐后，由管年人敲第三遍铜锣，并且是急促的紧催锣，便开始正式谢年。张灯结彩，鞭炮齐鸣，蔚为壮观。先拜天地，再拜灵岩公，点香、烧纸、跪拜、洒酒、作揖，然后到堂楼进行荤祭和素祭，公共谢年到此结束，然后各自回家再祭拜自家祖宗、灶君、猪栏和土地，谢年全程便结束。之后，全家老小便开始吃最体面的年饭。饭毕，年长者向小辈发压岁钱，并事前准备一些草纸，在小孩嘴边擦一下，不能乱说不吉利的话和脏话，随后小孩们就可以穿着新衣服出门游玩了。③

---

① 老村主任访谈。

② 同①。

③ 朱希光. 茜溪文脉[Z]. 内部书稿，2014年。

祭祀是宗族的重要事项，在宗祠内进行。宗祠的基本功能是供奉祖先神位，定时举行祭拜仪式。祭祖活动具有重要的教育意义。通过缅怀祖先，能够加强血缘宗族的认同意识，培育宗亲间的感情，互爱互助，同心同德，致力于宗族的生存发展。祭祀的隆重庄严增加了宗族的凝聚力和实际事务中的权威性。张灯结彩、鞭炮鼓吹或共餐或散胙，欢乐的节日气氛浓郁也有助于愉悦族人心情，从而激发昂扬的精神。

在一个血缘村落里，宗族组织是全面的管理者，它与村落文化生活、经济生活、社会生活、政治生活都有直接或间接的联系，其作用远远大于一个基层的政权机构。①

### （二）族规家法

朱氏宗族有详细、具体的族规家法，并刻石于祠堂，收集于宗谱，全族所有人都必须严格遵守，不得违反。族规家法是宗族成员的行为规范，宗族的一切事务都必须在族规家法的名义下进行，其中《茜溪义房朱氏宗谱》记载了祠规五条、家规二十条等。

**祠规五条**

一、宗祠为整伦之地，如有忤逆灭伦、乱宗辱长、盗卖祭产、盗砍坟木、买卖享胙、阙失祭祀、以莨作践者，投祠家长会族处置，重则削谱，轻则除胙不贷。

二、家长为一族之主，须分尊齿长，清白端方，有子孙继嗣，无刑犯废疾，非在官人役出身者，方可公请主祭，否则辈分难尊，另行议请。

三、族中董理责任非轻，须殷实公正有才能无过误者，方可管理祠事。如有侵蚀公资、败坏公事、出入狼戾、记载模糊、争帐霸管及在官人役妄作非为者，不许举充董理，违者即行斥退，保举人一体坐罚。

四、春秋两祭，三派会同生熟祭品分颁斤两自有定式，如有疾病腐败、宰割不均、铺设不齐、洒扫不洁、灌燎不谨、鼓钟不鸣者，理事人坐罚。

五、宗祠新造，理事整肃，不许借做公馆、作场、书馆、客寓、寄放什物，违者重罚。

三派公议同具

① 陈志华，李秋香. 中国乡土建筑初探[M]. 北京：清华大学出版社，2012：264。

## 家规二十条

一、凡为家长之道必先自谨守礼法以御率子弟，然后分之以事而责其成功。

二、元旦合族首拜宗祖，其次拜家长，男女以次相拜复左右一揖而退，俾子孙知昭穆定名分。

三、凡婚嫁须择大家门户相当者与议，又择其读书好礼守分之家与议。

四、冠婚丧祭称家之有无，勿得为奢侈以败家业。

五、生男女过多不可淹溺，人俱嫁子而溺女，以梆布荆钗嫁之可也，人畏家贫而溺男，养得成人长大自能生理，天不生无禄之人也，且淹溺子女一节，律例所载科罪并重，各宜慎之。

六、族内尊长称呼卑幼不可直呼其小名，宜称其表，方是大家体统，如祖父母至亲伯叔及有服之伯叔呼之小名可也。

七、卑幼对尊长有问当起立，切不可抢先过话有失规矩。

八、子孙有田产屋业财帛不明者，家长先剖处明白，不可闭气争力遂自与讼，以伤宗族和气。

九、子孙有奸盗伪诈在外寻事生非不务生理者，当禀家长责之，责之不改送，官究治以杜恶种。

十、子孙有为子不孝为孙不顺，殴逆父母祖父母及伯叔者，告于家长治之不悛者，官重究以惩逆种。

十一、为家长平居闲暇之际教子以道，使其弗犯国法便成孝义风俗。

十二、凡为男子者需自立大丈夫之志，不可私听枕边之言，致使骨肉睽远兄弟分产各居，相视如途人，相忌如仇敌。

十三、本宗子侄有能励志攻书或家贫不能上进，为富者当周助之，至于穷通得失虽有命，存若得其为贤士，亦可以为文献之足征。

十四、本宗有因父母之遗产而富盛者，不可倚富欺贫或谋其田产或并其子女，恐天道循环，吾之田产子女随转而至于他家也，须富而好礼，怜孤恤幼，读书为善，方可以长寿富贵。

十五、本宗男妇过节入祠或往外游行，不许穿绸衣、戴金珠首饰以形彰美，只许穿布服。

十六、本宗子侄当自安分守己，不可苟取财物及窃取田野六种等物，小盗不惩终为大盗，亡身及亲，上玷祖宗，下累儿孙，悔之已晚。

十七、为妇人之道，在家从父，出嫁从夫，夫死从子，不立家法以教训子孙在外难以为人，如夫死而子不肖破家者，必须严家法以诲之，则可称贤能父母。

十八、为妇人务须谨口讷言，内孝男奉舅姑和处妯娌，勤纺织奉箕帚，弗令游东过西以败风俗，若男子在外争论，不得与妇人多言，以致男女混杂甚非体统。

十九、一家之兴隆由妇人之贤德，古书曰，贤妇令夫贵，愚妇令夫贱，恶者夫纵之也，罚在其夫。

二十、本姓子侄当依祖宗之良规遵朝廷之法律，臣作忠臣，子称孝子，民作良民，士为善士，士农工商各安生理，共享太平之福。

规条俱属至言，不得以浅近而忽之。

朱氏宗族的管理体制为族长制。族长具有“通”骨肉之“情”的特殊身份。这种特殊身份就是他可以代祖宗立言，替祖宗行事，位于一族之上，对族众具有不可冒犯的权威。族长主管族内的一切事务，包括主持祭祀礼仪、分配族产、维护家法宗规、解决族内争端等，但不具体经管族产和琐务。族产另设经管人，称祠正，由族众推选产生。族长以下各房设房长，以管辖各房的具体事务。

宗族的日常管理主要是奖善惩恶、兴利除弊、经营族业、维护公益、济贫扶困。凡是族人中的恶行者或善行者，都被记在善过簿上。族产管理为轮值制。无论是思想道德教化，还是经济救助手段，宗族日常管理的原则和功能都用儒教伦理规范社会秩序，维护族内和社会的安居与稳定。

### （三）商业性村落与开放性

朱可宾在赚得大钱后，投资兴建了他和后代共同居住的朱宅新屋（新光村），他以自身雄厚的经济实力将财富输入村落，并以其生活方式及文化理念深刻地影响了村落生活，极大地改变了村落形貌，使其表现出与一般农业聚落迥异的特征。

从根本上说，他对村落的最大贡献是在强化宗族整体性和维持村落稳定性的同时，长期的对外商贸交流使村落形成了一种开放的气质。

灵岩公不是当官的，是经商的。最早他是种田地的，后来他觉得种地赚不了钱，就开始做生意。当时他做木材生意、木炭生意、茶叶生意和染料生意。当年在杭州、苏州经商。当时杭州最大的印染厂是他开的，还开了好几家茶馆。据说，有一年乾隆到杭州，上火，眼睛有点发红。买了别家茶店的茶叶，泡茶，效果不好。

后来买了灵岩公春来茶馆的茶叶，泡茶，喝了不到两小时，眼睛的红就褪了。这件事也有一定的依据，我们这里的茶叶是高山茶叶，没有污染，口感也比较好。后来灵岩公的茶叶就作为贡茶。当时他对朝廷的奉献也很大，乾隆皇帝封他为“国学生”，他是戴红顶子的，是红顶商人。当时金华府办府学，他赞助了很多银两，当时金华知府杨志道赠予他“惠及儒林”的匾额。他对当地民间的贡献也很大，他出银子修建了马岭古道、瞿岩岭古道、方坞岭古道、狮子岭古道。灾年，他在杭州施粥，灾民每天早上都能喝上他家做的粥，他是一个非常善良的人。①

灵岩公在这里创办了灵岩免费学校，从 1745 年开始一直坚持到 1950 年。在这 200 多年中，本村人都是进行免费教育的，周边村坊的人要来这里读书也可以免费。从这里考出去的秀才有八九十名，当时称为浦江的秀才摇篮，也是金华第一村，这里出的秀才是最多的。灵岩公在杭坪镇有 108 亩田，这个地的租金每年拿来资助全浦江县新考中的秀才，每个人资助 400 两银子。他对教育事业是非常重视的。②

在没有公路的时代，新光村是瞿岩岭古道与马岭古道之间的重要节点和必经之地，来往人员众多，便有一定数量的过客需要就餐、购物或住宿，再加上村民生活用品的需求，新光村产生了不少小商品的叮叮担（流动商担），也有多个开在村中房屋内的固定商店。新光村（朱宅新屋）连接智丰村（朱宅旧屋）的永济桥头。智丰村有一条东西向的约 3 米宽的道路，路南西边有一排八九间小屋，道路两侧开有多个小店。故此，民众称该地为店门口。这段五六十米长的小街被称为朱宅在清代、民国早期的商业街。

中华人民共和国成立初期，杭坪供销社设在诒穀堂。改革开放后，新光村村民先后开店，朱宅有十来家小店，还有肉摊、菜摊等，为本村和周边农民提供了便利。现今，大部分新光村村民都在外经商或办厂。新光村从事商贸的传统从灵岩公留传至今。它不仅使新光村保持着开放，也使村民与外界形成了一种复杂且广阔的社会关系网络，深深地影响着村落的发展。

---

① 老村主任访谈。

② 同①。

## 四、农村集体化运动与村落社会基础重构

新光村地处崇山峻岭之中,世世代代在这里生息。然而,重重山峦并没有把新光村与中国的大环境完全阻隔。外部宏观环境的变化和传统社会的变迁也在这里引起了强烈的反响。

新光村遭遇过两次大的兵灾。第一次是太平天国时期,1861 年农历七月四日,太平军侍王李世贤之徐朗部围攻浦江城[①]。1861 年农历八月二十三日,太平军攻克浦江城,1861 年 9 月 22 日,洪秀全、杨秀清带着几百士兵,从瞿岩岭至朱宅新屋,因饥饿进村入户抢夺粮食、财物,并放火焚毁了灵岩书院(儒丰居、立考亭)、三会房、礼义房、练功房、朱守宫故居和半幢钱库房等共约 60 间民房。第二次是 1948 年,国民党到朱宅追剿共产党员时诒穀堂东侧的读书房发生了火灾,经抢救,保下南侧一间和对面五间,烧毁四间[②]。除兵灾外,还常常发生火灾。老村主任回忆,1958 年,村子西面的"七间头""豆腐爪圈"发生了一次较大的火灾,虽然经过抢救,该次火灾还是烧毁了村内最精致的"七间头"等二三十间民房。除由以上种种不可抗因素造成的建筑毁损外,在中华人民共和国成立前,新光村村落的空间形态基本没有大的变化。

农村集体化运动是政权建设的产物,而政权建设又作为国家建构的主线贯穿于整个中国的社会变迁。1949 年以后,政权建设对新光村村落社会的影响大致可划分为三个阶段。

第一阶段是中华人民共和国成立初期,土地改革建立了超家族体制的组织原则,血缘家族权威向行政权威转变。1950 年新光村开始进行土地改革,重新分配耕地。灵岩公经商发迹以后,在建德、桐庐、富阳、浦江等地买山、买田、买地,并建立小庄园管理这些地产,之后将这些小庄园分给了四个儿子。土地改革时,这些田全部归公。除此之外,还有土地功能的变更,在中华人民共和国成立以前,新光村的土地分为公田和私田,而公田按功能又可划分为学田、祀田等。以前乌儿山庄园的田地用于灵岩免费学校的日常开支。而朱氏宗祠主要由族人捐出祀田作为祠产,收租放息成为宗祠的主要收入。土地改革时,《浦江县志》记录,全浦江县

---

① 善广. 浦江县志[M]. 刻本,1905:12。

② 朱希光. 茜溪文脉[Z]. 内部文稿,2013:61。

地主土地共充公 38 812 亩，并征收祠堂、庙会等公田 145 918 亩，征收富农的出租土地 2 162 亩。[①] 除地主、富农的土地外，还有大量公田被征收后重新分配，这些公田也就失去了原先的功能和意义。

第二阶段是 1951—1958 年，由互助组、初级社、高级社一步步建立了土地的社会主义集体所有制。1958 年，新光和曙光两个初级社被合并为新光高级社，新光村也因此得名。这一时期的农业合作化运动将绝大部分农民吸纳在跨家庭的集体之中，削弱了家庭的生产功能。

第三阶段是人民公社时期。1960 年，朱宅乡并入虞宅人民公社，新光村改称为新光大队。人民公社建立了"三级所有，队为基础"的组织结构，村落社会体制与国家权力相衔接，形成了蜂窝状的农村单位社会。人民公社时期，"同吃大锅饭，同睡大地铺"，原本用于练功习武的桂芳轩也被改造成集体食堂。诒穀堂的厅堂门牌坊上书写了"炼铁炼钢"的四字特大标语。佛教作为封建迷信被打倒，庙宇里极少有人去祭拜念经，村民们都投入了热火朝天的生产建设。1966 年"文化大革命"开始后，新光村的众多庙宇被当作旧思想、旧风俗、旧习惯予以破除和毁坏。

通过土地改革和集体化运动对农村社会进行的改造是有效的，同时政权深入农村社会内部，国家与农村社会之间建立了一种全新的高度统一的关系结构。通过划乡、镇反、土改等运动，重构了村落的社会结构和关系网络。所有这些都是上级政权对乡村社会进行充分动员和组织的结果。土地改革工作队的派驻，农民协会权力的行使，分家、诉苦、阶级划分等活动的展开使国家权力、阶级意识、政治文化有形地楔入乡村社会，极大地消解了原来的宗族意识和宗族权力。这种由旧转新的社会转型既通过兑现对农民的土地承诺而使党和政府获得了广泛的群众基础和高度的认同，又重构了村落的社会基础。[②]

农村集体化运动也使新光村村落发展的内源动力结构受到严峻挑战。作为灵岩公后代的聚居地，虽然新光村宗族组织消解了，但村民内心的宗族意识、宗族向心力仍在。于是，新光村的经济组织、文化团体、教化机构、亲缘集团等内生性组织使政权建设与村落共同体之间在多数场合下是一种互构的博弈状态而非一味的对立状态。杜赞奇曾使用"权力的文化网络"概念来说明这种政权与乡村社

① 善广．浦江县志[M]．刻本，1905：35。

② 朱士群，李远行．自治性与徽州村落[J]．中国研究，2006(1)：121-146，256。

会之间的互动关系。[①] 国家通过行政、意识形态和文化的渠道向乡村渗透，极大地改变了村落的宗族结构和宗教形态，对村落的社会结构产生了重大影响。同时，乡村文化网络也在不断地对政权组织进行着解释和重写。

我们村全部这些人都是一个家族的。我父母说，以前我们这个村坊和周边基本上都是连接的，都有围墙，都是连好的，到下午四五点钟时，一般叫门都叫不进来。因为它的门一锁，里面人也不多，你在外面叫，进不来。古时候像这个地方的盗贼比较多，社会不安定，所以门一锁就难以进来。在"文化大革命"期间，其他地方都发生了武斗什么的，这里是没有的，但派系是有的，你是什么派，我是什么派。但打架、吵架是没有的，可能还是一个祖先的关系吧。

像我们诒毂堂那个门面为什么被完整保护下来了呢？按说当时是要敲掉的，但当时有个人就说，"哎呀！这样敲掉很费力气，把田里的烂泥拿来涂掉不就好了"。后来就只是涂掉了没有敲，改革开放以后，洗洗原模原样就出来了。然后你说各家各户这个古老的房子为什么没被破坏呢？因为当时我们的祖宗造了200多间房子，那么他的儿子就这样子子孙孙延续，所以后来一户人家是一间、两间房子，大家是住在里面的，你说我自己把自己的房子打掉是不可能的。

土地改革时，定成分是有的，我们村里定成分有两个地主，其实那两个地主也不算很富。这两个地主基本就开会啊，批斗一下，意思一下，其他也还可以，主要因为还是一家人。这两个地主一个是大房的，一个是三房的。像我们的祖宗确实富有，从马岭开始，往富春江，一直到芦茨两边的山，基本都是他的，但土地改革时，这些地基本就是哪里的就归哪里。我们村到现在还有13 000多亩山。我们在建德、桐庐还有24块山，都有林权证、土地证，土地改革时都归当地了，所以后来选出来的地主也不富了，只是比别人强那么一点点。[②]

农村集体化运动的另一个结果是把新光村——这个以商业为主的村落变成

① 权力的文化网络中包括市场、宗族、宗教以及水利控制之类等级组织以及庇护人与被庇护者、亲戚朋友之间的非正式相互关系网。由于这些组织依附于各种象征性价值，从而赋予文化网络以一定的权威，地方政府与中央政府高度依赖于文化网络以建立自己的权威。杜赞奇研究了清末国家借助非官僚的地方官吏统治乡村的经济体制，由于晚清政权将自己的权威和利益成功地融合进文化网络，因而得到乡村精英的承认。民国后，国家推进地方政权的现代化建设，企图斩断与传统甚至被认为落后的文化网络的联系。这一时期的政权扩张是通过内卷化形式完成的，即不是提高旧有或新增机构的效益，而是靠复制或扩大旧有国家与社会关系来扩大行政职能。国家权力扩张带来了宗族之间的竞争，直至闾邻制或保甲制度取代宗族的代表制，文化网络的政治功能逐步丧失。乡绅通过祭祀活动表现其领导地位，乡村的祭礼将地方精英及政权联络到一个政治体系之中。详见杜赞奇．文化、权力与国家：1900—1942年的华北农村[M]. 王福明，译．南京：江苏人民出版社，2010。

② 老村主任访谈。

了纯农业型村落，改变了村民的生活世界和生计方式，也改变了村落的经济结构。

## 五、村落工业化、村民“离场”与村落共同体消解

1979年，新光村开始将土地承包到户。1982年，新光村实行家庭联产承包责任制，集体土地按人口平均分配到户，由农户独立自主使用和经营。当时的新光村与同时代的绝大多数中国村庄一样，以农业为主，绝大多数农户靠种地谋生。但家庭联产承包责任制并不必然导致农村工业的发展。20世纪80年代初期，中国工业市场刚刚兴起，大部分原料和市场都还在计划控制之下。自1958年人民公社化以后，农村工业的发展一直与农村集体经济密切相关，最初被称作“公社企业”，1961年后又改称“社队企业”。20世纪80年代初实行家庭联产承包责任制后，各地区纷纷把规模较大的农村集体分割为较小的行政村，虽然村庄拥有耕地的名义所有权，但农村集体经济几乎是“空壳”。

1984年9—10月，浦江县委、县政府开展扶贫帮困工作，出台一系列扶持政策，当时虞宅乡是七个贫困乡之一。那个时候有个宣传语为“无农不稳，无工不富，无商不活”，发展工业被视为脱贫致富的有效路径。1985年，新光村所在的虞宅乡成功引进水晶加工产业①，之后水晶产业不断发展并最终成为浦江县的一大支柱产业②。同一时期，新光村实现了由传统农业型村落向水晶加工专业村落的转型。这次转型改变了新光村的产业结构和人口结构，带动了村落经济发展，也严重破坏了村落环境。

改革开放后，虽然宗族组织在一定程度上获得了再生空间，但是那种组织严密、形式完整、功能齐备的宗族组织已不复存在。新光村新的“宗族组织”也生长起来，但它既没有一定的组织形式，又没有雄厚的组织经费。它是“原子化”的农户利用传统的血缘伦理文化对现代社会中的组织资源的吸纳，以增强集体行动能力和扩大与其他利益主体博弈的筹码。它为宗族成员提供社会关系网络资源，成

---

① 1984年9月5日，陈雄祥被浦江县委任命为虞宅乡党委书记。陈雄祥沉稳务实，他在1985年正月初二召开了回乡人才座谈会，请他们为本乡的经济发展建言献策，其中一位马岭脚村村民胡光绪提到，在建德市下梓州村办水晶珠宝加工点的上海师傅有意到虞宅乡投资办厂。陈雄祥经过详细考察后认为办水晶厂可行，在解决了贷款、审批等手续后，浙江浦江装饰品工厂于1985年10月5日正式开工投产。当时14毫米的八角珠每粒卖0.8～1元，一个工人每天可生产100粒左右。工人按件计酬，不到3个月，工人的月工资达到了500余元，而当时乡干部月工资仅有50～60元。1986年的春节，装饰品工厂已赚回了投资本金，还清了2.8万元贷款。1年时间完成产值90多万元，创利税23万余元，经济效益极为可观。

② 1986年后的两三年内，水晶产业发展到浦江全县各地，最终成为浦江县一大支柱性产业，年产值高达三四十亿元，浦江也被冠以“水晶之都”的美誉。目前，浦江水晶的销售量大约占全世界总销量的80%，产量和销量都十分庞大。

为一种新的纽带，使“原子化”的农户在市场中显得不那么孤单和无依无靠。它的意义主要在经济方面。做生意时，宗族成员之间能互通信息与联络。而对于村落发展和村落未来而言，它并没有表现出有作为的一面。

自 2010 年开始，面对日益恶劣的生态环境，虞宅乡政府开始实行水晶生产环境整治，力求恢复“绿水青山”。由于水晶产业门槛低、销路好，最初的整治非常艰难。2013 年，浦江县借力浙江省“五水共治”政策，关停了全县 2 万多家水晶小作坊，新光村绝大部分水晶加工作坊陆续被关闭，剩下的水晶加工点也都搬到了虞宅乡或浦江县，至此，新光村的“水晶时代”落下了帷幕。①

在关停水晶作坊的同时，由于新光村被列入第一批中国传统村落名录的村落名单，当地政府出资对诒穀堂、廿九间里、双井房、桂芳轩等古建筑群进行修复，并拆除了一些不协调的新式房屋，进行了道路改造、环境整治、房屋修复等一系列工程，村容村貌大为改观。由于大部分村民并不居住在村子里，谋生来源也不在村子里，计划经济时代弱化的村落共同体被进一步消解。

新光村水晶产业从兴起到关停整治起到了一种警示作用，即只求以工代农发展经济而忽略人文、生态的做法是不可取的，势必会加速村落的衰败。

## 六、村落的旅游转型

水晶产业被整治后，外来务工人员纷纷离开，曾经嘈杂喧闹的新光村一下子安静了。由于多数本村村民在外办厂或做生意，村里只剩一些老年人守着这些修缮好的老房子，新光村显得非常萧条冷清。

2015 年 10 月，新光村部分古建筑修缮完毕，但村里依然没有人气。基于此，虞宅乡政府牵头，组建了由乡政府、村集体和企业（创客联盟）三方入股的灵岩古庄园旅游发展有限公司，开发了廿九间里青创基地。

青创基地由新光村提供场地，前三年免收租金，政府出资修缮基础设施，并积极争取税费减免、金融贷款等优惠政策，创客联盟也进入开发运营的模式。创客联盟负责青创基地的规划，以吸引来自杭州、义乌以及浦江本地的创业者们开设店铺，重点吸引非遗手工类、民宿类、轻餐饮类等创客进驻，其中有原创服装、驻唱

① 新光村主任介绍，大概在 2012 年下半年开始进行全村排摸，因为都是家庭作坊，所以数量非常庞大，整治也比较困难。截至 2014 年，共取缔水晶作坊 295 家，并按照“谁污染，谁治理”的原则整治水晶加工户，剩下的水晶加工点也搬走了。村里投入 20 余万元从寺坞源引入活水，使全村沟渠水循环的溪水纯净、清澈见底，可以洗菜、洗衣服。

酒吧、青旅、陶艺制作、插花、书法国画、手工花灯、特色农产品和草木画等特色小店。周末及节假日，廿九间里的商铺时常会举办一些体验活动，如手工 DIY 制作、印染比赛、演讲比赛等，这些体验活动吸引了不少游客。双井房文创艺术馆则聚集了大量文人雅客来此吟诗作画、切磋书法，提升了新光村的艺术氛围。同时，新光村大力发展电子商务，打造“线上购买、线下提货”的互联网 O2O 模式，将基地的线下体验和线上消费融为一体，为创客们打造了一个创业平台。青创基地对入驻店铺的经营理念和商品都有一定的考察标准，目的是入驻店铺要与整个传统村落的韵味风貌相协调。最具特色的是它的经营模式：店铺主人几乎都不在店里，店内商品明码标价，游客们可以自由地在店里挑选喜欢的商品，然后扫描旁边的二维码自行电子支付。这样的经营模式少了一些拘谨，多了一些闲适自在和相互信任。对于游客来说，这也是一种特别的体验。

此外，经过积极的招商引资，由杭州畅途旅行社有限公司等与新光村村委会共同投资开发了自驾游基地，目前已建设成吃、住、行、娱等功能完善的浙江省自驾游样板基地。

除发展旅游外，新光村还在各级党委政府和林业部门的支持下，以“绿水青山就是金山银山”的思想观念，推动农业生态产业的发展。现在新光村附近有金果园农业开发有限公司。该公司致力于农业种植，目前有千余亩的农业种植基地，内含香榧苗木、香榧果实基地，年产值达 800 余万元。新光村道路两侧还有百余亩苗木花卉种植基地。

传统村落、青创基地、旅游三者结合再一次激发了村落的活力。因独具特色，新光村吸引了大批游客。自 2016 年开业以来，平均每天客流量达 5 000 多人，周末甚至达 1 万多人，节假日则更为火爆。此外，青创基地还开办了周六乡村音乐节，承办了几场小型音乐会，许多独立歌手在这里演出。2017 年，仅音乐会门票销售量就达到了 50 000 张。

人流量的剧增为村民提供了增收的新途径。村里在廿九间里北侧开设了美食广场，村民卖一些酒酿圆子、臭豆腐、小馄饨、烤串之类的自制传统小吃，还卖土鸡蛋、火饼、粉丝、番薯等土特产，生意火爆。焕发新生机的村落[①]还吸引了不少在

① 作者在 2017 年 10 月的一个周末前往新光村时，村里忙碌着为即将到来的万圣节活动做准备。村里的每一条小巷都摆着南瓜灯，树上悬挂着节日特色的装饰物，廿九间里更是摆满了各种人偶，到处都充满了节日气氛。村口的年轻工作者在售卖万圣节晚会的门票。村里人头攒动非常热闹。古色古香的街巷、建筑与现代节日特色相结合，对游客有着特别的吸引力。

外工作的本村青年返乡创业，原先一直外流的村民逐渐开始返乡。与其他地区青壮年外出务工、老弱病残留守家里造成了村落萧条破落的景象相比，新光村就显得更有生气。

新光村青创基地的成功之处在于它的创新性。它有意区别于一般传统村落随处可见的商品批发和浓厚的商业气息，追求的是文化氛围、艺术感和新颖性。因此，它在开办的头几年就非常火爆。但自 2019 年以来，新光村青创基地的客流量有下降的趋势。造成这一现象的原因是多方面的：一是廿九间里各色店铺起初以创意吸引游客。创意的魅力在于它不断地更新和再生，但一些创业者对这种必要的革新并没有做到。二是村民在村落发展中的作用未被充分重视。在青创基地成立与发展之初，政府投入了大量资金，浦江县、乡领导亲自带队，体验美食，广泛宣传，带动人气。有了初步成效之后，就不能继续依靠政府，而应该由村委和村民们思考该如何维持人气，如何借着新光村良好的发展态势拓展产业等。由于在外经商和谋生的人较多，新光村的资讯相对丰富，且自古以来形成的社会关系网络复杂且广阔，村民们完全可以利用这些优势，引进民间资本或由村民参与运营一些店铺，因为是自己的村落、关乎自己的利益，他们会比外来者更用心。只有激活村民的积极性和对村落的参与度，发挥他们的主体性，才能让新光村得到可持续发展。①

## 七、重建村落自主性

千百年来，传统村落在没有外部扶持的情况下依旧生生不息的原因在于其自主性。这种自主性体现在村落记忆与共同体意识、生活协同与主体自律、财富输入与村庄平衡等方面。朱士群等将这种具有自主性的村落称为“自洽性村庄”②。自洽意味着这个村落的内部是和谐且有活力的，在应对外部市场及内部危机时，能够运用自身资源进行调节，是一种张弛有度的弹性机制。

很多传统村落丧失了这种自主性，村民大量外流，共同体瓦解，内源发展动力匮乏。重建村落自主性需要村民主体意识和村落共同体意识的重建。村落共同

① 当然，村民力量未能充分发挥和动员与人口外流不无关系。新光村村民，尤其是年轻人大量外流，与留守村中的老年人相比，年轻人有着更高的眼界、更丰富的想法，但多数已在城市扎根，一年中只有极少数时间回到村中与老人团聚，因此对村落发展也谈不上什么贡献。因此在传统村落发展过程中，如何发挥村民力量，激活他们的积极性、参与度和创造力是一大关键，也是一大难题。

② 朱士群，李远行. 自洽性与徽州村庄[J]. 中国研究，2006(1)：121-146，256。

体的核心在人，要将分散的村民凝聚为一个情感相依的共同体，需要共同的文化和精神诉求，因此构建文化共同体是村落共同体重建的关键路径，以文化认同重新凝聚分散的村民，让村民怀着对家园的热忱和期许，重新团结在一起，共同参与家园建设。

首先，村民力量是村落发展的能量源和稳定器。村落集体意识的恢复应当以村民的"回归"为前提，须重视乡贤的力量。乡贤不一定要回到村落工作或生活，但在涉及村庄发展等事务时，应咨询他们的意见和建议，请他们"在场"。他们作为从村落走出去的精英力量，以其知识和经验为村落发展出谋划策，还能以他们的声望妥善地引导、团结村民，让村落建设变得更加有序。此外，出于同乡间的信任，村民也能够将自己的意见和看法与乡贤进行充分的沟通与交流，这样会使村落决策更能体现普通村民的自主性，更接地气。

其次，唤回村民身份和文化认同是共同体重建的根本。村民重拾对自己身份及村落价值的认可和自信是共同体重建的根本，也是村落转型与发展最重要的内部动力。当然，这并非一朝一夕的事情，需要一代人，甚至几代人的持续努力。

最后，以政府为外部支撑，文化认同为内部动力，推动村落走向内源性发展。在村落转型初期，政府的扶持和引导规划很有必要，是一大助力；一旦村落发展步入正轨，政府便应将主导权还给村民，培养村民的主体意识和文化认同，让村落逐步走向内源性发展。

# 第三章　共同体、政府、市场与村落转型
## ——新叶村经济社会转型与发展路径研究

谋生惟有读书高，
试把书高训尔曹。
平地可登卿与相，
翻身便作俊和髦。

能消心上如焚火，
解拔胸中似织茅。
更有一言是真诀，
买珠还椟剑进鞘。

——叶一清《勉族祖训之读书》

新叶村地处浙江省建德(旧时称严州)的东南部，曾属兰溪。这一带在两晋之前人烟稀少，尚有大片未垦地。“永嘉之乱”“安史之乱”“靖康之难”后，北方士族和百姓纷纷向江南移民，其中一些人也到建德落户。新叶村以前叫“白下里叶”。白下是指“白崖山下”，白崖山就是玉华山。里叶就是玉华叶氏。“新叶”这个村名是1949年以后更改的。[①]

新叶村三面环山，被大小丘陵环抱，地势西北高，东南低。发源于山上的溪水顺流而下，环绕村落，是中国南方典型的农耕聚落。村落始建于南宋嘉定元年(1208年)，至今已有800余年的历史，是浙江省保存最完整的血缘聚落建筑群之一。新叶村有保存完好的200多幢明清古建筑，16座古祠堂、古塔等重点保护建

① 李秋香. 浙江新叶村[M]. 北京：中国建筑工业出版社，2016：14。

筑，被誉为中国明清建筑露天博物馆。正因如此，新叶村得到了国家的重视和保护，也收获了众多荣誉。①

截至2020年年底，新叶村约有农户1 057户，人口3 469人，整个村域面积为15.9平方公里，村庄占地达6.5公顷，有22个村民小组。耕地面积为2 241亩，林地面积为16 335亩。2014年《爸爸去哪儿》在新叶村拍摄后，新叶村的知名度显著提升，旅游收入也持续增长，2015—2018年均游客量达到20万人次，新叶村旅游门票分成收入年均达100万元。每年的农历三月初三，新叶村都会举行盛大的祭祖典礼，它在叶氏族人心中的地位和热闹程度远胜于中秋、春节等中国传统节日。②

本章试图回答的问题是：新叶村这样一个纯农业型村落是怎么在现代化浪潮冲击下完成一次次转型的？村落共同体在其中扮演了怎样的角色？国家力量是如何影响和形塑一个偏远地区的小村庄的？国家（政府）、市场和村落共同体都规制着一个村落的转型和发展方向，而在这三股力量的叠加影响下，乡村社会形成了怎样的转型和秩序格局？

## 一、宗族历史：村落记忆与共同体意识

新叶村始建于宋末元初，它因地理位置偏远，避开了由朝代变迁、战乱灾祸带来的破坏，村落格局和传统建筑大多得以保留，在一块并不算富饶的土地上，玉华叶氏繁衍为一个庞大的宗族。新叶村里保留下来的由明清两代建造的住宅、祠堂、街巷、砖塔、庙宇、书院和文昌阁成为玉华叶氏家族史的实物证明。

那些大大小小、不同层次的祠堂述说着这个宗族从始迁祖到多支多派发展的全过程，对文化传统的尊重和科学仕途的追求可以从文峰塔、文昌阁、书院等许多住宅的书房等看到；农耕生活的原始宗教意识可以在土地祠、五谷祠、五圣庙之类

① 2009年第二届中国乡土建筑文化抢救与保护暨建德新叶古村研讨会形成了《新叶共识》。2010年被批准为中国历史文化名村。2011年被公布为浙江省级文物保护单位。2012年入选首批中国传统村落，同年“新叶三月三传统庙会”被列入省级非遗名录。2013年被公布为第七批全国重点文物保护单位，同年被国家文物局列为古村落保护利用综合试点村。2015年被评为“十大江南传统村落”，并位列榜首。2016年被评为中国最美古村落。2017年入选全国第一批绿色村庄、长三角休闲农业和乡村旅游推荐景点、浙江省3A级景区村、美丽宜居 浙江样板双百村。2018年获评浙江省休闲旅游示范村，第五届“华东十大金花胜地”。2019年9月被列入2019杭州市中小学研学旅行基地。2020年7月被文化和旅游部列入第二批全国乡村旅游重点村。

② 祭祀由叶氏宗族现有的五个支派（仁义礼智信），按天干地支的顺序轮流执掌，崇仁派、崇智派、崇义派因人口相对较多，故以十年一轮为序，单独主祭，称为“大年”。

建筑中找到表征。①

## （一）聚族而居

在农耕时代，人们被相对固定在一定范围的土地上从事生产，凡开沟洫、辟山林、整田亩、建道路以及保卫自己的利益和安全不受侵犯都不是个别家庭所能承担的，而需要人际的合作，并形成有内部结构的社会单元。在这种社会单元中，最自然的单元是建立在血脉亲情之上的宗族，因此聚族而居，形成血缘村落是农耕时代最普遍的现象。②

聚族而居是宗族所特有的一种生存方式。与中国南方广大地区的宗族生存状态相类似，玉华叶氏宗族也以聚居的方式存在于世。

《玉华叶氏宗谱》记载："始祖坤，字德载，行千五一世，居寿昌湖岑，宋宁宗嘉定年间（1208—1224 年）迁玉华，赘夏氏。"夏氏是叶坤的娘舅家，但后来夏姓人离开了该地，叶姓人却在该地生根发芽。自叶氏第一代叶坤到这里定居，历经宋、元、明、清、民国至今，共计 30 余代，历 800 多年，形成一个庞大的血缘村落。③

玉华叶氏始祖叶坤（约 1200—1202 年出生），是牧牛出身的小佣工，入赘娘舅家，娶娘舅家的女儿为妻，创业艰难，面朝黄土背朝天，靠勤劳能干开启了新叶村的历史。叶坤和其夫人共育两子，长子叶光隆、次子叶光赞。光隆有两个儿子，叶克谐和叶克宽；光赞有一子，叶克诚。

1240—1245 年，叶坤叶氏家庭有了第一次分家，叶光隆嫡系长子系统的后代称作"里宅"（嫡），叶光赞次子系统称为"外宅"（庶）。

叶克诚，叶坤之孙，外宅派掌门人，因出谷济赈后"辟任婺州路判官"被推为"乡贤"，成为玉华叶氏家族最声名显赫的人物。叶震，叶克诚之子，玉华叶氏家族第一个通过科举步入仕途的人。《玉华叶氏宗谱》记载："叶震，字雷甫，治《春秋》，登皇（明）元壬子（1312 年）乡荐。授江西安福县县尹，课最，擢刑部郎中，升河南廉访副使。"他是叶氏家族的重要人物之一。

叶克诚在执掌家族事务后，他与儿子叶震一起对整个村落进行了改造，使白下里叶迎来了新面貌。他们做了四件对村落影响深远的事：一是选址；二是改造

① 李秋香. 浙江新叶村[M]. 北京：中国建筑工业出版社，2016：8-10。

② 陈志华，李秋香. 中国乡土建筑初探[M]. 北京：清华大学出版社，2012：239。

③ 经多次修订的《玉华叶氏宗谱》详细地记载了玉华叶氏的家族史。

生产生活条件；三是建祠堂；四是兴建书院。①

**1. 选址**

新叶村叶姓的始迁祖是叶坤，但传说新叶村的选址是由三世祖叶克诚请的理学家金仁山选定的。金仁山精于堪舆，他把村落置于道峰山的正南、玉华山的正东，三者正好成为一个直角三角形，村子就在直角之上。道峰山为朝山，玉华山为祖山。村子的整体朝向北方，面对道峰山明亮的阳坡。

村子位于二山之间峡谷的东南口上，正是“山起西北、水聚东南”的好地势。从道峰山来的一条溪和从玉华山来的两条溪，环绕全村之后，在新叶村东南方大约一里多的地方汇合。汇合后，正好南有象山，北有狮山，两座小小的土阜。《地理正宗·山龙语类》说：“水口者，水既过堂，与龙虎山内外诸水相汇合流而出之处也。”象山与狮山就是龙虎山，这里正是新叶村的水口。

村人们津津乐道地传说，金仁山选定了新叶村的地址后宣称它的地势之好，足以使新叶村子孙繁衍，千丁出入，千年无难。这种传说无疑给了叶氏宗族信心，他们克服土质瘠薄、水旱频仍的困难，坚持了下去，使这个800多年的宗族保持着强大的凝聚力。②

**2. 改造生产生活条件**

耕田和水是农业村落生存和发展的根本性因素。在道峰山和玉华山连线的西北是山区，山高沟深，林木茂密。这一线的东南是丘陵区，有几百亩开阔的谷地，便于开垦，是农业区。新叶村在两山之间峡谷的东南口，村民可以从山后的林区采伐建筑木材和柴薪，在山前的田地里种植五谷。

三条溪水环绕着新叶村。一条溪水发源于道峰山与玉华山之间的峡谷，自西北流向东南，这是一条自然的排洪沟，经过人工修整，因为与村子之间还隔着一块高地，所以叫作“外溪”。它的作用是灌溉高地以北的农田和村东南直至三石田村的大片农田。另外两条溪水分别发源于玉华山的东北和东南山麓，经过叶克诚等主持疏导，成了新叶村最重要的供水和排水工程，这两条溪水叫作“内渠”，它们为全村人口供应生活用水，宣泄山洪、雨水和污水，与外溪一起灌溉村子东南的水田。

村落中还有许多大大小小的水塘，它们从双溪上游引水，又向双溪下游排水。

① 村落本该里宅派和外宅派一起协同规划，但里宅派衰落，外宅派兴旺。叶克诚的名望和地位使他成为白下里叶叶氏宗族的领袖。

② 李秋香. 浙江新叶村[M]. 北京：中国建筑工业出版社，2016：22-24。

街巷边的水沟只用来排出雨水、污水或直接通向内渠或先排进水塘再排向内渠。塘水只作洗涤、养鱼、放鸭用，不能饮用。饮用水主要靠全村的六口水井。[①]

**3. 修建祠堂**

不奉祀祖先、不能团结聚居在一个血缘村落里的全体族人不免势单力薄。宗祠的基本功能是供奉宗族祖先的神位，定时祭祀。它的基本功能是利用祖先崇拜，加强宗族的凝聚力。通过有组织、固定的祭祖活动，族人能产生归属感和责任心。

叶克诚做的第三件事就是修建祠堂，先是在村外西山冈修建了玉华叶氏的总祠——西山祠堂，称为"祖庙"；之后，又兴建了有序堂。有序堂是外宅派的总祠，后来成为新叶村的中心。西山祠堂供奉着玉华叶氏始迁祖叶坤及全宗族的历代祖先。

自西山祠堂始，宗族内部各宅为了光宗耀祖，开始互相攀比，大兴土木。由新叶村叶氏家族建造的祠堂在鼎盛时期有二十余座。[②]

**4. 兴建书院**

叶坤很重视子孙读书。他没有办学条件，就把孙子叶克诚送到兰溪城南叶氏"宗人讳诞者所建"的瀫东书院就读。后来，叶克诚的长子叶震也就读于这所书院。

由于瀫东书院离白下里叶太远，叶克诚当家后，在距新叶村三四公里的道峰山北的山坳间建起一座供子弟学习的书院——重乐精舍，后改名重乐书院，并请了理学大师金仁山先生主持讲学。金仁山先生当时名气很大，不少外姓学子前来求学，以至这里渐渐形成了一个杂姓聚集的村落，称为儒源村。《玉华叶氏宗谱·叶氏书院记》记载："世族大家，比有书院之建，所以崇儒重道为弟子藏修游息之地，事之最有补于风教者也。……在元有重乐书院，东谷太翁所建。……今日之书院虽荒芜，而址与名则犹存焉。"

叶克诚所做的这四件大事对新叶村此后几百年的发展起着极为重要的奠基作用。在叶克诚当家时，玉华叶氏人口总数不超过 50 人。以这样少的人口，就已经造了两座宗祠和一所书院，足以说明农业社会中宗族制度的强大和耕读理想的力量。[③]

---

① 李秋香. 浙江新叶村[M]. 北京：中国建筑工业出版社，2016：24-26。

② 安旭. 宗族政治的理想标本：新叶村[M]. 杭州：浙江大学出版社，2012：74。

③ 安旭. 宗族政治的理想标本：新叶村[M]. 杭州：浙江大学出版社，2012：124。

### (二)分支繁衍

宗族一般以始迁祖作为同族的认同标准。玉华叶氏始迁祖(以下称派),如里宅派、外宅派,派下有房,最底层为具体的家庭。派、房、家一般为聚居一村或以一村为中心的家族群体。宗族通过宗、族、支、派、房、家等一系列分支,以血缘网络体系之名,行土地生存空间占有之实,是血缘和地缘相结合的表现。[1] 宗族是由始祖繁衍下来的若干个家族的结合体,宗族高于家族,家族不能脱离宗族而存在。族众既多,五服以外,血缘关系本已疏远。为了加强宗族间各家族的联系,往往通过祭祀始祖和编纂宗谱等方式进行。

新叶村发展到第八世崇字辈,玉华叶氏的外宅派已经发展为一个拥有 110 余户的大家族,人口数量已经有 600 余人了。当宗族逐步壮大时,仅一个祠堂是不能满足宗族使用的,神位放置、祭祀序位等变得越来越难以处理,过小的空间也不适用了。这样,在适当时期,较强的某支派就会要求建立自己分支的祠堂,也就是支祠。原来的祠堂主要变成祭始祖或始迁祖的总祠,浙西一带一般称其为"祠堂、宗祠或大宗祠",即同宗同祖之祠。有了总祠和支祠后,分支继续发展,更小的宗族单位——当某房族势力较大时,其会另建祭祖堂。浙西一带均将支祠或更小的祭祖堂称为"堂"。[2]

由于人口增加和贫富分化,明宣德年间(1426—1435 年),玉华叶氏家族进行了最大的一次分支。《玉华叶氏宗谱·第五卷》记载,玉华叶氏于叶克诚兴建有序堂,到了第八世又分派,分别为:叶景袷顺德堂;宗侊公长子叶永盈崇仁堂;宗侊公次子叶永鼐崇义堂;宗侊公三子叶永乃崇礼堂;宗侊公四子叶永芝崇智堂;宗侊公五子叶永苞崇信堂;宗侊公六子叶永芽崇行堂;荣佲公长子叶永春尊德堂;荣佲公次子叶永年崇德堂;邦静公之继子叶斐余庆堂。

下一个层次又为:崇仁堂下分叶太東松分;崇仁堂下分叶太璋竹分;崇仁堂下分叶太于梅分;崇义堂下分旋庆堂;崇义堂下分积庆堂;崇智堂下分礼房(居三石田);崇智堂下分乐房;崇智堂下分射房(居三石田);崇智堂下分御房;崇智堂下分书房(居三石田);崇智堂下分数房;享公之子叶蒙顺德堂;义工之子叶世兴绍庆堂。

---

① 朱士群,李远行. 自治性与徽州村庄[J]. 中国研究,2006(1):121-146,256。

② 安旭. 宗族政治的理想标本:新叶村[M]. 杭州:浙江大学出版社,2012:110-112。

再下一个层次又为：崇仁堂下分叶太束松分再下分文房；崇仁堂下分叶太束松分再下分行房；崇仁堂下分叶太束松分再下分忠房；崇仁堂下分叶太束松分再下分信房；崇仁堂下分叶太束松分再下分琴房；崇仁堂下分叶太束松分再下分棋房；崇仁堂下分叶太束松分再下分书房；崇仁堂下分叶太束松分再下分画房；等等。

各个堂口又在下面细分为：大分、二分、三分……，可见细分堂口是很平常的事，但并非所有被细分的堂口都有足够的经济实力大兴土木，兴建祠厅，更有一些因为子孙不振而自然消亡的堂口，堂口名号也随之消失。

在现存的《玉华叶氏宗谱》中，用专门文字记录的祠堂有6座，即西山祠堂（又称祖庙）、有序堂、崇仁堂、荣寿堂、旋庆堂、永锡堂。而在《玉华叶氏宗谱·里居图》中，画出的大小祠堂有13座，即西山祠堂、雍睦堂、有序堂、崇仁堂、荣寿堂、旋庆堂、永锡堂、存心堂、启祐堂、由义堂、石六堂、常竹（堂）、瑞芝（堂）。现在尚存大小祠堂祠厅有13座（图3-1），实际上，玉华叶氏的祠堂数量有30座之多。有些祠厅现在仅剩基址，有些祠堂既没有祠厅又没有基址，慢慢变成了民居。① 当某些支族衰落，仅某房族强盛时，该房族的祭祖堂建筑就可能会取代原支祠而被上升成为支祠，部分支祠就消亡了。

分厅是激励本宗族、保障宗族良性和维持光大的有效办法。新叶村基本每隔四五代就进行一次分厅。在分厅的同时，堂口的正常办公费用从“义田”中支出，而“义田”由族人捐献，多则多捐，少则少捐或不捐代为出力，人力、物力汇集在一起。常有堂口并非从一开始分厅便马上建造祠堂，而是要靠“义田”等公共资源进行积累。这种经济再分配的方式是有效化解长期积累（4～5代人）的农业矛盾、缩小经济差距的好方法。从政治上而言，长期的繁衍可能会导致人心涣散，各支脉距离越来越远，宗族政治弥散和消亡，所以从这个层面上看，客观上也需要分厅这样的“强心针”。②

人口数量和人口代际的不断繁荣、壮大是分厅的一个重要原因。玉华叶氏在历史上有6～8次分厅，分堂口数量巨大，有50～80个，建造祠堂的堂口有20余个，这在单纯靠农业积累的白下里叶是非常不容易的事情，可谓壮举。③

新叶村从叶坤父子奠基，经叶克诚父子有目的的规划，到明代叶天祥、叶一清

---

① 安旭．宗族政治的理想标本：新叶村[M]．杭州：浙江大学出版社，2012：110-111。

② 安旭．宗族政治的理想标本：新叶村[M]．杭州：浙江大学出版社，2012：102-103。

③ 安旭．宗族政治的理想标本：新叶村[M]．杭州：浙江大学出版社，2012：105。

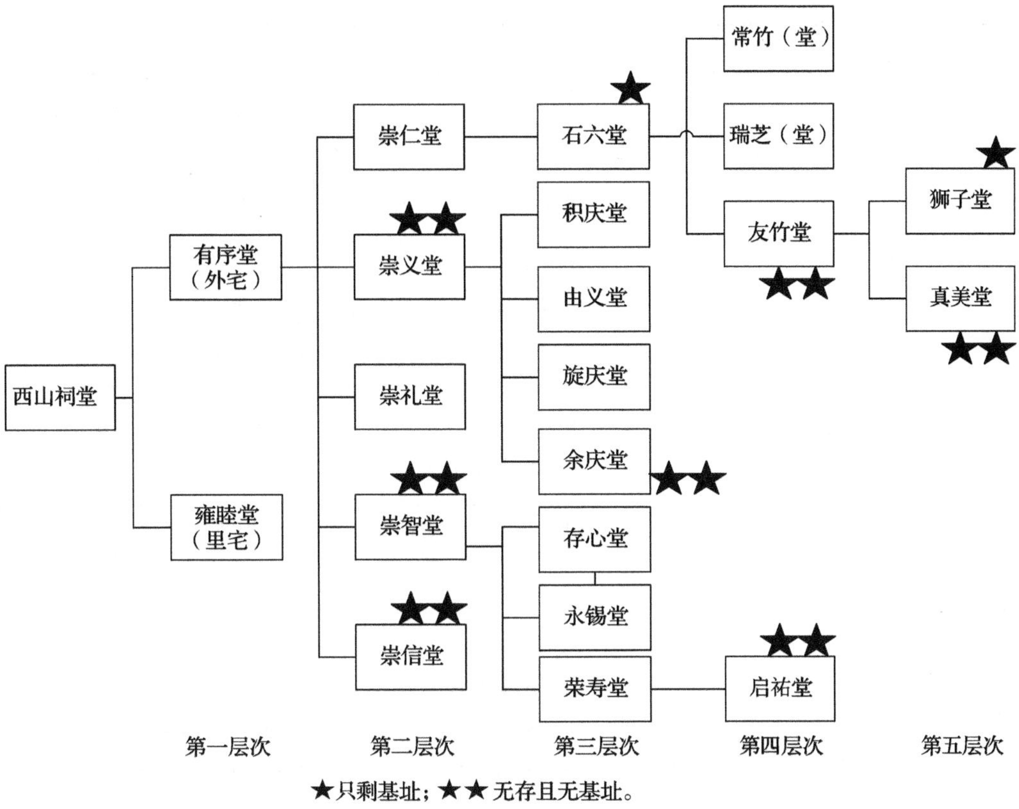


**图 3-1　玉华叶氏祠堂**

父子时期，村落发展达到鼎盛，中华人民共和国成立前已是有 3 000 口人的大村了。新叶村大事记详见表 3-1。

**表 3-1　新叶村大事记(上)**

| 年代 | 年号 | 公元纪年 | 大事记 |
|---|---|---|---|
| 宋 | 宁宗嘉定年间 | 1208 年 | 始祖叶坤，字德载，行千五一世，迁玉华，赘夏氏 |
| | | 13 世纪上半叶 | 叶氏家族分支，嫡长子系统的后代为“里宅”，次子系统的后代为“外宅” |
| | 淳祐十年至元治三年 | 1250—1323 年 | 叶克诚，叶坤之孙，外宅派掌门人，因出谷济赈后“辟任婺州路判官”，被推为“乡贤”，成为玉华叶氏家族历史上最声名显赫的人物 |
| | 景炎二年至元至正十四年 | 1277—1354 年 | 叶震，叶克诚之子，“治《春秋》，登皇(明)壬子乡荐，授江西安福县县尹，课最，擢刑部郎中，升河南廉访副使”。叶氏家族的重要人物 |
| | | 13 世纪下半叶 | 叶克诚率众从玉华山引来双溪水，修建人工沟渠，同时选定、规划下玉华叶氏聚落的位置和朝向 |

续表3-1

| 年代 | 年号 | 公元纪年 | 大事记 |
|---|---|---|---|
| 元 | 元初 | 1271 年 | 叶克诚、叶震共同主持第一次编制宗谱;在村东南西山冈建立祖庙,称西山祠堂;在距新叶村七八里的山坳间建造了一座重要书院——重乐书院,并请了理学家金仁山先生主持 |
| | 元代中叶 | | 正对道峰山修建了外宅派总祠有序堂 |
| | 泰定三年 | 1326 年 | 泰定帝褒奖叶震父母叶克诚及其妻唐氏 |
| | 天历元年 | 1328 年 | 文宗帝敕命叶震为河南肃政廉访司副使并褒奖其妻金氏 |
| | 元末 | 约 1364—1368 年 | 朱元璋义军曾驻扎新叶村东南山冈,后称"军营畈";在村北一里路的山冈上建一座防御性建筑鼓楼 |
| 明 | 明初 | 约 1368—1378 年 | 明太祖朱元璋诰封叶伯章为劄,授要卫总管之职 |
| | 宣德元年至宣德十年 | 1426—1435 年 | 外宅派壮大,先后建起五座分房祠 |
| | 成化年间 | 1465—1487 年 | 叶文山建东园<br>叶良鲸在梅园内建书斋,取名梅月斋,自号梅月翁<br>村落发展达到鼎盛,叶天祥(1486—1561 年)执掌九思公之职十二年,是叶氏宗族中又一重要人物 |
| | 弘治年间 | 1488—1505 年 | 外宅派智宪、智宝等人迁往村南方三石田,建起新的村落三石田村 |
| | 正德年间 | 1506—1521 年 | 扩建有序堂 |
| | 嘉靖年间 | 1522—1566 年 | 叶一清(1517—1583 年)任族中九思公之职,与父叶天祥主持兴修、整顿了原有水渠,并修建桥梁,用河卵石铺设村中道路 |
| | 嘉靖十年 | 1531 年 | 将祖庙西山祠堂迁至抟云塔下,扩建为两进,改名称为"万萃堂" |
| | 隆庆元年 | 1567 年 | 在村东南巽位上建造一座文峰塔,一座水口亭 |
| | 万历二年 | 1574 年 | 叶一清主持重新编修叶氏宗谱,使玉华叶氏与徽州、歙州叶氏联宗<br>在村西北,玉华、道峰两山之间修建了一座玉泉寺<br>叶锡龙赐婚京山王之孙女,受诰封为"郡马"并带一部分叶氏族人迁往河南开封陈留集定居 |
| | 万历十三年 | 1585 年 | 皇帝赐一道诰命,从此有序堂又有了"国戚第"的别称 |

续表3-1

| 年代 | 年号 | 公元纪年 | 大事记 |
| --- | --- | --- | --- |
| 清 | 康熙九年 | 1670 年 | 将"万萃堂"重新迁回西山冈、扩建祖庙规模并恢复原名西山祠堂，建制保存完好 |
| | 康熙三十年 | 1691 年 | 叶元锡中康熙辛卯科进士，后历任湖广德安府城县、河南开封府阳武县县尹 |
| | 乾隆癸卯年 | 1783 年 | 夏月，完成将始祖的坟茔从紫福山迁至新叶村西北冈阜的工程 |
| | 嘉庆十三年 | 1808 年 | 有序堂扩建重修，由两进大厅扩建为三进大厅，并有戏台 |
| | 同治年间 | 1862—1874 年 | 在文峰塔下建造了文昌阁<br>在玉泉寺边建造一座白云庵 |
| | 同治末年 | 1870—1874 年 | 建一座五谷祠 |
| | 光绪末年 | 1898—1908 年 | 村中建一座官学堂<br>叶金留学日本，获法学学士<br>重建白云庵，一并改奉五圣，称为五圣庙 |
| 中华民国 | | 民国初年 | 叶桐留学日本，获化学博士 |
| | | 1915 年 | 重建文昌阁，官学堂改为居敬轩，颐养叶氏鳏寡老人 |
| | | 1919 年 | 修缮文昌阁，并紧靠文昌阁北侧又建一座土地祠 |
| | | 1925 年 | 有序堂火毁重建 |
| | | 1936 年秋 | 第十次重修玉华叶氏宗谱 |
| | | 1942—1945 年 | 新叶村沦陷于日寇，1945 年 8 月 31 日日寇投降，新叶村光复 |
| | | 1949 年 | 5 月 5 日，白下里叶解放 |
| 中华人民共和国 | | 1949 年 | 清明节前夜启祐堂后进毁于大火 |
| | | 1950 年 | 有序堂收归国有并作为供销社商场，直至 1985 年，回归村有 |
| | | 1951 年 | 白下里叶更名为新叶村。1951 年 7 月，新叶村被划归寿昌县，之前一直归属于兰溪县 |
| | | 1952 年 | 新叶村开始试行农业生产合作社(初级社) |
| | | 1953 年 | 设新叶乡，1955 年新叶乡改称新叶农业生产合作社 |
| | | 1956 年 | 新叶村村民开始修建雉鸡岗水库，至 1957 年建成 |
| | | 1958 年 | 11 月，新叶村被划归建德县 |
| | | 1961 年 | 撤乡，新叶村改称新叶大队，隶属唐村人民公社 |
| | | 1985 年 | 新叶"三月三"传统庙会重新恢复 |

注：该表参照课题组的实地调查记录和相关文献资料制作而成。相关文献资料包括：①玉华叶氏宗谱；②李秋香. 浙江新叶村[M]. 北京：中国建筑工业出版社，2016：88-90；③安旭. 宗族政治的理想标本：新叶村[M]. 杭州：浙江大学出版社，2012：297-301。

## （三）宗族事务和管理

宗族有几项重大事务：第一项是定期祭祀祖先；第二项是置族田，族田是宗族活动的物质基础；第三项是修族谱，以联疏远；第四项是设学塾，以保子弟；第五项，宗族管理。

**1. 祭祀祖先**

祭祀祖先是团结宗族最重要的活动。祠堂祭祖是宗族活动中最隆重的大典，一般由族长主持。新叶村后来因为宅族发达，根深叶茂，堂口分支多，于是把“三月三”这样的大典分由各宅轮流开办。凡参加的人员必须整衣肃冠，严格遵循祠规。古时祭祖惯例是冬至祭始祖，立春祭先祖，秋季祭祢，江南古村落宗族的祠祀则以春秋二祭或春冬二祭最常见，也最隆重。新叶村以农历三月初三大典最为隆重。祠祀是宗族的头等大事，每年必设。每个环节都有相应的工作人员。要发送告知、安排祭器、雇用车夫、领唱祭仪、分发胙票、收支做账……事情繁多庞杂，常常必须成立一个40余人的工作委员会。分管每一个礼仪细节的工作人员叫“礼生”，常常是村落内的名流，有才有德者才有资格成为礼生。祭祀祖先的准备工作十分复杂和辛苦。门外升旗、大门挂红绸、二门红绸彩球、中堂红绸、挂画四幅、摆古玩八件、八仙桌等、炮仗两百、瓶花红烛酒菜不可累述，宗族权威就这样“摆”出来。在祭祀期间，宗祠内香烟袅袅，气氛庄重。对于参加的群众来说，“分胙”和“饮福”是整个过程中最实在的一个环节。犯错误的人是分不到胙食的。德高和有功名的族人往往可以得到额外数量的分胙。①

**2. 置族田**

族田是宗族活动的物质基础，也是团结整个宗族的经济力量。一般宗祠都拥有大量公田或叫族田。族田大致有“祭田”（“烝尝田”“香火田”用于祭祀所费）、“义田”（“赡养田”用于备荒、赈贫、优老、恤孤、助婚、赙丧等）、“学田”（“子孙田”“膏火田”用于延师、兴学、助考、赏报、立桅等）、“墓田”（用于祖墓护理、祭扫、守墓人生活等）。此外，灌溉沟洫、道路、桥梁、凉亭、长明灯、舟渡、各种“会”等都各有专置的田亩，以出产充作建造和维护等之用。②

族田的主要来源首先是靠捐献，其次是孤寡老人以捐田归公，来换取晚年的

---

① 安旭．宗族政治的理想标本：新叶村［M］．杭州：浙江大学出版社，2012：74-76。

② 陈志华，李秋香．中国乡土建筑初探［M］．北京：清华大学出版社，2012：255。

抚养、身后丧葬和神主入祠以及族人若犯法则其财产籍没归公,等等。

作为宗族的公共财产,族田的各项用途归根到底都是为了团结宗族和发展宗族。族田越多,宗祠倡学、扶贫、抚孤、恤寡、抗灾的力量就越大,宗族关系就越稳定,公益性事业也就越发达。因为族田的支持,宗族主持村落规划和建设,新叶村的各种公共工程,如灌渠、池塘、道路、水井、文昌阁、抟云塔、玉泉寺,等等,都兴建得很好,管理得井然有序,大小宗祠当然就更加壮观了。

**3. 修族谱**

谱牒最原始的意义就是一本宗族的花名册,它的重要性在于确认一个始祖之下的宗族的存在。《玉华叶氏宗谱》说:"上以聚祖宗之灵爽,下以联子孙之繁衍者也""尝谓国者家之推,国则有志,以家则有谱。家族有谱,则尊卑有别,长幼有序,昭穆有等,源流有考"。了解新叶村的宗祠和族谱,就是了解新叶村发展的脉络。

在实际生活中,宗谱的作用之一是给每个人以宗族归属感,入了谱,他就是宗族的成员,有依有靠,生前死后都不是孤身面对生活,而能享受宗族的所有亲情和公益。宗谱确认一个成员在谱系中的位置可依据他的房派、行辈、婚姻关系等。行辈关乎他的身份和影响力。《玉华叶氏宗谱》有"敬重尊长"的条文,长辈在宗族事务中有较强的发言权,有的可以任族中各种职务或主持族中的讼争、惩罚等。①

一般来说,宗谱的内容和分册主要包括三部分。第一部分是世系图,即某人的世系所承,属于何代、其父何人。第二部分是家谱正文,按世系图中所列各人的先后次序编定,分别介绍各人的字号、父讳、行次、时代、职官、封爵、享年、卒日、谥号、姻配等。在这些介绍性的文字中,长者50余字,短者仅二三字,实际是人物小传。第三部分为附录。《玉华叶氏宗谱》基本涵盖了上述三部分内容,但是在内容排列顺序上却不是这样的,它由卷首与其他二十二卷组成,内容分别为序言、目录、旧序、叶氏世系、敕封、祖训、遗嘱、修谱定例、住宅图制、祠堂图制、历代先祖像赞、世系图等。还有《玉华叶氏宗谱外编》一册,内容非常全面,图表清晰,来龙去脉交代得非常清楚。这部宗谱还包括其他各方面的知识,可以说是玉华叶氏的一部百科全书。每次修编宗谱的工作总由最强盛的支派完成。凡新叶村玉华叶氏,出生后即登录"小宗谱",到了16岁以后,才可以正式登录"大宗谱",即《玉华叶氏宗谱》。整个宗谱全二十三卷,均为宣纸印刷,足有两尺来厚,陈放在大木箱

① 陈志华,李秋香. 中国乡土建筑初探[M]. 北京:清华大学出版社,2012:260。

之内。[①]

新叶村祠堂中的族谱是“家之大典”，定期修订，《玉华叶氏宗谱》现在已经修订十余次。第一次为自元代三世祖东谷公（即叶克诚）和其儿子四世祖云菴公（即叶震）开始做谱。第二次为明代成化年间（具体时间已经无考，只知道八世祖崇馨公参加修订），修订人为叶永芝、叶良琼。第三次为万历二年（1574 年），叶一清（白崖公）、叶一濂、叶铭、叶茂春等七人重修，使玉华叶氏与徽州、歙州叶氏联宗。第四次为康熙朝康熙四十九年（1710 年），修谱人为叶元锡等 20 人。第五次为乾隆朝乾隆五十年（1785 年），修谱人为叶得甲与叶逢新。第六次为嘉庆朝嘉庆十八年（1813 年），修谱人为叶万桐和叶登青。第七次为道光朝道光二十二年（1842 年），修谱人为叶登青。第八次为光绪朝光绪元年（1875 年），修谱人为叶文梓等 3 人。第九次为光绪朝光绪二十三年（1897 年），修订人为叶文梓、叶浩文等 6 人。第十次为民国二十七年（1938 年），修订人为叶浩文、叶儒林等 10 人。第十一次为中华人民共和国 2002 年。[②]

在我国现存的各类族谱中，江南各地族谱数量居全国最多，各类信息也最全，这也反映了宗族观念在江南地带的根深蒂固。

**4. 设学塾**

在古代，科举是朝廷的取仕制度，但这个制度的完成并充分发挥作用则有赖于宗族的支持，是宗族补足了科举制度的功能缺陷，所以科举成就比较高的地区都是宗族制度强而有力的地区。

玉华叶氏在创业之初就十分重视子弟读书，把耕和读作为宗族兴旺的两件大事，所以叶克诚才会创办重乐书院，并聘请名儒金仁山任教。

为鼓励子孙读书进阶，叶氏宗族对读书有成就者给予多种形式的奖励。赴考发给盘费，考中功名，分级奖赏，并记入宗谱。《玉华叶氏宗谱·仁分祀产》记载：“文武童生县试，给盘费银二钱五分，府试给盘费银二钱五分，院试给盘费银三钱正。”《玉华叶氏宗谱·义分祀产》则记载：“举人每年给谷六石，副拔岁贡每年给谷四石，进士每年给谷八石。”除此之外，还要在功名人所属支堂前设立“抱鼓石”（当地称神鼓石），“上下马石”“竖旗立座”。每逢喜庆日，还要挂长幛于祠堂内，上面记录着中试人的姓名、等第和待任官职，以激励族中子弟。每次大祭后的会馂时，

---

① 安旭. 宗族政治的理想标本：新叶村[M]. 杭州：浙江大学出版社，2012：88。

② 安旭. 宗族政治的理想标本：新叶村[M]. 杭州：浙江大学出版社，2012：86。

读书有成就的子弟会受到特殊的优待。①

白下里叶从来没有发展过商业，也没有出现过外出经商的人，它以农为主业，从人口上看是个大村，但是经济一直不算富裕。但是并不富裕的村民们还是勒紧裤带，举族集资，在村口修建了抟云塔和文昌阁，甚至在村里纵横交错的窄巷中专辟数条平整的青石板路，且每条路都通往学校，目的就是让读书人“足不涉泥，雨不湿靴”。为鼓励族中子弟读书入仕，整个叶氏宗族不遗余力地在物质上、经济上、家族地位上给予倾斜，可谓用心良苦。②

明万历二年(1574 年)，十一世祖白崖山人叶一清先生在第三次重修宗谱时，写了《勉族祖训之读书》，有一条“读书”，其中写道：谋生惟有读书高，试把书高训尔曹。平地可登卿与相，翻身便作俊和髦。能消心上如焚火，解拔胸中似织茅。更有一言是真诀，买珠还椟剑进鞘。可见，“耕”和“读”确实是玉华叶氏的毕生追求。

**5. 宗族管理**

在一个血缘村落里，宗族是村民生活世界的一部分，也是村民观照生命意义的寄托。宗族是全面的管理者，其作用远远大于一个基层的政权机构。宗族的日常管理主要是奖善惩恶、兴利除弊、经营族业、济贫扶困和维护公益。

宗族的管理多少有点民主规则。族长不一定由“大宗子”担任，而是由辈分高、年岁大、德高望重的人担任。在新叶村，管事的人组成一个类似委员会的机构，这个机构以“九思公”为首。“九思公”是玉华叶氏的最高领袖的称谓，在中国历史上并没有一个官方的职位叫这个名字。新叶村历史上有一系列德高望重的族人获得过这个称号。“九思公”这个词本身就是玉华叶氏宗族全体民众对这个位置的领袖的评判标准，也是宗族领袖自己的行为准则。“九思”取自孔子的《论语・季氏篇》，即君子有九思：视思明，听思聪，色思温，貌思恭，言思忠，事思敬，疑思问，忿思难，见得思义。③ 也有传说南宋理学家陆九渊的弟弟陆九思为人正直，又长于管理，对陆氏宗族的发展有很大的贡献，所以把管理全村事务的领导人叫“九思公”。有些关系全村利益的大事，比如兴建大工程，与邻村发生重要纠纷，准

① 民国时期至 1949 年前期，每年春节大祭之后，初一至初四发馒头。小学毕业生每人发馒头四个，中学毕业生每人发八个，大学毕业生每人发十六个，而普通人，不包括妇女，每人只发两个，六十岁以上的老人每人发四个，七十岁以上的发八个。一方面鼓励读书进阶，另一方面倡导敬重老年人。转引自陈志华，李秋香. 中国乡土建筑初探[M]. 北京：清华大学出版社，2012：386。

② 安旭. 宗族政治的理想标本：新叶村[M]. 杭州：浙江大学出版社，2012：130。

③ 安旭. 宗族政治的理想标本：新叶村[M]. 杭州：浙江大学出版社，2012：78。

备制定大家必须遵守的新规矩，等等，都要在祠堂里召开全族大会，各户的家长，也就是有发言权和决策权的，都要参加。①

综上所述，玉华叶氏的宗族组织职能包括祠堂祭、墓祭、修谱续谱、祠堂会议、族田族产、学塾、纳粮等，这是儒家制度化的实践结果，构成了中国基层社会常见的存在模式。在家礼、族谱规定以外的民俗生活中，相当普及的对联也都以儒学人伦教化为主。如“遵祖宗二字格言曰勤曰俭，训子孙两行正道唯耕唯读”“礼乐射御书数枝分派流，智仁信义忠恕源远流长”“系出湖岑千载馨香永荐，派局华麓一堂孝友同登”“道统程朱东谷家声何远，学宗唐宋南阳世泽弥长”“仰祖德灵气盘旋昌织祥徵千百世，睹孙谋规模周越荣华瑞气万斯年”，等等②。正如庄孔韶先生所说，中国传统文化在千年间上下疏导，精深的儒学理念得以通俗化，渗透于民众心理，甚至成为民族性构成要素。族谱内容实际上是儒学理念和礼法的基本出发点，乡村人至今所娴熟的家谱知识和恰如其分地处理民间礼俗的行为方式以及数千年来形成的宗姓意识与深层的无意识文化特征是中国人文化承担的独特之处。儒家理论以个人为出发点的“家”与“房”概念以及宗族内外人伦关系、道德原则、天人合一观和处事方法论在中国的农业社会中找到了生根的基础，并不断传播。③

## 二、村落布局和结构

### （一）村落结构

村落的位置是固定的，它的土地面积是没有弹性的，而村落却会在漫长的存在时期不断地发展，如人口会增长、经济会转型、交通会便利以及灾难或战争的大破坏，等等，这些都可能影响村落结构的变化。村落的结构形态是动态的，不是固定不变的。

影响村落结构的首要因素是宗族本身的结构。一个血缘村落有一位始迁祖，始迁祖的后裔在一个村落里生产劳动，逐渐繁衍，经过几个世代，人口渐增，形成稳定的宗族，直至宗祠建立，宗祠基本上就是村落的核心。一个宗族过了五代就可以分立房派，建房祠。这时，原来的宗祠便升格为大宗祠，即总祠。房派里满了

① 陈志华，李秋香. 中国乡土建筑初探[M]. 北京：清华大学出版社，2012：264。

② 以上楹联均出自新叶村。

③ 庄孔韶. 银翅：中国的地方社会与文化变迁[M]. 北京：生活·读书·新知三联书店，2016：214。

三代可以分立支祠，建支祠。房祠和支祠通常分别叫作“厅”和“小厅”。如果人丁不旺，财力不足，不立房派、支派也可以，不过某人属某房某支是很清楚的，这是宗族的血缘结构。① 而作为宗族社会的外在表征，村落结构对村落社会生活又起到了内聚作用。影响村落结构形态的另一个因素是村子的人口规模。村落宗族的人口和经济是不断地发展着的。虽然先人们努力预想这些发展对村落规模和布局的影响，但难免在某个时候村落的人口和布局要做一次大的调整。

新叶村在发展的早期的居住状态还不是很密集，村落的核心是玉华叶氏外宅派的总祠“有序堂”。最早的住宅在它的两侧。从有序堂到道峰山之间的大片平地是村子的“明堂”，这里不许有所兴建。

叶氏外宅派到明代宣德年间，即 15 世纪中叶，第八世崇字行已经有了百十户人家，600 来口人。《玉华叶氏宗谱·崇仁堂记》记载：“八世祖崇字行并克恢宏，接踵建厅，各聚其族属，凡十有一焉。”“接踵建厅”就是先后建分祠，“各聚其族属”就是以分祠为中心形成各住宅的团块，村子一下子就有了 11 个团块。其中比较大的团块分别为崇仁堂、崇义堂、崇礼堂、崇智堂和崇信堂，都属于外宅派。这时的里宅派人口已经很少而且很弱了。

崇字行分房派各建分祠堂，它们大体上以有序堂为核心，呈半扇形分布在有序堂的左面、右面和后面。每个房派成员的住宅建在本房派宗祠的两侧，形成以宗祠为核心的团块。房派到后代又有分支时，再在外围建更低一层的宗祠，它的两侧仍是本派成员的住宅。新叶村就这样形成了多层次的团块式结构。② 血缘村落的这种团块式结构是宗法制度的产物，有利于房派的团结，巩固宗族的秩序，因此是由宗族提倡、支持和维护的。宗族大多有规约，房派内如有某家贫穷潦倒要出卖房产，就必须优先卖给本房的人家，本房无人承购，再卖给侧旁支，但无论如何不得卖给外姓人。③

弘治年间（1488—1505 年），崇智堂一脉搬出了新叶村，移居到大约两公里之外的三石田村，连宗祠崇智堂也搬了过去。因为他们的大部分农田本来就在三石田，这叫“移宅就田”。崇智堂派迁走之后，新叶村里新的房派居住团块之间就比较宽，路面中央顺向铺一溜条形石板。房派团块内部的巷子比较窄小，只用大卵石铺面。全村所有铺有石板的大巷子都通向村子北端的外宅派大宗祠——有序

① 陈志华，李秋香. 中国乡土建筑初探[M]. 北京：清华大学出版社，2012：50-51。

② 李秋香. 浙江新叶村[M]. 北京：中国建筑工业出版社，2016：27-28。

③ 陈志华，李秋香. 中国乡土建筑初探[M]. 北京：清华大学出版社，2012：55。

堂,而小巷子则只能服务于房派团块内部,并通向团块中心的房祠和支祠。①

## (二)村落布局

凯文、林奇概括了构成社区公共空间的五个要素,即标志、区域、边缘、道路与节点,②并以此来考察新叶村。

**1. 标志**

标志是识别一个村庄的先决要素。立于水口处的文昌阁、抟云塔是新叶村仅有的外向性建筑,供人们欣赏,也是村落重要的景观和标志。此外,宗祠是新叶村最有代表性的标志,象征着宗族精神的延续。那些大大小小不同层次的祠堂述说着这个宗族从始迁祖到多支多派发展的全过程和这些支派的层次系统。

(1)抟云塔　抟云塔位于新叶村东南方的地势低洼处,它始建于明代隆庆元年(1567年),落成于明万历二年(1574年),是新叶村目前保留年代最早、最完好的一幢古建筑。

白崖山人叶一清撰写的《抟云塔记》记载,当时一位堪舆师建议建塔,说:"凡通都大邑,巨聚伟集,于山川起缺之处,每每借此以充填挽之助。虽假人之力,以俾天之功,而萃然巍然,凌霄耸兀,实状厥观。"于是,"友松翁暨弟侄辈拟于所居之东,叠级而层垣焉,使天柱之高标与玉华、道峰相鼎峙,以补巽方之不足也"。抟云塔正是为了这个目标而建的文笔峰,它修补了新叶村的地势,维系着玉华叶氏对文运的憧憬。③

抟云塔自下而上逐层缩小,产生了一种向上的动势。虽然塔身上下无任何雕饰,但造型秀丽、端庄,尤其是在丘陵包围的原野,四周衬着高低起伏的小山冈,更显得异常挺拔和精神。④

(2)文昌阁　清代同治年间(1862—1874年),在抟云塔的脚下又建了一座文昌阁。文昌阁是文峰塔的配套建筑,同样是为了祈求文运。在这里建文昌阁也是为了加强关拦"水口"。新叶村的双溪在文峰塔前与外溪先后汇合,向东南流去,这里是全村的"水口"。据地势之说:"水口关隘不重叠,而易成易败。"单单一座文峰塔,没有重叠,层次不够,又没有小山丘加强关拦,就只能用寺庙来加强,所以要

① 陈志华,李秋香.中国乡土建筑初探[M].北京:清华大学出版社,2012:54。
② 凯文·林奇.城市意象[M].方益萍,等译.北京:华夏出版社,2001:48。
③ 陈志华,李秋香.中国乡土建筑初探[M].北京:清华大学出版社,2012:389。
④ 同①。

再造一座文昌阁。民国初年，经过 50 年风雨飘摇的文昌阁部分坍塌，遂于 1915 年在原基地上重建，以后又经多次修缮。文昌阁是全村最华丽的建筑，色彩斑斓，甚至胜过大宗祠等各级祠堂。它和抟云塔是全村仅有的外向性建筑，供人观赏，成为重要的景观和村落标志。①

（3）土地祠　1919 年，文昌阁正式建成。开光时，在北侧紧靠文昌阁高大的封火山墙建成一座土地祠，是一座独立的院落，有自己的大门。文昌阁与土地祠的结合体现了新叶村人的耕读之梦。② 在文昌阁和抟云塔四周曾有大片松柏林，可惜在土地改革时这片林木被砍伐光了。

（4）宗祠系统　新叶村不仅祠堂数量多，而且它的众多祠堂等级层次分明，规格齐全。西山祠堂为玉华叶氏的总祠，有序堂是外宅派的总祠，雍睦堂为里宅派的总祠。由于里宅派自分支后人丁不旺，受经济实力所限，再没有分房祠堂。而其他 20 多座祠堂都是外宅派有序堂的分房祠堂。新叶村总祠之下的各房祠统称为“厅”。

主要祠堂的选址有很重要的意义，具有规划性的作用。西山祠堂两度迁徙，最后迁回西山冈。它面对 10 公里外的三峰山。三峰山的形状有如“二子拜母”，是孝道的象征。而祖祠的作用是敬宗收族，孝道正是它的核心思想。

外宅派总祠有序堂在全村前沿的正中，向北正对着道峰山，整个村子都在它的背后。在它前面是一口底边长 80 米，矢高约 40 米的半月形大水塘，道峰山作为“文笔峰”，倒映在水塘中，形成“文笔蘸墨”的风水，照堪舆术士的说法，有利于全村的文运。除祖祠外，其余所有的宗祠都簇拥在它的两侧和背后。它们大多面对着道峰山。因为它们都是房派住宅团块的中心，所以它们的位置和朝向就对村子的布局起了很大的作用。

祠堂最主要的功能是存放祖先神位，总祠与分祠的作用不完全一样。作为总祠的西山祠堂，大堂供奉着整个玉华叶氏的始迁祖叶坤的塑像及牌位，两厢左昭、右穆供奉着包括里外宅在内的全宗族的历代祖先。为避免牌位拥挤，隔若干代须将若干祖先的名字合写在一块牌位上。有序堂仅供奉外宅派前七代祖先的牌位，八代以下的牌位分别供奉在各分房祠堂内，没有建祠堂的分支只能将牌位放置家中。祠堂也是重要的礼仪场所，如婚丧大事须在本支祠堂内操办，宴席也在祠堂

---

① 陈志华，李秋香．中国乡土建筑初探[M]．北京：清华大学出版社，2012：392。

② 陈志华，李秋香．中国乡土建筑初探[M]．北京：清华大学出版社，2012：393-394。

里。[①] 每年清明，叶氏宗族都要在祖庙举行一次盛大的祭典，前后长达半月。

**2. 区域与边缘**

区域通常有虚实之分。住宅区无疑是新叶村最为明显的区域，占据着大部分面积，往往构成了村落肌理与整体感，是“实”的区域。新叶村被保留下来的传统建筑较多，目前共有明代建造的老住宅约 6 幢，清代建造的住宅有 100 幢左右，而民国时期所建的住宅有 50 幢左右。

新叶村的住宅形制无论是平面、立面，还是室内外的装饰，都明显地与皖南、赣北的住宅近似。住宅沿不十分平坦的坡地建造，性格内向，高大封闭的白粉墙将每一户人家密实地包围在一个个窄小的天井院中，内外的界线十分明确肯定，秘密性很高。新叶村明中叶兴建的老宅子尺度一般都比较大，而且较有情趣。当年村落人少，住宅疏松，一些人家在建宅之余，还要建独立的书斋，开辟属于自己的花园，栽种花草，开池养鱼。一些没有能力建造独立花园的人家就在宅前宅后辟一方不大的院落，种植花卉草木，小水池内养着浮莲、游鱼。清代以后，村内住宅密度增大，当年的花园逐步变成新房宅基。人口的增长使新叶村住宅增加，村落的建筑密度增大，越来越紧凑，街巷也越来越狭窄。住宅规模因而不断缩小，清代小于明代，民国小于清代。虽然住宅用地被缩减，但人们仍不愿开辟新的房基地，不愿到双溪之外建房，那将预示着脱离家族。按村民传统心理，靠近宗祠起码能显示血缘亲情。[②]

泮池、空场、绿地、花园等形成村落中“虚”的区域。新叶村房祠和支祠门前大多有一口泮池、一块空场、一片绿地。泮池可供日常洗涤，有改善小气候、防旱、防火等功用，空场平日里晾衣服、晒干菜、做点儿木工之类，也是节日舞龙灯、踩高跷和其他各种群众活动的场所。绿地则用来改善生态环境和用作景观。新叶村的几座书院和花园都在这些空场周边。由于分祠的分布是比较均匀的，泮池、空场和绿地对美化村落的环境，提高村落的居住舒适度起了很好的作用。夏夜纳凉，冬日负曝，空场上总是有男女老幼各得其所，充满了欢悦与亲情。[③]

边缘有软硬之分。与自然水系或村中池沼相接的往往是“硬”性边缘；而周围山系，如道峰山、玉华山对村落的限制形成的自然边界却是“软”性的。

---

① 李秋香. 浙江新叶村[M]. 北京：中国建筑工业出版社，2016：30-34。

② 李秋香. 浙江新叶村[M]. 北京：中国建筑工业出版社，2016：60-68。

③ 陈志华，李秋香. 中国乡土建筑初探[M]. 北京：清华大学出版社，2012：54。

### 3. 道路与节点

新叶村的道路结构明晰。住宅团块之间的街道是房派间的界线。它们与团块内部巷子的区别是在路中央顺向铺长石板条，两侧为碎石路面。其他街巷则只嵌碎石而没有石板条。这种由街—巷的过渡转变十分明确，同时铺地材料、立面形式的不同处理手法让人们经历了公共→半公共→私密的心理感受过程。

节点往往与道路相连，这是构成认知地图的细节要素。如村口茂密的林木、祠堂前面的大水塘、位于街巷交叉口处易于识别的凉亭、跨河流的石板桥、水井等。节点丰富了空间环境，增强了空间的可识别性。

此外，新叶村还有一个公共活动中心，即南塘和有序堂之间狭长的空地。这块空地是梯形的，长达80余米，东端宽约5.5米，西端宽约2.4米。每年农历三月初三，新叶村举行庙会，这里是主要的活动场所，小商贩在这里摆摊，非常热闹。当村里有红白喜事时，一些仪式也多在这里举行。①

村民以宗祠为核心，以支祠为次核心建造住宅，村落的空间形态表现为内聚性的多核心团块结构，形成一种结构明晰的“社会向心空间”，体现了完整的权力聚散的网络体系。这是新叶村村落环境具有归属感的根本原因。这样的社会文化氛围孕育了新叶村人独特的寻根溯源、崇文尚礼、保守内敛的精神品质，它以一种集体无意识的方式在时间长河中不断沉淀、凝结并深深渗入玉华叶氏宗族人的性格。

在自然空间结构上，新叶村的基本构成模式是单体建筑以天井为连接点，以厅堂为主轴线形成的三间两搭厢或对合式院落及前后两进式院落。这一基本形制表现了家族的内聚意识与宗法礼制观念。院落与单体建筑均有明确的主从尊卑次序，村落的整体规划与空间布局也是如此。

从精神空间来看，新叶村无论在居住形态、景观特点，还是在文化构成等方面，都有着丰富的特性和内涵。从居住形态看，白下里叶存在着类似“轴心”的核心结构，宗祠就是“轴心”的节点；从村落景观特点看，它反映了玉华叶氏源远流长的宗族记忆、价值观念和生活习俗；从文化构成看，整个村落被宗族关系连接为一个感应强烈的心理引力场，而白下里叶本身如同玉华叶氏人精雕细琢的作品，凝结着他们的耕读之梦。

---

① 李秋香. 浙江新叶村[M]. 北京：中国建筑工业出版社，2016：22-28。

## 三、国家力量与村落转型

新叶村是一个纯农业型村落，没有商业和作坊，财富的积累不大，民风淳朴。村落表现出明显的农业自然经济的特色，是中国东南部地区最典型的农耕村落之一。①

玉华叶氏世世代代在白下里叶生息，位置偏远并没有把新叶村与中国的大环境完全阻隔，外部冲击以及千百年来传统中国社会的变迁在这里引起反响。农村集体化运动重构了村落的社会基础，原来村落运行的那套法则改变了。1949 年以后至改革开放前，新叶村村落社会转型大致可划分为三个阶段。

第一阶段是新中国成立初期。土地改革建立了超家族体制的组织原则，阶级意识的形成意味着宗族家族意识的削弱，血缘家族权威向行政权威转变。

第二阶段是 1951—1958 年。农业合作化运动将绝大部分农民组织固定在跨家庭的集体组织之中，削弱了家庭的生产功能。1952 年新叶村开始试行农业生产合作社——唐村合作社，1955 年又建立唐村高级合作社。

第三阶段是人民公社时期。人民公社建立了“三级所有，队为基础”的组织结构，村落社会体制与国家权力相衔接，形成了蜂窝状的农村单位社会。新叶村改称为唐村人民公社新叶大队。

经过这三个阶段之后，新叶村能够和行政权力“博弈”的乡村宗族力量基本消失。通过国家力量新建的村一级组织结构，以村党组织和村行政为枢纽，对上保证与上级党组织和地方政府的自上而下的贯通联系，对内则将村落成员归入集体组织予以统一管理，使村落权力结构趋于科学化，村落只存在代表群众利益的党政主体权威，其他任何宗族权威都失去了生存的空间。然而，宗族并没有因此而消失，只是其活动的方式更加隐蔽，影响力大为下降。

从文化层面而言，虽然宗族的权力、形式、活动没有了，但宗族观念、宗族传统记忆与文字记载仍在。白下里叶已没有祭田，祠堂多移作他用，祖先牌位也已不见。在土地公有制、阶级关系冲击宗姓关系的形势下，白下里叶的简单祭祖仪式仍在默默进行。

一般认为，1949 年前，国家对广土众民的乡村社会的治理都是通过非组织化

① 李秋香. 浙江新叶村[M]. 北京：中国建筑工业出版社，2016：10。

的"国家经纪人"或中介人及中介领域来实现的。在传统社会，乡村的代理人主要是各类有文化、有声望的乡村绅士阶层[①]，杜赞奇粗略地将之归为"良绅"，认为晚清以来的政权现代化建设(在乡村主要表现为行政化建设)一方面使中介制度化，另一方面又造成了"劣绅驱逐良绅"的局面，最终导致政权的内卷化，即行政能力衰退。[②] 1949年后，随着各类正式组织，尤其是基层党组织对各类型经纪人的全面替代，改变了政权的内卷化，国家与村落社区的连接方式发生了重大变化，特别是在人民公社体制下，村落渐渐成为国家的细胞单位。

就新叶村而言，它从一个以宗族为基础的村落共同体变成了宏大的国家共同体的一个细胞单位。村落经济结构依然是以农业生产为主，政治结构是用村级行政权威代替了宗族权威，文化结构是用社会主义新文化代替了传统的耕读文化，社会结构是用国家—农民两层结构代替了传统的国家—士绅阶层—农民的三层结构。

## 四、市场化改革与村落转型

改革开放后，宗族意识和宗族活动重新显露、活跃。1983年，新叶村开始出现宗族活动，先是经济力量稍好的宗派对自己派支的旧宗祠稍做维修，把暗自保存下来的牛腿上的石灰擦去[③]，匾额用油漆把字重新漆了一遍，然后举行挂匾仪式，尔后各宗派都对自有的祖祠进行了不同程度的维修。1985年，新叶村恢复传统"三月三"庆典的宗族活动。1998年，新叶村按族规举行了隆重的祭谱活动，当时在西山祠堂的所有柱子上都张贴了对联，这些对联均出自新叶村叶氏先人之手。[④]

20世纪90年代是我国工业快速发展的一个时期。新叶村的年轻人纷纷离开村庄，对以血缘和地缘为基础的熟人社会提出了挑战，也对传统的宗族形式提出了挑战。传统农业经济的收入比发展旅游业所获得的收入要更低，也比外出打工、办厂，或者经商低很多。

客观而言，城市化已经成为改革开放以来中国社会变迁的主旋律。在对城市的标榜中，乡村已经在城市中心主义的话语中被假定为经济、政治、文化、社会的

---

① 张仲礼. 中国绅士[M]. 上海：上海社会科学院出版社，1991。

② 杜赞奇. 文化、权力与国家：1900—1942年的华北农村[M]. 南京：江苏人民出版社，2010。

③ "破四旧"时，村民为了保护古建筑构件，用石灰涂抹它们，使它们看起来像未经雕刻的粗陋构件，从而将那些雕梁画栋保存了下来。

④ 安旭. 宗族政治的理想标本：新叶村[M]. 杭州：浙江大学出版社，2012：237-238。

封闭与落后以及等待被改造的存在。[①] 城市中心主义在城优于乡的话语体系中不断被生产和固化，并进一步影响社会形态和个体选择行为。[②] 城市中心主义的话语和意识形态使人们相信：以村落为载体的传统农业社会逐渐被以城市为载体的现代工业社会取代是社会现代化的一种必然趋势。

正因如此，新叶村村民在价值观念、生活方式等方面开始追求现代化，追求城市化。他们从言论中不自觉地流露出不喜欢老建筑、向往大城市大高楼生活的情绪。这个已走过800多年风风雨雨的小村落遇到了最大的难题，那就是生于斯长于斯的人已经不再认同它。

幸运的是，风雨飘摇中的新叶村遇到了古村落保护和旅游开发的新机遇。

### （一）新叶保护和旅游开发中的各方力量

#### 1. 专家力量

1990年，清华大学建筑学院陈志华教授等来到新叶村考察乡土建筑，这是新叶村遇到的第一个村落经济转型机遇，即发展旅游。当相关的图书出版后，新叶村人依然不知道应该做些什么，因而错失了转型旅游的好时机。

2000年，新叶村被列为浙江省历史文化保护区，这个藏在深山里的古村逐渐开始受到外界关注。与其他城市化和新村化较快的村落相比，新叶村虽然维持了较真实的古村落形态，但由村民需求所衍生的矛盾已显现。一位从事城乡规划几十年的专家说："早几年去考察，一些阁楼还在、泛檐还在，村落布局还是古老的格局，古民居更是连片连排的。可是没几年，很多都变了样。"[③]它的原因是随着村里人口的增长及生活水平的提高，村民的建房需求急剧增长，而新房指标远远不够，新居民区迟迟不见批下，这对新叶村古民居保护区形成了冲击。而有关职能部门配合不到位，对村民在保护区内建房束手无策。

2009年9月27日，第二届中国乡土建筑文化抢救与保护暨建德新叶古村研讨会在建德市举行，发布《新叶共识》，提出传统村落保护应由政府引导、社会参与，将遗产保护和民生建设工程相结合，重视保护乡土建筑文化。

#### 2. 政府支持

在对新叶村进行保护利用的过程中，建德市先后制定并出台了《建德市新叶

---

① 文军，吴越菲．流失"村民"的村落：传统村落的转型及其乡村性反思[J]．社会学研究，2017(4)：242。

② 文军，沈东．当代中国城乡关系的演变逻辑与城市中心主义的兴起：基于国家、社会和个体的三维透视[M]．探索与争鸣，2015(7)：76。

③ 安旭．宗族政治的理想标本：新叶村[M]．杭州：浙江大学出版社，2012：260。

古村落保护办法》《建德市大慈岩风景名胜区新叶区域保护管理办法》等政策文件，建德市政府成立了新叶村全国古村落保护利用综合试点工作领导小组、新叶古民居管理委员会等一系列保护和利用的工作组织机构，2014 年又调整成立了新叶古村保护利用管理委员会，2015 年 6 月，新叶古民居管理委员会开始进行实体化运作，针对各阶段保护利用工作的具体情况，明确了新叶村保护利用工作的方向、原则和各有关单位部门的工作职责。

首先是开展文物保护。自 2019 年以来，投入 1 000 多万元开展文物保护利用试点工作，确保文物保护工作有序推进。本着对历史风貌的保护采取“拆新保古”“修损复古”“降改如古”“新建仿古”的原则，对 8 处历史建筑进行了保护性修缮。其次是推进综合利用。利用好传统村落中的古建筑是试点工作的核心。维修之后，许多重点建筑面貌一新，为充分利用好这些建筑，结合新叶村的民俗民风，又对部分古建筑进行了专门设计。另外，利用已收购产权的古建筑按照新叶村的风俗与旅投公司整合资源，推出“中国明清建筑露天博物馆云看房”38 幢古建筑招商。最后是基础设施建设。政府又投入 2 000 多万元进行村庄基础设施建设。其中 2018 年新区二期室外工程项目投入 1 200 多万元，以围绕生态、绿色、环保进行新区基础设施建设和环境打造；投入 70 多万元进行新叶美丽乡村景观工程建设；投入 140 多万元对新叶村农特产品展示中心进行施工；投入 320 多万元建设建德市大慈岩镇檀新线—诸坞美丽公路工程；投入 1 000 多万元建设新叶村党群服务中心。

**3. 节目宣传**

2010 年新叶村正式开放旅游，因地处偏远、名气不大，旅游人次并不多。直到 2014 年湖南卫视《爸爸去哪儿》节目组把新叶村选为拍摄地之一，节目播出后，一下子扩大了它的名气，旅游人数猛增。

表 3-2 是一些新叶村逐渐被外界知晓、保护和发展的较为重要的大事。这个历经 800 多年风雨变迁的传统村落不断彰显着自身独有的魅力，也不断遭遇着新的转型难题。

表 3-2 新叶村大事记(下)

| 时间 | 大事记 |
| --- | --- |
| 1990 年 | 清华大学陈志华教授等第一次到新叶村考察 |
| 2000 年 | 新叶村被列为浙江省历史文化保护区 |
| 2002 年 | 玉华叶氏完成第十一次宗谱的修编 |
| 2004 年 | 西山祠堂再次重修,政府拨款 10 万元,按照崇义旋庆堂又庵公订造形制修缮,至 2006 年基本完工 |
| 2005 年 | 轮到目前在叶氏宗族中实力最强的崇仁派执掌"三月三"庆典,庆典盛大隆重 |
| 2008 年 | 建德市出台新叶古村落保护办法 |
| 2009 年 | 第二届中国乡土建筑文化抢救与保护暨建德新叶古村研讨会举行,发布《新叶共识》 |
| 2010 年 | 成立新叶古村管委会,与市旅投公司联营,村落采取景区式管理,村里按年门票收入 30%分成收益,不断壮大村级集体经济<br>新叶村入选第五批中国历史文化名村 |
| 2011 年 | "新叶村乡土建筑"被浙江省政府公布为第六批省级文物保护单位<br>中华遗产·乡土建筑《新叶村》出版 |
| 2012 年 | "新叶三月三"被列为省级非遗<br>新叶村被列入第一批中国传统村落名录 |
| 2013 年 | "新叶村乡土建筑"被列为全国第七批重点文物保护单位<br>新叶村被列入全国首批古村落保护利用试点 |
| 2014 年 | 《爸爸去哪儿》在新叶古村拍摄,播出后极大地打响了新叶村的名气,天南地北的游客纷纷涌来<br>浙江省古村落保护利用暨促进农民增收会议现场会在新叶村召开<br>央视《走遍中国·记住乡愁》节目组走进新叶古村 |
| 2015 年 | 《新叶周边大景区旅游发展规划》落地<br>住建部城乡规划司组织专家赴新叶村调研<br>旅游业和农村淘宝让新叶村焕发新生机 |
| 2016 年 | 新叶村成为 2015 年度浙江省老年养生旅游示范基地<br>浙江省民宿经营与理论实践研讨会召开 |
| 2018 年 | 总投入 2 000 多万元进行村落基础设施建设和环境打造<br>获评"浙江省休闲旅游示范村",第五届"华东十大金花胜地" |
| 2019 年 | 投入 1 000 多万元开展古村落保护利用试点<br>蝉联"华东十大金花胜地"<br>被列入 2019 年杭州市中小学研学旅行基地 |
| 2020 年 | 被文化和旅游部列入第二批全国乡村旅游重点村 |

资料来源:实地调研中的访谈以及由政府部门提供的资料。

## （二）新叶旅游发展模式

2010年成立新叶古村管委会，与新安旅游投资公司联营，村落采取景区式管理。新叶村发展旅游采用的是“政府引导、公司运作、村民参与”的模式。

### 1. 政府引导

政府引导是指在新叶村保护和开发过程中政府所发挥的作用。传统村落的修缮和维护是一项专业性很强、支出也很高的工作，必须采取招标等形式承包给专业的技术公司来做，这就需要大量资金支持，仅靠村里是不可能的。为此，地方政府须向上级争取各种项目资金，用于传统村落的修缮和开发；吸引企业投资，使村落旅游的项目能更加多样化；向下激励村委会和村民，调动他们的积极性。此外，传统村落的特殊性造成了其涉及的单位和部门比较多，尤其是鉴于国家级文物保护单位这一属性，中央政府将遗产保护责任下放到地方（县级）政府，由政府与相关职能部门（这里主要指文物保护所、旅游局等）共同对传统村落进行管理和协调。县级政府作为传统村落保护的上下级“中转站”和各职能部门的“协调站”，是国家和省级政府的直接联络者，将上级的各类支持政策、保护政策、利用政策、土地政策等下传至乡镇政府和当地村委会。乡镇政府是传统村落的直接管理者。村落中的基础设施建设、村落规划设计、文物修缮、村落开发和利用等都需要乡镇政府的管理协调。同时，乡镇政府将各个时期的工作情况汇报给上级部门，积极争取各项资金支持和政策支持。①

### 2. 公司运作

新叶村的旅游是公司运作模式。新叶村旅游开发有限公司（以下简称新叶旅游公司）由新安旅游投资公司（隶属建德市国资委，以下简称旅投公司）和新叶村委会共同组建，旅投公司出资，新叶村以资源入股。在收入分配上，村委会与旅投公司按照三七分，村委会拿30%的收益，旅投公司拿取70%的收益。② 村委会工作人员坦言，村委会平时基本不介入旅投公司的管理和运营，只在最后总收入分成时接触财务报表。旅投公司负责旅游开发、组织、宣传、管理等工作，提供相关旅游接待服务，配备专业的讲解人员，增加景点的文化内涵，串联整个村落的旅游

---

① 李莉.新叶古村旅游开发模式的研究[D].杭州：浙江工业大学，2017：25。

② 与诸葛村对比，新叶村的旅游发展模式是一个值得研究的问题。最开始新叶村人都羡慕诸葛村旅游公司自己管自己收益的方式，而到了2021年，诸葛村人却想采用新叶村的模式，其中的利益分配，政府、市场、村落三种力量的此起彼伏是一个很有意思的现象。

线路。村委会则主要负责维护村落的日常卫生环境,以此来营造一个良好的旅游环境。

#### 3. 村民参与

村民参与的目的是调动当地村民的积极性,配合传统村落开发和保护的相关工作。很多古村落用商业化的形式打造"无人村",新叶村则是倡导人居环境,鼓励村民参与旅游开发,这样一来,村民的收入提高了,积极性也高了。2019 年,新叶村有农家乐 30 余家、民宿 40 余家。新叶村景区门票是 68 元/位,还推出亲子套票以及与大慈岩景区的联票,接待游客约 8 万人,门票收入 500 多万元①。随着经济效益的提高,村民的思想观念也发生了转变。大批青年回乡创业,他们接触互联网,有知识,见过世面,所以利用这个时代最新鲜的元素在村里经营他们的事业。回村创业主要集中在经营文化餐吧、农家乐、民宿、淘宝电商以及文化公司等。通常他们在外有一份工作,创业启动后,平时的经营打理基本上交给在家的父母辈照管。村民的参与丰富了传统村落的旅游内涵,非物质文化遗产得到了传承。新叶昆曲的演绎、农家菜肴的烹饪、乡土特色农产品的制作等让新叶村产生了更多的附加价值,吸引了更多的消费者。

相对于"整体打包"出去,完全商业化的旅游发展模式对新叶村的旅游发展模式更有意义,具有更强的推广价值。政府、旅投公司、村委会及村民是新叶旅游开发中的利益相关主体,这四者之间充分合作、取长补短才能发挥新叶模式的最佳效果(图 3-2)。

因此,在新叶村未来转型的发展过程中,如何协调好政府、公司、村落与村民的利益,激发不同主体的积极性和能动性是关键问题。

### (三)村民的现代化转型

#### 1. 留守的老人

现在常住村里的基本都是老年人。截至 2020 年年底,村里 60 岁以上的老人有 834 人,占总人口数的 24%左右。新叶村老年人根据年龄层次的划分和规定,每年都能享受相应的资金补贴。随着社会保障的不断完善,新叶村的老年人的基本物质生活需求得到了满足,相比过去单纯从事农业的日子,现在的生活优越轻松了许多。尽管如此,这样的生活还是让老年人产生了些许伤感。与他们常年相

① 新叶村的旅游收入相比 2014 年、2015 年鼎盛时期有所回落,2015 年新叶村(购买门票)的游客就达 19.5 万人次。

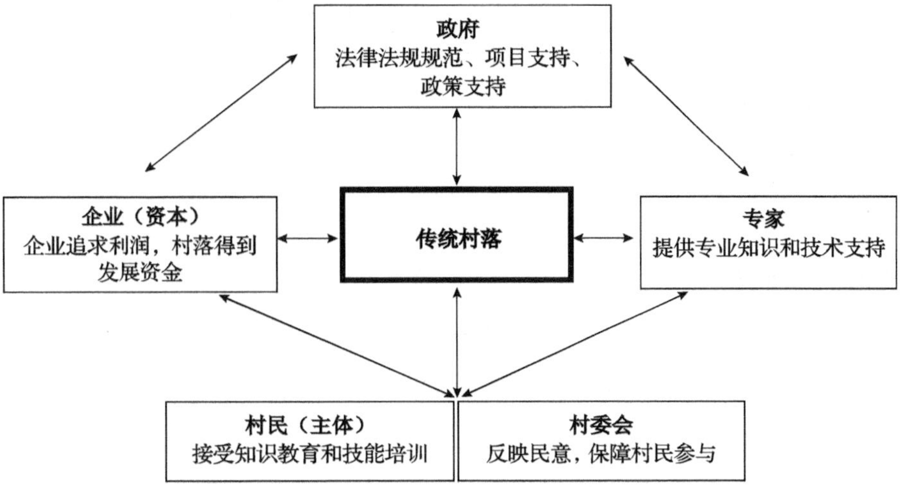


**图 3-2　传统村落旅游开发中的各方利益协作机制**

伴的不再是孩子和年轻人，而更多的是由现代化发展带来的科技设备，而这些设备也无法时常派上用场。①

老年人聚在一起聊天是一种最能有效缓解单调寂寞生活的方式。走在村落里，过往基本都是认识的人，相互打招呼，有种抱团取暖的感觉。在访谈中，很多老年人都感伤他们所熟悉的那个充满人情味的生活已经远去，有种“无可奈何花落去，不知何时燕归来”的意味。村里的年轻人为了追求更高的收入和更好的生活，一股脑儿地踏进城市化的浪潮，离开村庄，留守村里的便只剩下了老人和学龄前小孩，而小孩稍微大点，到了入学年龄，便会跟着在外打拼的父母去城里接受教育。

只有在逢年过节时，老宅才终于有了一些欢愉热闹的气氛。等老宅紧闭不再打开的时候，意味着老人完成了他最后的坚守。那些老人们曾经熟稔的传统技艺与传统文化如今已经成为陈列和观赏的古物；那些节日风俗与婚丧嫁娶的仪式和传统也正在被新的习惯或仪式所取代。②

集体记忆是指某个社群或者组织对共同经历的事件的一种记忆。传统村落的集体记忆体现了村落文化的历史和传承，呈现了丰富多彩的村落文化。可忆的村落文化依赖于社会环境。社会环境势必会受到冲击和影响，甚至无法再现或延续。对于像新叶村这样的传统村落来说，宗族世代传承的记忆就是一种集体记

① 张绚璇．社区营造视角下传统村落的保护与发展研究：以建德市新叶村为例[D]．杭州：浙江工商大学，2016：26。

② 张绚璇．社区营造视角下传统村落的保护与发展研究：以建德市新叶村为例[D]．杭州：浙江工商大学，2016：27。

忆,而唤起村民内心对这份记忆的认可和延续有助于他们情感的归属,有助于社区意识的凝聚,让传统村落文化更能适应新环境的生存和发展。① 新叶村集体记忆的记录和传承是当下亟须重视的事情。因为如果传统记忆日渐消逝,传统文化和传统技艺日渐衰落,那么随着老一辈生命的终结,这个传统村落的精神内核将会是什么呢?是那些冷冰冰的老建筑吗?它们能代表一个村落吗?

**2. “出走”的年轻人**

自20世纪80年代以来,新叶村多数年轻人都走出村外,寻求更好的发展和质量更高的生活。从村委会的统计数据来看,截至2020年年底,新叶村农户为1 057户,在册户籍人口为3 469人,劳动力为2 087人,外出务工劳动力为1 450人,常年外出务工劳动力为1 280人,占总劳动力总数的61.3%。其中,在乡外县内务工的劳动力有345人,在县外省内务工的劳动力有890人,在省外务工的劳动力有45人,见表3-3。

**表3-3 2020年新叶村农户及劳动力状况**

| 农户/户 | 人口/人 | 劳动力/人 | 外出务工劳动力/人 | 常年外出务工劳动力/人 | | | |
|---|---|---|---|---|---|---|---|
| | | | | 合计 | 乡外县内 | 县外省内 | 省外 |
| 1 057 | 3 469 | 2 087 | 1 450 | 1 280 | 345 | 890 | 45 |

随着越来越多的年轻人外出务工,他们的生活方式、价值观念等方面越来越城市化。其主要表现在:①生活上的散漫和无序转变为有节奏和有条理;②生产的季节观念转变为严格的工作时间观念;③以血缘、地缘为主的人际交往转变为以业缘为主的人际交往;④以面对面的直接交往为主转变为间接的以通信传媒沟通为主;⑤农业生产的固定性转变为职业角色的易变性。

一个村落的转型发展与这个村落的村民息息相关。自新叶村旅游开发以来,从某种程度上唤醒了这个原本沉默失意的村落,部分变得陌生的人们又开始经由互联网熟悉起来。越来越多的在外工作的新叶村人关注家乡,一部分在外工作的新叶村人在社交平台建立了交流群,村里原本疏离的人际交往因为大家对家乡的共同关心,再次以一种新的方式联结起来。

在这个交流群中的村民们从事着各种各样的工作,年龄层次不一,但让他们兴奋地聚集在一起的原因是对家乡美好蓝图的憧憬。这些从村落中走出去的人们开始为家乡发展出谋划策,贡献自己的力量;通过村民们的交流,整个村落家族

① 张绚璇. 社区营造视角下传统村落的保护与发展研究:以建德市新叶村为例[D]. 杭州:浙江工商大学,2016:42。

的交际网络被联结，也打开了村落与外界的社会关系网络。

**3. 传统村落与村民转型**

在农业社会转型为工业社会的进程中，传统村落社会受到冲击，越来越多的农民离开村落走向城市是必然要经历的事情。传统村落是一种悠久的社会制度，其社会发展不是断裂式的跃进，而是连续的进化过程。在日益工业化、城市化的世界中，乡村的存在形态和功能角色正在发生巨大的转型。而村落转型恰恰意味着村落共同体在一定历史条件下存续的必然性，也是村落寻求与更广阔的社会进行有效链接的过程。

新叶村的特殊性在于其传统的架构并没有完全崩塌。它作为聚族而居的血缘村落的代表，家、家族观念及其群体意识都比其他村落更为显著。在大多数村民的眼中，新叶村发展至今最主要还是依靠宗族的力量，才使古建筑、宗族文化等得以保存和传承。历代以来每次关系全村公共利益的重大建设都由宗族主持。现在也是如此，尽管村里的人大多外流，但在家谱的记载中还是无法抹去他们从这个村落走出来的根证。即便大多数人平时并不在村落生活，遇到祠堂修建需要集资，负责这项工作的长者仍然会向归属各个支派的村民收取相应的费用。这种行为不是法律法规所规定的义务，而更像是一种家族理念的维系和归属。即便走出村落，还是有某种隐形的脉络将这些在外生活的人们牵连在一起。①

因此，传统要素和现代要素的联系与组合形塑了新叶村的转型方向和转型路径。传统村落转型不是传统村落共同体、农业、农民被现代化消灭的过程，而是村庄经历涅槃，获得重生，主动融入现代社会体系的过程。经典现代化理论认为，传统元素是现代化的阻碍因子，走向现代化的过程，是打破、抛弃传统元素，重新构建现代元素的过程。而新叶村的转型历程表明，传统元素也可以成为现代化的动力之一，未来需要对现代化与村落关系进行重新解释。

## 五、共同体、政府、市场是村落转型的基本力量

毛丹教授曾指出，村落转型的巨大困难固然是农村地区广大、人口数量巨大、经济基础薄弱，但更主要的原因是这种转型具有特殊的社会内容和性质，即在地理、生产、文化与治理上都具有特殊性，一方面越来越卷入市场经济，乃至市场社

---

① 张绚璇．社区营造视角下传统村落的保护与发展研究：以建德市新叶村为例[D]．杭州：浙江工商大学，2016：29-30。

会的建构过程，另一方面日益纳入现代国家全面梳理社会的过程。① 因此，村落共同体、政府、市场是规制村落转型方向及转型路径的三种基本力量。

### （一）村落共同体

传统村落共同体为农民提供了稳定的社会秩序和确定的生活意义，这是建立在小农经济基础之上的。新的市场环境和大众社会的到来为农民提供了新的社会秩序和生活空间。置身其中，农民往往不得不做出选择。②

孟德拉斯在《农民的终结》一书中说道："大多数农业劳动者意识到传统世界的崩溃，但还不善于在现代世界中从事活动，他们的生活跨越两个世界，一方面被禁锢在旧的结构里，另一方面不断受到现代人、进步和城市的吸引。时而，他们试着遵循新的逻辑；时而，他们又不得不返回到旧的逻辑，他们把新逻辑运用到按常规运行的领域，又用他们视为永恒的旧逻辑去解释新世界。这种存在于家庭的经营思想和现状中的逻辑冲突支配着可以被称为农业推广的运动，或者更广泛地说，控制着技术变革、经济变革和社会变革的传播。"③

在政府、市场强大的力量面前，新叶村村落共同体能否像以往一样，拥有凝聚力、向心力，留给村落共同体和生活其中的农民更多的时间和空间，农民拥有更多的自主权，获得一条参与式社会发展的道路，这是村落转型与发展过程中一个非常值得重视和注意的问题。

### （二）政府

"大一统"式的集权主义传统，后现代化国家的政府推动型社会发展战略等，所有这些因素为国家对社会生活的大规模协助提供了正当理由。同时，现代民族本身作为一个共同体在新的层次和意义上对社会关系进行了整合，在一定程度上取代了传统地方性共同体的功能和作用。在当代中国，农业集体化、城市偏向发展战略曾经主导了中国农村发展的政策取向。快速工业化、城市化是国家现代化的重要发展战略，是村落共同体转型的重要背景和影响因素。④

政府过度干预会导致"一刀切"式的社会发展战略的出现，忽视村落的多样

---

① 毛丹．村庄大转型：浙江乡村社会的发育[M]．杭州：浙江大学出版社，2008：13。
② 陆保良．村落共同体的边界变迁与村落转型：基于一个城郊村的观察与思考[D]．杭州：浙江大学，2011：158。
③ 孟德拉斯．农民的终结[M]．李培林，译．北京：社会科学文献出版社，2010：112。
④ 陆保良．村落共同体的边界变迁与村落转型：基于一个城郊村的观察与思考[D]．杭州：浙江大学，2011：156。

性。在传统村落发展过程中，要重视政府行为的边界问题，既发挥其支持和指导的作用，又不过度削弱村落的主体性。

### （三）市场

市场是现代社会的一个重要特征。市场的主体是理性的个人及其理性个人的自由联合体，在经济利益的激励作用下，按照商品供求关系与价格的导向作用，由市场自发地配置生产要素和资源，成为一种链接超出小型、封闭共同体范围的社会关系的有效方式。它们导致了多种多样交往性共同体的出现，逐渐取代了以文化和规范为边界和行动取向的各种传统共同体。

亚当·斯密"看不见的手"的理论论述了社会分工和市场交换对于财富增长的社会意义。黄宗智的农村过密化和刘易斯的二元经济论都反映了农村劳动力、人口和资源向非农业流动的必要性。从抽象意义上说，市场化为整个社会经济的发展提供了一个突破口。[①]

市场也是一把"双刃剑"，正如波兰尼指出的那样，纯粹自发的市场观念是另一种形式的乌托邦，一旦经济从社会中脱嵌，其社会后果同样是灾难性的。市场容易使农民快速卷入异己的市场力量，失去社会的保护，导致经济和社会分层，甚至造成社会两极分化，引发社会动荡。

总而言之，工业化、城市化使社会成为一个流动性很大、个人身份认同越来越困难的社会。村落共同体无论对外出务工的农民，还是留守家中的农民，都具有不可替代的重要意义。快速的城市化、工业化背景不断消解村落共同体的功能；在庞大的政府、汹涌的市场浪潮面前，村落共同体的能动性越来越小。因此，如何保有村落共同体的力量，如何形成共同体、政府、市场三者力量之间的良性互动机制，是未来宏观层面与微观层面村落转型能否成功及平稳运行的关键。

① 陆保良．村落共同体的边界变迁与村落转型：基于一个城郊村的观察与思考[D]．杭州：浙江大学，2011：160-161。

# 第四章　村落转型与村民转型
## ——诸葛村经济社会转型与发展路径研究

士农工商，谓之四民，四民具备，各举其职，而国力强。四民有其一，能举其职，造诣精进，而国基亦以其植。国有四民，而诸葛有其二，故能卓然自立，声势粲然，而为兰溪之望族也欤。

——《高隆诸葛氏宗谱·重修族谱序》

科第尚哉，必忠孝节廉，自任几端，方为敬宗尊祖；
读书贵矣，但农工商贾，各专一业，便为孝子贤孙。

——尚礼堂对联

读书求理不求名，绳武经商走楚荆。
积成黄金好施与，自甘淡泊性天成。

——《高隆诸葛氏宗谱·补祝吉轩先生八秩寿》

与其读万卷之书，孰若积千金之产

——《高隆诸葛氏宗谱·恭祝诸葛鹤亭大兄大人四旬初度》

诸葛村，地处浙江省中西部，现隶属兰溪市。它位于金华兰溪、衢州龙游、杭州建德三市(县)交界处。村中心位于北纬 29°20′65″，东经 119°15′02″，海拔高度为 61～90 米。诸葛村属于季风副热带湿润气候区，年温度适中，四季分明，年气温为 15～17.7℃，年降水量为 1 300～1 500 毫米，年平均无霜期为 265 天。

诸葛村始建于元代中叶，是三国时期蜀汉名相诸葛亮后裔的最大聚居地。截至 2021 年年底，全村村域面积为 3 平方公里，有 916 户，农业人口为 2 886 人，村民大多姓诸葛。诸葛村早在宋代就已经有诸葛氏家谱，家谱至今已编修过17次，村落有深厚的文化积淀。诸葛村最初由一个以农业为主的村落转型为一个远近闻名的商业型村落（清代初期至民国时期），再转型为纯农业型村落（中华人民共和国成立后至改革开放前），又转型为旅游型村落（1994年至今）。无论是在传统时期，还是在改革开放的今天，它都是其所处时代的先进社区。

在“发展主义”理论体系中，“传统”是走向现代化国家的“阻力”而非“动力”，因此，采取摒弃传统的激进主义方略是多数后现代化国家谋求发展的必然选择。实际上，农业文明承载了人类漫长而丰富的文化及生活经验和智慧，人类进入工业时代仅仅二三百年的时间。“传统的实质就是崇尚过去的成就和智慧，崇尚蕴含传统的制度，并把传统社会的行为模式视为行动的指南。”①在当代社会剧烈变动的条件下，“传统”也不仅仅指遥远的农业时代的“过去”，在一定背景下，传统也是一种文明积累、创生能力的生成。② 厘清传统村落社会转型的发展机理和运行过程尤为重要。

## 一、早期的诸葛村（元中叶至明初）

### （一）宗族历史与村落记忆

#### 1. 村落选址

诸葛亮的十五世孙诸葛浰于五代后唐时到寿昌做县官，卸任后住在常村，这是诸葛氏迁居浙江的开始。③

浰公的儿子青公，在严、衢、婺三州广置田产九千余石④，并在三州交界处的岘山脚下定居。岘山在诸葛村西10里左右。青公生六个儿子，第三个儿子承载公迁居南塘水阁。这一支繁衍最盛，子孙分布三州各处。到第二十四世万十三公再徙葛塘，家道丰裕。越四世，二十八世孙宁五公讳大狮、字威，率孙瑞二公、瑞三公来到现今的诸葛村所在地定居，时间大约是元代中叶。宁五公是诸葛村的始迁祖。1947年重修的《高隆诸葛氏宗谱·宁五公迁居始末》说，宁五公“克勤振起，好

① 何星亮. 对传统与现代及其相互间关系的阐释[J]. 中央民族大学学报(哲学社会科学版)，2003，30(4)：20-29。

② 田毅鹏. 东亚村落发展的比较研究：东亚村落比较研究的视域及启示[J]. 山东社会科学，2014(9)：68-71。

③ 诸葛浰之前的谱牒不全。今谱载诸葛浰为诸葛亮十五世孙，恐前面有遗漏。

④ 每石为2.5亩。

义乐施，且精湛舆术，深歉故居之隘，谓不足裕后。因亲相宅址，初得田塘之南，未慊。及步至高隆，始忻然曰，此庶足称吾居也。时其地荒僻，惟王氏舍其旁，地亦其所有，即捐重价求得之。垦平结构，携二孙瑞二公、瑞三公居焉。”可见，诸葛村的“地势”是当时宁五公选择该村作为家族定居地的原因(图 4-1)。

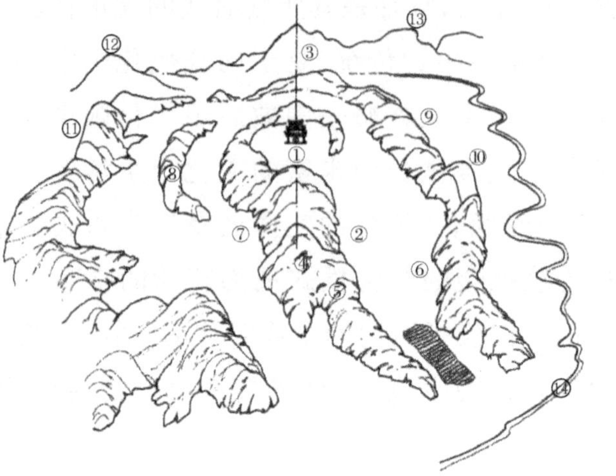


①大公堂；②丞相祠堂；③天池山；④桃源山；⑤经堂后山；⑥下塘路；⑦高隆市路；⑧老鼠山背；⑨假猢狲山背；⑩擂鼓山；⑪石阜岩；⑫岘山；⑬大慈岩；⑭石岭溪。

**图 4-1　诸葛村地势结构**

首先，农耕时代村落的选址大多着眼于农业生产的条件和环境，因为农业是人们生产和发展的最稳定的保障；其次，着眼于水陆交通，水陆交通便捷有利于形成农业地区一定范围内的集贸中心；最后，村落选址还要考虑居住的安全。

诸葛村北面 10 余里有寿昌县(今建德市)境内的天池山、大慈岩，西面 4 里左右有岘山。这几座山之间是一群起伏连绵的小丘陵，在诸葛村留下比较复杂的地形。村子北界有虽然不高却很陡峭的高隆冈阻挡，村子西界有稍远稍高的石阜岩、岘山和稍近稍低的老鼠山背。村子东面是一串南北走向的小土冈——假猢狲山背等。土冈东侧有一条发源于天池山的石岭溪，由北面曲曲折折向南而来，经数十里，到游埠镇注入兰江。石岭溪东是望不到头的大平原。村子的南缘有小小的经堂后山，山南一马平川直到兰江岸边。村子不仅四面皆山，村子里面还有些丘冈起起伏伏，大致是南北走向。其中最大的一条冈子叫作桃源山，位于正中。[①]

这片丘陵地气候温和，四季分明，雨量充沛，属亚热带湿润区。它的东、南两面的平原有石岭溪灌溉，宜于农耕，尤其宜于水稻生长，至今是兰溪的主要产粮区

① 陈志华，李秋香. 诸葛村[M]. 北京：清华大学出版社，2010：54。

之一。它的西、北两面的丘陵则满覆森林，可以采薪，可以伐材。古老传闻，当初诸葛村所在的一片丘陵也都长着林木，兴建房屋可以就地取材。本地又盛产可供建筑的紫砂石，石质虽然松脆，却易于加工。从诸葛村东到兰溪，南到龙游，北到严州，不足一天的脚程。兰溪和龙游在衢江岸边，严州在富春江岸边，都有舟楫可达杭州。诸葛村东面去兰溪路上十五里有永昌镇，西面去龙游路上十二里有志棠镇，向北二十里则有檀村，都是地方性的商业中心。①

诸葛村确实是个有山可樵、有水可渔、有田可耕、有市可易的地方，适合定居和发展。传说，这个地方在唐代就有居民点，有王、章、祝、梅等姓氏的小村子。后来，诸葛氏人口猛增，势力逐渐强大，村子便被命名为高隆村②，渐渐吞并了其他几个异姓村落。附近还有将近 10 个小村子也是诸葛氏的血缘村落，或早于或晚于高隆村。大约从明代中叶起，该村子才以诸葛为名。③

**2. 聚族而居**

聚族而居是宗族所特有的一种生存方式，也是最基本的行为特征之一。宁五公迁诸葛村后，两个孙子瑞二公、瑞三公后来都赴公差，奔波远方，兼做买卖，再后来瑞二公、瑞三公分别遭罪，远戍南北，客死异乡。瑞三公之子安一公为迎父柩卒于江西，诸葛氏遭遇重大挫折，但瑞三公之子安三公等立足诸葛村，“恪守先训，不以改图”，至资产渐饶。自安三公之子起，诸葛氏分为孟、仲、季三支派。安三公之子诸葛吉，字彦祥，行原五，原五公为孟分祖。安三公之子，诸葛瓒，字彦襄，行原七，为仲分祖；安三公之子诸葛谭，字彦贤，行原九，为季分祖。

诸葛氏对自己的宗族甚为重视，撰有各种谱牒，以激发后代不忘祖先业绩，加强同宗同族间的联系，作为族人相互认同的根据。诸葛后裔诸葛达、诸葛诚考证，承载派下以诸葛村的《高隆诸葛氏宗谱》编制最为详尽，共 20 卷 39 本，今保存完整的有两部，其中《高隆诸葛氏宗谱·人字卷》在诸葛村，《高隆诸葛氏宗谱·官字卷》在金华白竹村，先后经过了 16 次续修，一般 30 年左右一修。族谱的功能主要是慎终追远、昭示渊源、表彰先贤、记述功德、教化子弟和敦义睦族。

**3. 分支繁衍**

自元代中叶诸葛氏定居高隆后，族支繁衍，经济状况又比较好，人口猛增。宗族繁衍由远而近，由寡而众，遂有宗、族、分（支）、堂、家等不同指称。高隆诸葛氏

---

① 陈志华，李秋香. 诸葛村[M]. 北京：清华大学出版社，2010：54-55。

② 高隆村之名大约取自孔明“高卧隆中”的意思。

③ 陈志华，李秋香. 诸葛村[M]. 北京：清华大学出版社，2010：29。

宗族以先祖诸葛亮作为认同标准。始迁祖以下称分，分下有派，派下有房，最底层为具体的家庭个体。

诸葛氏的宗祠系统鲜明地体现了诸葛氏宗族的分支繁衍。高隆诸葛氏全宗族的总祠是丞相祠堂（大公堂是诸葛亮的纪念堂，但不是宗祠）；它下面是孟、仲、季三支派（称为“分”），孟分的分祠是崇信堂，仲分的分祠是雍睦堂，季分的分祠是尚礼堂，均称为“众厅”；房派以下的宗祠叫作“私己厅”，是指将要形成而还没有形成房派的小宗祠；再下面的则是“香火堂”。在《高隆诸葛氏宗谱》的“高隆族居图”中，画着45座宗祠，而且这45座宗祠并没有包括全部大小宗祠和香火堂。据近几年诸葛村大公堂理事会整理的资料，它们的关系如图4-2所示。

**4. 宗族管理和宗族组织**

宗族管理着村民生活的一切方面，如安民守法、登记户口、扶贫济困、兴办教育、主持婚丧、建设聚落、保境安民、文化娱乐、公共卫生、维护环境和培植树木等所有公共事务。

族中大事一般由族长、首事主持，而族长、首事大多由族人推选的士绅长辈担任。各房派一般由各房派的族长担任首事，同时，推选执事（厅董）若干人，共同掌管各派的产业。丞相祠堂、大公堂的首事则从三个二级厅堂（孟分、仲分、季分）的首事中推选均等人数来担任。丞相祠堂和大公堂的首事一般由10个祠人组成（包括祠正，即总族长）。每年春、秋两季都要开一次例会，若有重大事情也可临时召开大会，商议决定。高隆诸葛氏孟、仲、季三房派各设有族长，下面分支派又设有房长，而具体到某一家庭，则以辈分高的年长者为首，若同一辈分，则以年长者为大，有“长子代爷（父）职”的约定俗成的规矩。族长、房长则须公推选举，由辈分高的年长者担任，凡族中大事或家庭中的要事都须请族长、房长主持。族中大事有一套严格的管理制度，人员组合规范，职责分明。①

宗族的经济基础是祠产和祀产。祠产是指祠堂（宗祠）的产业，祀产是指宗祠下一级各厅的产业。祠产和祀产均是族中的公有制产业，其组成包括房产、土地和族人捐助的现金等，其中土地主要用于出租，以获得租谷的收入。族中的重大活动或房屋修缮也会得到族人或宗族组织的现金捐助。祠产与祀产的收入和管理有严格的制度，有不同的归属层次。祠产和祀产主要用于族中祭祀，也用于迎龙灯、迎菩

---

① 《诸葛村志》编纂委员会. 诸葛村志[M]. 杭州：西泠印社出版社，2013：82-83。

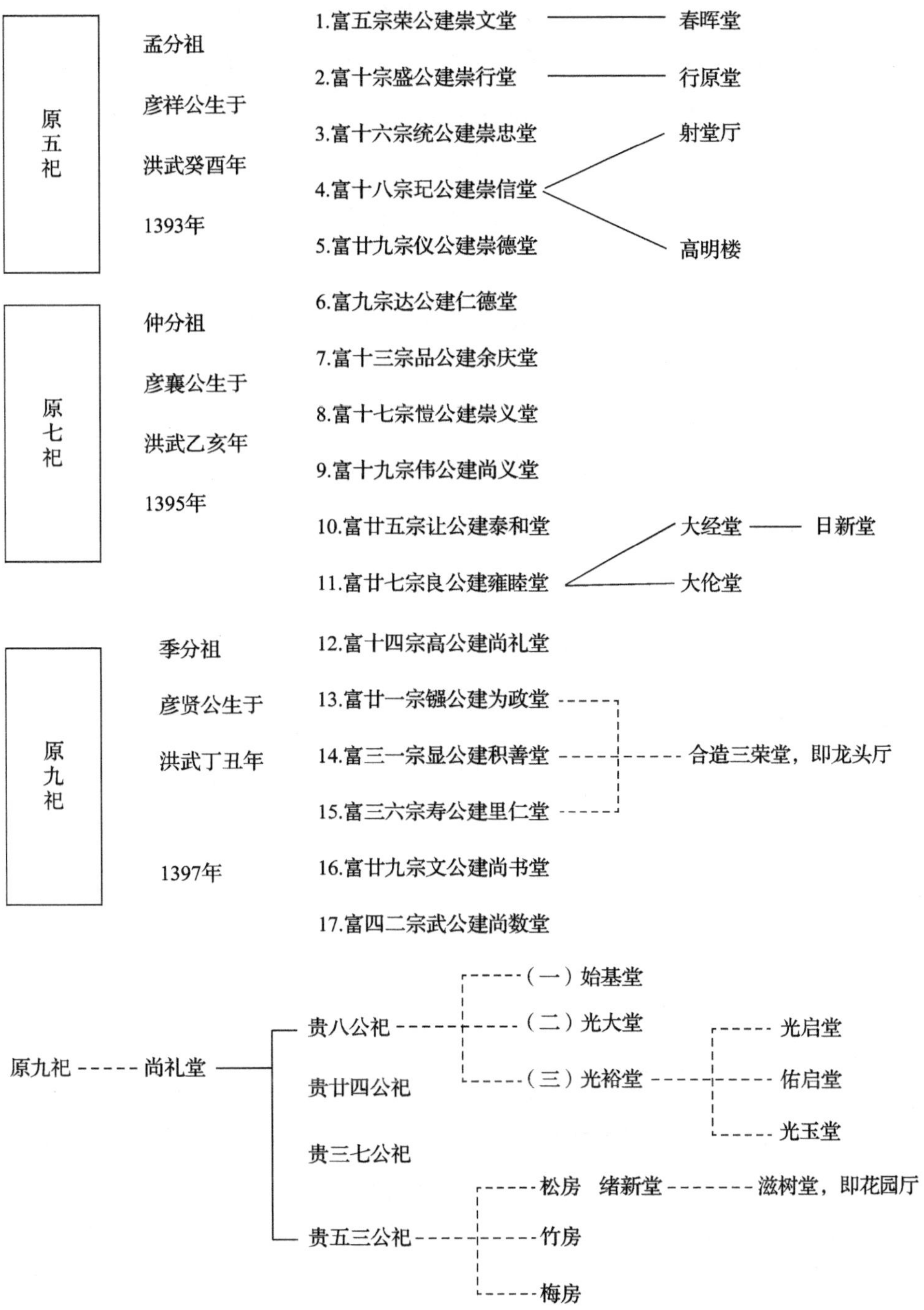


**图 4-2　诸葛村总祠、众厅、私己厅关系**

萨、演戏等重大活动的开支，还用于办学、助学等。①

高隆诸葛氏宗族的最高办事机构是丞相祠堂。祠堂是供奉祖先的地方，又是

① 《诸葛村志》编纂委员会. 诸葛村志[M]. 杭州：西泠印社出版社，2013：83-85。

一个象征，让族人有归属感和向心力。大大小小的各级宗祠，除祭祀先祖、管理公共事务外，乡民的私事也都在宗祠里，如娶妇嫁女、停柩厝棺、诉苦申冤等。族里发生了大事，如调解严重的纠纷，惩罚忤逆、谋凶、淫奔等恶行都要在祠堂里开会。诸葛村人把处理这种严重事件，叫作"开祠堂门"。有些宗祠还附设书塾、老幼的养济院、义仓等。宗祠与乡民生活的关系十分密切。

**5. 族规家训**

族规家训是宗族成员的行为规范。高隆诸葛氏宗族有详细、具体的族规，并石刻于祠堂，收集于宗谱，全族所有人必须严格遵守，不得违反，《高隆诸葛氏宗谱·卷之首》有明确的记载。

高隆诸葛氏宗族以十分严格的族规家训，为族人后代定下了行为规范和道德准则。它其实是一套自律的、自我约束的道德教化和实践。这套道德教化和实践的实施使诸葛村庄长期维系着长幼有序、遵规守矩的伦常体系和社会关系网络。

## （二）村落布局

**1. 村落的主要脉络**

诸葛村坐落在几条低矮的冈阜上，村子的主要脉络顺着冈阜延伸，大体自西北走向东南。村落的主体是住宅区。住宅区主要有三大片，分别为孟、仲、季三大分祠的聚居团块，它们各以自己的分祠为中心。一个村子被几个大房派的集中居住地划分为若干块，这是南方宗族村落通行的村落布局。除这三大片外，其他的住宅区或范围比较小或比较零散，不过数量还是不少。

**2. 宗祠**

丞相祠堂是高隆诸葛氏全宗族的总祠，它紧靠村子的小水口，是守在村口的第一座大型公共建筑。祠堂前面有一口大水塘——聚禄塘。村口有水塘，塘后建大宗祠是浙中一带许多村落布局的一个常用模式。

丞相祠堂占地宽 42 米，深 45 米，面积大约为 1 900 平方米。门屋五开间，正脊上用磨砖刻"隆中云礽"四个大字。门屋前有一对夹杆石，檐柱高 5.2 米。中央三间为正门，檐柱间设签子栏杆，金柱间开板门，每间四扇，门前设抱鼓石。正门并无高大花饰，而是风格平易、素雅精致，很有诸葛亮"静以修身，俭以养德。非淡泊无以明志，非宁静无以致远"的气质。正门最初面临自东南方入村的大路，隔路便是聚禄塘，门屋的景观是开阔的，而且祠堂在村口，即小水口，当时出于"风水"的考虑，门前砌照墙与水隔断，也就隔断了它和大路、村子的联系。正门前形成了一个窄窄的前院，两端向左右开门。正门一般不用，从东北角侧墙上的两个小门出入，门前很局促。①

诸葛村还有一个全村性的中心，即大公堂。大公堂是诸葛亮的纪念堂，只奉祀诸葛亮及其画像，并举行诸葛亮的春秋二祭。它不是宗祠，在明代世宗时援南阳例称为忠武侯庙，但起着与宗祠相似的作用，能够唤起归属感，凝聚宗族的力量。大公堂的事务由合族的“首事”管理，首事共九位，孟、仲、季三分各出三位。②

大公堂位于村中央钟塘的西北角，有一个前院。一共四进，都是三开间，门屋靠里面一侧本来有一座戏台，所以进深大，连门廊有 8.3 米。门屋前面是敞廊，明间有牌楼式的阁子。1990 年重修时因经费不足，拆除了戏台。隔一道 4 米宽的天井，便是高敞宏阔的中庭，它进深也是 8.3 米。中庭之后，又是一个 4 米宽的天井，接着便是正厅，进深 8.6 米，明间后金柱设太师壁。转过太师壁，出后门便是一间 5.2 米见方的拜厅，左右各有一个小天井，合为“日月井”。天井全部为水池。拜厅的两个后角上各有四根柱子，组成一簇，这个做法比较特殊，在其他地方很少见。③ 这座方形拜厅之后，就是最后一进“寝室”，只有中央一间，进深 7.6 米，供奉诸葛亮及其画像。右侧是账房，楼梯设在这里；左侧是厨房。账房是宗族管理机构的办事处，厨房是祭祀时制作供品之处，主要是制作飨宴的食品和胙肉、馒头之类。大公堂总面阔是 11.1 米，总进深是 49.5 米，四进之间没有院落而只有狭窄的天井，总面积大约为 550 平方米。它与丞相祠堂是全村最大的建筑。④

**3. 水口**

小水口是丞相祠堂前面的聚禄塘。北漏塘东南角是中水口，有一座关帝庙和一座贞节牌坊。它们都坐东面西，并肩而立。乡人阐释，关帝庙像锁，贞节牌坊像钥匙，庙和牌坊关锁住了水口，利于“藏风聚气”。

**4. 凉亭**

关帝庙北侧有一座穿心亭，供人们休息。按照习俗，亭里免费供应茶水和草鞋，夏季还有解暑的草药，夜间点灯，以方便赶路的人们。经诸葛村往来于寿昌和游埠的过客，从南边村落到诸葛村西长乐村挑石灰改良农田的脚夫以及诸葛村到大田劳作的农民大多要在这个凉亭里饮水解乏。后来，依托新桥头村的石岭溪水

---

① 陈志华，李秋香. 诸葛村[M]. 北京：清华大学出版社，2010：131。

② 兰溪和它的邻县建德，宗族管理都由 9 个人合作主持，这个管理集体叫“九思公”。新叶村宗族事务也是由九思公管理。

③ 地方传说，这种做法只有族中有大官的才能在祠堂里采用。诸葛亮是丞相，所以有这种资格。

④ 陈志华，李秋香. 诸葛村[M]. 北京：清华大学出版社，2010：111-112。

运，凉亭前形成了一个很大的林木市场，凉亭就更加重要了。

**5. 庙宇**

诸葛村有两座较大的庙宇，一座叫隆丰禅院（俗称高隆殿），另一座叫徐偃王庙（俗称杨塘殿），两者都在村落之外，位于村落西侧百余米之外的山脚下，一北一南。

隆丰禅院有僧人精修，也有读书人借住在里面潜心攻习，清雅安静。它的庙名虽叫“禅院”，却是一方的“保安庙”，供奉着观音菩萨、关公、文昌帝君、土地爷、五谷神、真武大帝、八大天王、十八罗汉，还有个“子孙堂”，“敷衍”乡土生活的各种需求。正如陈志华教授所说，这是一座典型的中国民间寺院，它不涉及任何宗教信仰。乡人们并不需要抽象的哲理、玄远的思想，他们可以把儒、道、释的各种“圣贤”凑在一起，形成一个祈祷身体安康、生活顺遂的“寄托”。

徐偃王庙①，位置在村子的西南，隔积庆塘与村子相望。整座庙宇略呈长方形，大小殿堂共五座，主体为两进一明堂。正殿徐王大帝像高约 4 米，另备五尊徐王小型木雕像，供乡人接走巡风。诸葛村于正月初六迎接徐王大帝巡游主要街道和居民区。这天一早，以铁铳为号，各执事人等按例到位，各司其职。迎徐王的队伍以 16 面蜈蚣旗为前导，接着是吹鼓手、锣鼓乐队 150 多人，紧跟着的是扛銮驾的百余人的长队，其中每人分别扛着木质的刀枪斧钺等古代兵器的模型，后面跟着十余人托香盘、提香炉，随后是四把“兜子轿”作为大帝的扈从。每把轿上坐一名十来岁的男孩，面前置一套文房四宝、签筒和徐王印等。徐王大帝的轿前有八名穿古戎装的“武士”，手持大刀和棍杖，轿左右有障扇及红、黄色大绸伞各一把。在村中巡游的时候，家家户户在门前摆香案，望轿礼拜。全村鞭炮齐放，锣鼓喧天，要热闹整整一天。当天晚上，族长率村中长老在徐偃王庙正殿烧香，预卜新年农业收成及天灾人祸等。二月二十为徐王生日，村民集资演戏。②

隆丰禅院和徐偃王庙每年都有连续几天的盛大庙会，附近村子的村民队伍可前来巡行进香。

**6. 水塘和井**

诸葛村地势高，地面没有活水，村民的生活用水全部依靠人工开挖的池塘和

---

① 徐偃王是西周或春秋时徐戎的首领。徐戎在今淮、泗一带。《后汉书·东夷传》说，徐戎“地方五百里，行仁义，人多归之，朝者三十有六国”，后来被楚国打败，周敬王八年（公元前 512 年）被吴国并吞。春秋初年，江浙属徐戎，兰溪曾属太末。后来徐戎后裔有一次向浙江的大迁徙，至今兰溪还以徐氏为第一大姓，所以徐偃王的祭祀就成了兰溪最重要的祭祀之一。

② 陈志华，李秋香．诸葛村[M]．北京：清华大学出版社，2010：284-285。

井。池塘积蓄雨水，井就凿在池塘边。井水其实就是经土壤过滤的池塘水，比较清洁，专供饮用和淘米洗菜，洗涤则用塘水。

池塘和井随住宅区的发展均匀分布在全村的低洼处和山谷盆地，它们大多和分祠、私己厅等一起处在住宅小区的中心。除生活必需外，塘水还用于扑灭火灾，也可以调节小气候。

### （三）村落结构

诸葛村的结构方式主要是团块式的，从大体上说，就是一个房派的成员的住宅簇拥在房派宗祠的周围，这些团块再组成村落的主要部分。这种结构原则上体现了血缘村落的宗法组织关系。

诸葛村诸葛氏从安三公的三个儿子原五公彦祥，原七公彦襄，原九公彦贤起分为孟、仲、季三分。孟分是大房，是宗子，孟分大多聚居在大公堂与丞相祠堂之间的这块高隆诸葛氏的"发祥地"，以崇信堂为中心；仲分里文化高的人比较多，绅士们有身份，大多聚居在雍睦堂前后，在村子的东北部，假猢狲山背的西南坡是全村的最高处，以雍睦堂为中心；季分的人善于经商，在外开药材店的很多，他们居住在尚礼堂四周，在村子的西南部，高隆市和老鼠山背的西坡一带，与高隆市的商业或许会互相影响，季分以尚礼堂为中心。彦祥、彦襄和彦贤三位都生于明初洪武年间，因而大致可以推断，诸葛村的三大片结构在明代上半叶，或者明代中叶就已经形成。虽然人口渐渐增加，有互相穿插的情况，但大关系没有变化。村落结构与宗族结构在一定程度上相当契合。

孟、仲、季三分往下又分成几级房派，多数房派有自己的小宗祠，称为"大厅"和"小厅"，总称"众厅"。① 一般说来，大多各房派成员的住宅建在本派的厅附近，形成以厅为核心的团块。诸葛村的突出特点是团块核心，是经过规划的。例如，崇行堂、尚礼堂、滋树堂等几座"堂"和文与堂、日新堂、春晖堂等几座"厅"在兴建时左右两侧就有整齐的巷道，巷子外侧有统建的成排的住宅。另一种团块以"祖屋"为核心。一个家庭有了孩子，就在旧宅旁边再建新宅，或者买进邻居的住宅。这样几代下去，就形成以"祖屋"为核心的团块。这种团块是以小宗祠为核心的团块的又次级团块，往往比较小。由于族群形成比较晚和地权买卖的困难，它的组织比较松散。日新堂、春晖堂和文与堂本来是祖屋，后来改为私己厅，又升级为

① 按惯例，三代为厅（私己厅），五代为堂，三代以下为"香火堂"，但通常称呼并不严格区分，有点乱。

“众厅”，它们先建立以祖屋为团块的核心，后来则建立以小宗祠（众厅）为团块的核心。

这些团块又簇拥在房派宗祠周围，进一步形成了以崇信堂、雍睦堂和尚礼堂为核心的孟、仲、季三分的住宅区。民间的说法是：“十家八家同一聚，同出同门同一处。”在一般村落，大宗祠位于村口，并不在村子中心。这种村落的结构模式反映的是在宗法制的社会结构中，两者之间的同构关系十分清楚，且有多层级的封闭性。因此，在宗法制时期的自然经济条件下，它是血缘村落很普遍的结构模式。诸葛村的丞相祠堂仍在村口，但全村以大公堂为中心。

年湮日久，这种结构会因为人口的增减而发生变化，从而变得模糊。不过诸葛村的大部分至今仍然清晰地保持着这种层级式的团块结构。宗祠、众厅和祖屋成了这种层次性结构的核心因素，它们的位置分布比较均匀，有相当的间隔，周围比较宽敞，大多在冈阜的坡脚。既然一个团块基本上属于一个房派，在这个范围里就会由宗祠主持一些公益性的建设，如道路、台阶、水沟、界门、井、塘等；也会进行一些管理，如调整房基、挖池塘污泥、巡夜打更等。宗族房派通过这样的建设成为血缘村落的规划者和管理者。

诸葛氏自元代定居诸葛村，早期以务农为主，是一个纯农业型村落，没有商业街道，也没有商业中心。住宅以一座座的房派宗祠或一座座的“祖屋”为核心形成团块，这些团块再组成整个村落，整个村落又以全宗族的大宗祠为最重要的礼制中心，见图 4-3。

以宗族为核心生活的诸葛村村民们形成了一种纽带关系，这个地方和这群人定义了“你是谁”，它塑造了村民们的身份认同、生活理想、道德感与责任意识。

## 二、纯农业型村落的工商业转型（明代中叶至清初）

诸葛村本是一个以农业为主的村落，农作物主要是稻和麦，水稻是最重要的粮食作物。《光绪兰溪县志》记载，当年诸葛村有名产——白菜，称“诸葛白”，叶小，梗长而白；特产瓜，“瓤黄子黑，即西瓜之别种，名诸葛瓜”；还有一种名产——大青豆。诸葛村农业生产的弱势在于地势高，附近的河水引不进来，农田常患旱灾，人口增加后，农业生产不足以自给。

**图 4-3　高隆族居图**

（图片来源：《高隆诸葛氏宗谱·卷之首》）

## （一）外出经营中药业

诸葛村的始迁祖宁五公在元代迁来的时候便饶有资产。他不仅自己为官府做事，而且两个孙子瑞二公和瑞三公后来也服公差，奔波远方，兼做买卖，可以说，这个家族有经营的传统。诸葛村的地势不利于发展农业，农业生产不足以自给，便促使村民另谋生计。

因为诸葛村地处交通要道，村民便利用这个有利条件，外出经商，遵从“不为良相，宁为良医”的祖训，诸葛氏子弟特别专长于经营中药材。

早在明代，滋树堂派的诸葛族人就在江苏如皋开设了一家中药店——实裕药店，李渔就在这家药店当过学徒。清代初年，滋树堂派的诸葛巍成在苏州开设文成药店。嘉庆年间，诸葛石渠到温州开设集丰药店。药店中规模最大的是由诸葛锵（1844—1900 年）创设的天一堂。天一堂创设于咸丰年间，又在兰溪城里开天一药行、同庆药行，经营批发，后来在天津、上海和广州开设同丰泰药号，在香港开天一堂。诸葛锵的儿子诸葛泰（1871—1942 年），字源生，继承父业，并进一步扩大，在兰溪圆石涧和诸葛本村有养鹿场，各种制药用的鹿有数十头，其产品远销杭州、上海、台湾等地。在诸葛村，门市另有葆仁堂、寿春堂、天生堂、九和堂、立德堂、同德堂等六家药店，供应广大农村。①

中药业是一门专业性很高的行业。从业人员从采购鲜药到炮制丸散膏丹等各种成药，不仅要求具备很熟练的技术，而且要研读医书，“医药不分家”，因此，高隆诸葛氏业医的也不少。在宗谱里记载的有声望的族人中，兼擅药和医的就大有人在，诸葛村历代也出了不少名医。

药和医可以济世，也可以致富。在诸葛村的药商中，不少成了富翁。他们不但经商致富，而且鲜明地主张：积产胜过读书。如 1868 年《高隆诸葛氏宗谱·恭祝诸葛鹤亭大兄大人四旬初度》说道：“鹤翁之先尊克轩公，溯七泽，历三湘，蓄仙苓，采芳草，种早培乎玉树，遗岂止乎金缕。鹤翁则克体父心，善传世业，谓贸迁固堪继志，即服贾亦足孝亲。与其读万卷之书，孰若积千金之产。”可以说，诸葛村的商贾们突破了千年来抑制末业的传统，挑战了千百年来“万般皆下品，唯有读书高”的传统观念。②

---

① 陈志华，李秋香. 诸葛村[M]. 北京：清华大学出版社，2010：32-33。

② 陈志华，李秋香. 诸葛村[M]. 北京：清华大学出版社，2010：33、35。

以中药业在全国各地发家的诸葛族人①纷纷携资回家置业，建设了宗祠、私己厅和大量住宅，振兴了村中的商业，也奠定了诸葛村进一步发展的基础。

### （二）商业兴起

诸葛村的地理位置非常有利于发展工商业。它是一个交通枢纽，去徽州、衢州、严州、杭州的大路都要经过诸葛村。村子距衢江、富春江都不远，村东侧的石岭溪于丰水季节可通过竹筏和小船，直入衢江。村子有两条自东南向西北穿村而过的大道。东侧的大道经过村中心，西侧的大道经过村边缘。起初，过境交通多数在西侧的大道上，它是从兰溪到龙游的古驿道的一段，过路人很多。诸葛氏宗族三分中的季分派子孙多居住在这一带，家门就对着交通线。季分派子孙擅长经商，在外做药材生意的比较多。由于每日往来的行人过客很多，季分派子孙便在靠近大道的住宅内零星地经营生药买卖。

生药吸引了不少外地商人，于是便陆续开设了为客商们和过客们服务的茶馆、饭店。后来又出现了各种杂货店和手工作坊，以供应远近居民的日常生活，村西的大道也从原来纯粹的过境交通线发展为商业街。② 初期只是个商业街的雏形，只有东北一面有店铺，且多是利用原有的住宅，之后又有了农历每月初一、十五的集市，诸葛村便成了半径大约 5 公里范围内最大的商业中心。由于诸葛村借孔明盛名旧称高隆，人们便称这里的集市为高隆市。

高隆市商铺发展得很快，清代初期，它已经由初期单面店铺的街道逐渐变成了两面店铺的商业街，有箍桶店、打铁店、成衣店、剃头店、药店、杂货店、茶店、轿行、客栈、油漆店，等等，成为四乡八村的贸易中心，也为南来北往的过境人提供服务。

高隆市发展起来后，诸葛村内偏北靠近东侧过境大道的上塘沿岸也出现了零散的商业店铺，并且少量扩展到下塘、马头颈和天宝塘等处。于是，诸葛村一度形成了以高隆市为主、上塘一带零星店铺为辅的商业布局。

诸葛村的商业发展起来后，逐渐突破了宗法制下村落结构的封闭性和层级性。从结构上看，高隆市的存在划破了一个完整的团块单元，改变了村子西部的

---

① 《高隆诸葛氏宗谱·序》说："吾兰药业，以瀔西为著名，而瀔西药业又以诸葛为独占。以余闻之，有清中叶苏州之'文成'，咸同间如皋之实裕，俱有声于时，除杭州胡氏'庆余'，叶氏'种德'外，当首屈一指。棠斋、韵笙父子，后先济美，长驾远驭，诸葛氏设'祥源庄'于沪上，南则广州、香港，北则津沽、牛庄，运输贸易半中国。"由此可见诸葛村人经营药业之盛。

② 陈志华，李秋香. 诸葛村[M]. 北京：清华大学出版社，2010：239。

结构模式。

## 三、转型为以商业为主的村落（晚清至民国时期）

诸葛村历史上经历过一次大的事件，即太平天国的占领。太平天国战争时期，石达开于咸丰八年（1858 年）过兰溪，李世贤军据兰溪两年（1861 年 4 月至 1863 年正月），后来被左宗棠部击溃，战事十分惨烈。战后又连遭瘟疫和旱灾。

1947 年的《高隆诸葛氏宗谱·重建中庭记》记载：太平天国战争中期，诸葛村于"咸丰十一年（1861 年），鸱鸮毁室，狼毒肆张，一烬之余，遂成焦土"。大火烧了两三天，村中的祠堂及住宅大多遭到破坏。李世贤军在这一带驻扎了两年后，同治二年（1863 年）撤离时，乱兵把高隆市商业街付之一炬。[①]

高隆市被烧毁后，一度想恢复，由于店基、宅基多为各户私有，许多在战乱时或搬迁进城或外迁，尤其是在外地做药材生意的，旧业主把家眷也带走了，基本上不会回来了。大商户老房基抛荒，但地产权仍是原商户的，他人不得占用；小户人家被焚毁破产之后，更加无力再起，于是，高隆市便难以恢复了。

高隆市的破坏给方圆十几里内人们的日常生活、农业生产以及南来北往的过往客商带来了很多不便，人们亟须恢复商业中心。

### （一）上塘商业区崛起

上塘位于诸葛村中部偏北，南北长约 70 米，东西宽约 38 米。在太平天国运动中，上塘周围住宅之间的零星商业点也被大火殃及，但损失远不如高隆市，加上本来就房屋稀疏，广有空地，因此上塘沿岸就有了代高隆市而兴起商业的可能性。

上塘一带原属于诸葛氏长房孟分派的地盘，孟分派种田的人多，生活较为清苦，当他们看到上塘的商业发展前景后，沿岸边水面上建起不占地基的十几间简陋的水阁楼。水阁楼防淹防潮，适合当地不利的地势，又可以不付占地费用。但务农的人们不善经商，便把水阁楼出租给本村及外乡来这里做买卖的小生意人，向他们收取占塘费和月租，[②]同时出卖或出租上塘附近的土地给外地来的商人，于是，上塘商业便繁荣起来，承接了高隆市原来的一部分功能。[③]

① 陈志华，李秋香. 诸葛村[M]. 北京：清华大学出版社，2010：239，243。

② 20 世纪 40 年代，每间租金为每年 120 斤大米。

③ 陈志华，李秋香. 诸葛村[M]. 北京：清华大学出版社，2010：244。

商人的经营逐渐蔓延到与上塘商业街相连的各条小巷，如马头颈、樟坞弄、天宝塘巷、义泰巷、行堂路等。

位于上塘东侧的另一个比较大的水塘称为下塘，它的周边属于诸葛氏仲分派的地盘。在仲分派中，文化人多，绅士多，社会地位高，他们以“四民之首”自居，轻视“四民之末”的商人。虽然下塘具有与上塘相似的条件，但是他们迟迟没有在下塘发展商业。[①] 到了很晚，才在下塘西岸，面对上塘建了一排水阁楼，这时上塘已经成了繁华的商业区，水阁楼建造之后，这一片的商业才开始发展。

### （二）商业发展引发的村落转型

高隆市没有被毁时，高隆市一带是季分派的地盘，季分派人善经商，他们对高隆市的控制很严，不轻易让外姓商人在街上站住脚。虽然街上有少数外乡人开的小店，但多为代管店或临时租用的闲置铺面，因此高隆市的商业区在宗族制度的牢笼之下没有冲破血缘关系。

太平天国运动之后，上塘的孟分农民无力控制商业区的局面，便以出卖或出租地皮的方式得到一些收入。上塘发展商业的优势吸引了不少外乡人纷纷来这里买地皮建店铺，商业区内的居民成分发生了重大改变。距诸葛村不远的双牌乡大地主王炳南就买下了上塘一带不少空地，建造了店面房。绍兴人陈绍不仅在下塘东南角买地，建起当铺，还在村里买地建宅。[②] 在外乡小商贩、外姓小商贩和手工业者大量进入之后，诸葛村商业区内的外来杂姓有 30 多个，占上塘人口 2/3 以上。上塘商业区内以外地人为主的商业和手工业有：东阳帮——铁匠、木匠；永康帮——五金匠、打制铜、铁、锡器；江山帮——专做豆腐；江西帮——专做珠宝生意，开银楼；安徽帮——经营百货、行号，也有木工；绍兴帮——开估衣店，当铺口还有义乌人、兰溪人、衢州人、金华人和诸葛村附近的仁塘人、双牌人等。民国初年，在上塘商业区内有三家规模最大、资产最雄厚的店铺：一家是义生昌南杂货店；一家是万源杂货店，它们均为徽商独资开办；一家是永兴隆南杂货店，为诸葛村人与徽商合资开办，其中徽商资本占 40%。各地到这里做买卖的商人组织了自己的同乡团体，当时，徽商已达 200 人左右，并准备建立新安会馆，后因集资款被主管人贪污，才没有建成。[③] 商业区和商界与诸葛氏宗祠无关，甚至不归保甲管

---

① 陈志华，李秋香．诸葛村[M]．北京：清华大学出版社，2010：244-245。

② 至今下塘东南角信堂路上仍存“陈绍界”石碑一方。

③ 陈志华，李秋香．诸葛村[M]．北京：清华大学出版社，2010：245。

辖，它们另外建立了管理商业区和商界事务的商会，商会实际上发展成了一个完整的行政权力机构。

清代末年，诸葛村分裂为“街上”和“村上”两部分：“街上”即以上塘为中心的商业区，由商会管理；宗族只管理“村上”，即传统的旧区的事务。这个事件标志着诸葛血缘村落开始解体，向地缘村落转化，具有重大的历史意义。

### （三）“村上”的管理

由于大量诸葛宗族子弟外出经营药材业，长年累月，甚至累世，宗族观念逐渐淡薄。另外，自高隆市被毁而上塘商业区繁荣起来后，绝大多数诸葛村的商业、手工业和服务业由外地人经营，宗族不再像纯农业村落那样是实质上的全能政权机构。

自诸葛村分为“村上”和“街上”后，“村上”主要由宗族管理，宗祠按传统惯例主管宗族内部的祭祀、修谱、兴学、恤老、济贫、祈年、做道场、调解纠纷等事务。

每年农历正月十五元宵夜，由孟、仲、季三个房分别出板龙灯一条，青、白布龙灯两对，一共三条板龙、六对布龙。龙灯出各房分祠之后，先登村子西北的石阜岩，下山后环绕全村，翌日凌晨时分在上塘街散灯。这个灯会由宗族组织。

每年农历四月十八和农历八月二十八宗族组织的诸葛亮春秋二祭，每次5～8天。大公堂里香烟缭绕，庄严肃穆，头首耆老，行礼如仪，而这时，全村商贾云集，江湖艺人等也从各地赶来，形成热闹非常的庙会。大公堂里请戏班子演戏敬祖，街上有喧嚣的叫卖声。

### （四）“街上”的管理

“街上”主要由商会管理。商会是商人和手工业者的自治组织，负责调适与商人和商业有关的事务以及各方面的利益。1930年左右，商会成员已有200余户，是“街上”最有权威、最有实力的组织。商会的职能主要包括以下几个方面。

#### 1. 治安维护

为了维护商业区和周围村落的治安秩序，商会和地方政府共同出钱，建起了一个有16名警察的警察局，地点就在对着上塘的东南角。警察局内有办公室、值班室、刑讯室、拘押房、休息室，地方不大，样样俱全。

#### 2. 预防和救灭火灾

商业区建筑稠密，为预防和扑灭火灾，1929年，商会在街上集款组建了一支业余救火队，名为“永安会”，招募街上和村上三十几名身强力壮的小伙子为队员，各司其职，负责使用器械。灭火器械在下塘路 71 号及警察局内各放一套，有人力唧筒喷水枪(泵浦车)、水桶、铁铲、防火衣、防火帽等。只要一听到火情警报，队员从四面八方，拿好各自的器械前往扑救，还有救护队抢救受伤的人员。每年农历七月二十，永安会在村南的北漏塘边操练，人称“洗水龙”。村上的男女老幼前去观看，甚至还有外村人参观，两边山坡上和田野里挤满了人，气氛就像盛大的节日。时间一久，每年七月的洗水龙就成了一项功能与群众娱乐相结合的活动。①

**3. 报告时辰和紧急情况**

由商会主持在村内两家当铺的二楼屋顶各建起一座更楼，夜间有更夫打更巡夜，二更、三更、四更，分三次向人们报时辰，报平安。那时商业街上绝大多数人家没有钟表，全靠更鼓来掌握作息时间。一旦街上发生紧急情况，如失火、盗匪，更夫在更楼里立即击鼓告知村民，以便各户采取必要的措施。②

**4. 维护市场秩序**

商会在街上设有物价员，监督公买公卖；严格税收，代收税款；负责市容卫生，由商会雇人打扫商业区“街上”的卫生；管理设店摆摊、修路；等等。在内战频仍的年代，军旅往来，商会还要出面筹款支应。

**5. 组织龙灯、花灯**

每年农历正月二十，由商会组织“街上”的闹龙灯活动有两条板龙灯、五对布龙灯，一共大约一百“桥”③。商会的龙灯特别华丽，不出村，只环绕上塘一带店铺巡行舞弄。同时，各店铺在门前扎花灯，有牡丹、月季、菊花、狮子、兔子等，花灯堆成几十座花灯山。商会组织的灯会盛况往往胜过宗族组织的灯会。

20 世纪中叶，“街上”最繁华的规模比高隆市扩大了近 2 倍，格局从一条街变成了片状的商业中心，每天的夜市经营到二更。相对于传统的村落生活而言，“街上”充满了活力，它对村民生活的实际影响渐渐超过了大公堂、丞相祠堂等传统礼制中心。

村长(现为村主任)、保长、甲长在春晖堂里办公，春晖堂因而被称为“官厅”。宗族活动多在村子南部的丞相祠堂和中部的大公堂，这是传统礼制中心。村子的商业中心在北部，即“街上”，商会也设在它的附近。

---

① 陈志华，李秋香. 诸葛村[M]. 北京：清华大学出版社，2010：261。

② 同①。

③ 一“桥”即一节，长约 2 米，宽约 20 厘米，如板凳上装花灯 3～4 盏。

从聚落结构的角度看,“街上”以外来商户为主,他们姓氏杂多,流动性比较强,不可能建祖屋、宗祠,因此这一片地方就不再有团块式的结构。商业的发展改变了原有的血缘式聚落结构,使村子形成新的聚落结构,这是村落转型过程中的一个有意思的现象。

## 四、商业型村落转向纯农业型村落(1949—1980年)

1949年,废除保甲制度,建立乡镇新政权,诸葛村隶属兰溪县永昌区诸葛乡。1950年,为了便于进行土地改革,缩小乡辖范围,诸葛乡划分为高隆、马塘、仁塘3个乡,诸葛村隶属高隆乡。同年,诸葛村成立农民协会,下设五个农协分会。新桥头自然村在行政建制上并入诸葛村,属农协第三分会。① 同时,改组诸葛商会,成立诸葛工商业联合会。

“诸葛村1951年1月开始土地改革,高隆全乡有一个土改工作队,共五人。土地改革按章程办事。进行土地清查,全村土地每人平均不到1亩,由此确定了划分成分的标准。”“土地改革时,诸葛村建立了5个农会,分别属于5个保。当时第二农会共有7户地主,全村5个农会共有30多个地主,最大的地主是‘天一堂’大地主,有1 000亩土地,但其在诸葛村的土地不足100亩,天一堂都是在诸葛村周边买的地。斗地主时,把地主的土地分掉,只给地主家每人留1亩地,房屋也分配,财产也分配。”②划乡、土地改革等运动重构了村落的社会结构和关系网络。土地改革工作队的派驻、农民协会权力的行使、阶级划分等活动的展开都使国家权力、阶级意识、政治文化有形地楔入乡村社会,极大地消解了原来的宗族意识和宗族权力。同时,诸葛村商业的没落和消失也消解了商会的权力。村落社会基础发生了重构。

诸葛村集体化运动的第一阶段是1954—1958年,由互助组、初级社、高级社一步步建立了土地的社会主义集体所有制。1954年,诸葛村第一个初级农业生产合作社——建新初级农业生产合作社成立。1955年,新民、光华、尚丰、新市、西湖5个初级农业生产合作社成立。1956年,对私人工商业实行社会主义改造,包括

① 第一分会管辖范围:尚礼堂、旧市路、新道路、尚丰路、长寿路;第二分会管辖范围:信堂路、义泰路、敦义路、下塘路、新开路部分;第三分会管辖范围:新桥头村、新开路部分、行堂路、祝家路;第四分会管辖范围:雍睦路、樟坞路、上塘老街东边至马头颈东边;第五分会管辖范围:上塘老街南边和西边、天宝路、大同路、马头颈西边。

② 村民访谈笔录。

万丰棉布店、源丰酱园、葆仁堂药店、正顺烟丝店等近10家公私合营商店。木业、篾业、被服、棉线、理发等近10家手工业和服务业合作社成立。1957年春，由诸葛村的6个初级农业合作社加上下徐、前宅两个村的初级社，合并成立诸葛庆丰高级农业生产合作社。1958年春，由庆丰高级社与上徐、群力两个高级社合并成立诸葛高级农业生产合作社。1958年夏，马塘、仁塘、硕范3个高级农业生产合作社与诸葛高级农业生产合作社合并，成立诸葛农业生产大社。

诸葛村集体化运动的第二阶段是人民公社时期。1958年10月，诸葛农业生产大社改称永昌人民公社诸葛管理区2-4中队，隶属永昌人民公社诸葛管理处。村内兴办6个全民食堂。1959年，粮食奇缺，农村经济陷入困境，开始整顿人民公社。1960年下半年允许社员开荒扩种，有自留地。1961年，贯彻《农村人民公社工作条例(草案)》(即"农业六十条")，实行"三级所有，队为基础"的分配核算制度。诸葛生产大队隶属诸葛人民公社，划分为16个生产小队。1968年，诸葛生产大队成立"三结合"的"革命"领导小组，全村扩大生产队规模，由16个生产小队合并为7个生产大组。1970年，缩小生产队规模，全村由7个生产大组划分为14个生产小队。一直到1978年出现家庭联产承包责任制，大田包产到组。

## (一)村落人口与劳动力结构

中华人民共和国成立前夕(1948年)，诸葛村所属的诸葛乡乡域面积达22.95平方公里，共辖11保，136甲，2 155户，9 289人。1950年进行土地改革。根据当年农会主席诸葛年芳先生的回忆，1951年开始土地改革时，诸葛村共有400余户，如果这个数字确实，按照每户平均4人推算，应该有1 600多人。

自20世纪60年代初以来，诸葛村的文书档案、会计账簿保存完整，其中包括"历年统计年度报表"和《人民公社历史资料汇编》等(以下统称为"诸葛村历史统计资料")。从这些资料得知，其时诸葛村隶属兰溪县(现为兰溪市)永昌区诸葛公社。诸葛大队的人口和劳动力资源及从业结构如表4-1所列。

表4-1 1961—1980年诸葛村人口、劳动力及从业结构变化情况

| 年份 | 总户数/户 | 总人口/人 | 总劳力/人 | 其中 | | 从业结构 | | |
|---|---|---|---|---|---|---|---|---|
| | | | | 正劳力/人 | 半劳力/人 | 农业/人 | 非农业/人 | 非农业占比/% |
| 1961 | 555 | 1 709 | 313 | 285 | 28 | 307 | 6 | 1.92 |
| 1962 | 568 | 1 766 | 331 | 295 | 36 | 323 | 8 | 2.42 |
| 1963 | 599 | 1 959 | 480 | 321 | 159 | 472 | 8 | 1.67 |

续表4-1

| 年份 | 总户数/户 | 总人口/人 | 总劳力/人 | 其中 | | 从业结构 | | |
|---|---|---|---|---|---|---|---|---|
| | | | | 正劳力/人 | 半劳力/人 | 农业/人 | 非农业/人 | 非农业占比/% |
| 1964 | 599 | 2 097 | 420 | 334 | 86 | 402 | 18 | 4.29 |
| 1965 | 600 | 2 155 | 349 | 274 | 75 | 337 | 12 | 3.44 |
| 1966 | 602 | 2 199 | 349 | 274 | 75 | 343 | 6 | 1.72 |
| 1967 | 602 | 2 283 | 488 | 402 | 86 | 476 | 12 | 2.46 |
| 1968 | 629 | 2 293 | 610 | 435 | 175 | 592 | 18 | 2.95 |
| 1969 | 646 | 2 434 | 657 | 555 | 102 | 641 | 16 | 2.44 |
| 1970 | 656 | 2 481 | 683 | 567 | 116 | 649 | 20 | 2.93 |
| 1971 | 668 | 2 525 | 674 | 530 | 144 | 649 | 25 | 3.71 |
| 1972 | 672 | 2 595 | 713 | 595 | 118 | 681 | 32 | 4.49 |
| 1973 | 676 | 2 587 | 753 | 590 | 163 | 715 | 38 | 5.01 |
| 1974 | 686 | 3 646 | 793 | 616 | 177 | 755 | 38 | 4.79 |
| 1975 | 708 | 2 713 | 858 | 698 | 160 | 814 | 44 | 5.13 |
| 1976 | 731 | 2 749 | 880 | 690 | 190 | 824 | 56 | 6.36 |
| 1977 | 757 | 2 795 | 915 | 698 | 217 | 829 | 86 | 9.40 |
| 1978 | 784 | 2 758 | 923 | 626 | 297 | 815 | 108 | 11.70 |
| 1979 | 779 | 2 873 | 927 | 635 | 292 | 856 | 71 | 7.66 |
| 1980 | 789 | 2 884 | 916 | 613 | 303 | 841 | 75 | 8.19 |

注：该表数据根据诸葛村委会保存的会计档案整理；人民公社时期的非农就业主要是社队办工业，没有农民外出打工的概念；从 1981 年开始，村落里非农就业人员包括自行外出小五匠和其他非农业从业者。

由表 4-1 可知，第一，中华人民共和国成立后到改革开放前是诸葛村落人口快速增长的时期。全村总人口由 1951 年的 1 600 多人（估算）增长到 1961 年的 1 709 人，再增加到 1980 年的 2 884 人。劳动力由 1961 年的 313 人增加到 1980 年的 916 人。第二，尽管诸葛村在清代初年就开始发展商业，晚清到民国时期商业发展鼎盛，成为周边地区的商业中心，但中华人民共和国成立后直至改革开放初期，诸葛村却转型为一个纯农业村落。1961—1980 年，在全村劳动力中，从事农业人数的比例基本占 90%以上；绝大多数从事社队工业人数的比例为 2%～8%。

### （二）耕地结构

中华人民共和国成立后至改革开放前，诸葛村耕地面积呈缓慢增加趋势；水田面积相对稳定，稍有减少，占总耕地面积的 80%左右；旱地占比较少，但面积呈缓慢增加态势。

由表 4-2 可知，第一，1961—1975 年，诸葛村的耕地面积整体呈缓慢上升趋势，全村通过整理和复垦净增耕地 147 亩，1975—1980 年耕地面积又稍微有所下降。统计数据及实地调查发现，中华人民共和国成立后，诸葛村耕地面积增长与“以粮为纲”和“农业学大寨”的宏观环境有关。第二，诸葛村的有效灌溉面积(抗旱能力达到 30～50 天以上)常年保持在 900 亩左右，机电排灌面积从 1965 年的 400 亩提高到 1980 年的 1 198 亩。说明这一时期诸葛村的农业水利条件不断改善，这与我国人民公社时期的农业水利建设和发展的大趋势是一致的。

**表 4-2　诸葛村耕地变化**　　亩

| 年份 | 耕地面积 | 其中 | | 有效灌溉面积 | 机电排灌面积 | 国家建设占用 | 乡村基建占用 |
|---|---|---|---|---|---|---|---|
| | | 水田 | 旱地 | | | | |
| 1961 | 1 285 | 1 098 | 187 | 900 | | | |
| 1962 | 1 284 | 1 093 | 191 | 900 | | | |
| 1963 | 1 297 | 1 090 | 207 | 900 | | | |
| 1964 | 1 425 | 1 088 | 337 | 900 | | | |
| 1965 | 1 253 | 1 089 | 164 | 900 | 400 | | |
| 1966 | 1 253 | 1 089 | 164 | 900 | 400 | | |
| 1967 | 1 253 | 1 089 | 164 | 800 | 600 | | |
| 1968 | 1 273 | 1 089 | 184 | 800 | 600 | | |
| 1969 | 1 292 | 1 087 | 205 | 800 | 600 | | |
| 1970 | 1 328 | 1 087 | 241 | 950 | 750 | | |
| 1971 | 1 428 | 1 087 | 341 | 950 | 750 | | |
| 1972 | 1 323 | 1 087 | 236 | 950 | 750 | | |
| 1973 | 1 323 | 1 087 | 236 | 950 | 750 | | |
| 1974 | 1 320 | 1 084 | 236 | 950 | 750 | 3 | |
| 1975 | 1 432 | 1 074 | 358 | 950 | 750 | 1 | |
| 1976 | 1 419 | 1 074 | 345 | 950 | 750 | | 13 |
| 1977 | 1 428 | 1 083 | 345 | 1 065 | 975 | | |
| 1978 | 1 406 | 1 069 | 337 | 1 065 | 975 | 9 | 7/其他占 20 |
| 1979 | 1 406 | 1 069 | 337 | 900 | 1 198 | | |
| 1980 | 1 406 | 1 069 | 337 | 900 | 1 198 | | |

## （三）村落经济结构

据1932年的《兰溪农村调查》，如果按播种面积计算，早中稻341斤/亩，秋粮（大豆、玉米、番薯、马科豆、蚕豌豆、荞麦、高粱等）89斤/亩，油菜籽86斤/亩，棉花41斤/亩。同时期的诸葛村粮食产量也大致如此。

中华人民共和国成立后，土地改革激发了农民对土地的热情和生产积极性，农作物产量大幅度上升。兰溪县（现为兰溪市）耕地平均亩产量于1952年达到最高的535斤，1957年达到497斤。人民公社建立以后，把土地、耕牛和主要农具等生产资料归公，取消自留地、家庭副业和集市贸易，由人民公社统一指挥调配劳动力，实行“生产战斗化”。1962年，人民公社把基本核算单位下降到生产队一级，农村经济才开始缓慢恢复。1961—1980年，诸葛村都是在人民公社体制下进行生产和分配的。①

### 1. 粮食生产

诸葛村在1961—1980年的粮食播种面积、亩产量、总产量以及稻谷和小麦的生产情况见表4-3。从表4-3可以看出：1961—1980年的20年间，村里粮食、豆生产总产量从4 347担提高到18 772担，增长了3.32倍；粮食、豆生产亩均产量从178斤上升到687斤，增长了2.86倍。依靠提高复种指数的办法提高粮食总产量，缓解了人地矛盾。这一时期，通过农田水利基本建设以及增加土地的劳动积累等措施，改善了农业生产条件，进而促进了诸葛村的粮食增产。

**表4-3 诸葛村人民公社时期的农业经济状况**

| 年份 | 粮食、豆生产 | | | 早稻及中稻 | | | 晚稻 | | | 小麦 | | |
|---|---|---|---|---|---|---|---|---|---|---|---|---|
| | 面积/亩 | 亩产/斤 | 总产/担 | 面积/亩 | 亩产/斤 | 总产/担 | 面积/亩 | 亩产/斤 | 总产/担 | 面积/亩 | 亩产/斤 | 总产/担 |
| 1961 | 2 431 | 178 | 4 347 | 1 030 | 311 | 2 894 | 363 | 109 | 396 | 214 | 76 | 163 |
| 1963 | 2 365 | 337 | 7 975 | 1 020 | 531 | 5 473 | 361 | 286 | 1 032 | 96 | 134 | 129 |
| 1965 | 2 189 | 374 | 8 184 | 1 037 | 556 | 5 770 | 572 | 251 | 1 436 | 87 | 210 | 183 |
| 1967 | 2 097 | 408 | 8 687 | 1 042 | 482 | 5 027 | 602 | 403 | 2 425 | 162 | 203 | 328 |
| 1969 | 2 760 | 370 | 10 208 | 1 019 | 488 | 4 973 | 796 | 400 | 3 173 | 465 | 174 | 806 |
| 1971 | 2 487 | 447 | 11 151 | 1 042 | 574 | 5 988 | 811 | 403 | 3 265 | 233 | 258 | 603 |

① 自1981年起，兰溪县（现为兰溪市）由点到面的推行联产承包责任制，并逐渐恢复在公社范围内建乡，据诸葛村村民回忆“1981年分田到户”，进入家庭承包经营时代。

续表4-3

| 年份 | 粮食、豆生产 | | | 早稻及中稻 | | | 晚稻 | | | 小麦 | | |
|---|---|---|---|---|---|---|---|---|---|---|---|---|
| | 面积/亩 | 亩产/斤 | 总产/担 | 面积/亩 | 亩产/斤 | 总产/担 | 面积/亩 | 亩产/斤 | 总产/担 | 面积/亩 | 亩产/斤 | 总产/担 |
| 1973 | 2 666 | 534 | 14 333 | 1 025 | 707 | 7 250 | 882 | 527 | 4 650 | 146 | 155 | 227 |
| 1975 | 2 641 | 547 | 14 437 | 1 014 | 757 | 7 689 | 856 | 515 | 4 407 | 251 | 181 | 454 |
| 1977 | 2 675 | 589 | 15 769 | 1 028 | 703 | 7 230 | 884 | 619 | 5 470 | 378 | 207 | 784 |
| 1978 | 2 723 | 583 | 15 882 | 1 032 | 859 | 8 862 | 970 | 432 | 4 195 | 401 | 379 | 1 521 |
| 1980 | 2 730 | 687 | 18 772 | 981 | 903 | 8 862 | 998 | 691 | 6 894 | 481 | 358 | 1 722 |

注：除表所列的主要农产品外，村落里每年尚有大麦播种面积200亩左右，单产150斤左右；玉米的播种面积100亩左右，最多时是1962年、1963年，达到300多亩，这可能与干旱有关。

### 2. 油料和棉花生产

诸葛村的油料生产以生产油菜籽为主，播种面积和亩产量呈现增长趋势(表4-4)。1961年油菜播种面积只有7亩，亩产量43斤；1981年，播种面积和亩产量分别提高到304亩和154斤，20年间，播种面积和单产分别增长了42.4倍和2.58倍。芝麻生产不仅播种面积小，产量低，而且断断续续。人民公社时期，播种面积最多的年份是1969年，播种面积为9亩，总产量为8担。芝麻生产萎缩而被油菜籽生产所替代，其原因在于芝麻生产劳动的投入大于油菜生产，而其单产却低于油菜；芝麻生产季节与豆类、玉米、红薯等旱田粮食作物争地，油菜生产季节却可以错开稻谷生产季节，因此在家庭承包农民自主经营以后，芝麻生产完全被油菜生产替代。

**表4-4　诸葛村油料和棉花生产**

| 年份 | 油菜籽 | | | 芝麻 | | | 棉花 | | | |
|---|---|---|---|---|---|---|---|---|---|---|
| | 面积/亩 | 亩产/斤 | 总产/担 | 面积/亩 | 亩产/斤 | 总产/担 | 面积/亩 | 亩产/斤 | 总产/担 | 自留地产棉/斤 |
| 1961 | 7 | 43 | 3 | — | — | — | — | — | — | — |
| 1963 | 74 | 47 | 35 | — | — | — | — | — | — | 13 |
| 1965 | 47 | 75 | 39 | 5 | 120 | 6 | 8 | 62 | 5 | 56 |
| 1967 | 52 | 69 | 36 | 3 | 233 | 7 | 5 | 60 | 3 | 45 |
| 1969 | 112 | 66 | 74 | 9 | 87 | 8 | 20 | 60 | 12 | 135 |
| 1971 | 81 | 109 | 89 | — | — | — | — | — | — | 5 |
| 1973 | 53 | 73 | 39 | 4 | 100 | 4 | — | — | — | — |
| 1975 | 85 | 104 | 88 | 2 | 106 | 2 | — | — | — | |

续表4-4

| 年份 | 油菜籽 | | | 芝麻 | | | 棉花 | | | |
|---|---|---|---|---|---|---|---|---|---|---|
| | 面积/亩 | 亩产/斤 | 总产/担 | 面积/亩 | 亩产/斤 | 总产/担 | 面积/亩 | 亩产/斤 | 总产/担 | 自留地产棉/斤 |
| 1977 | 74 | 100 | 74 | 3 | 167 | 5 | — | — | — | — |
| 1979 | 156 | 110 | 172 | 3 | 100 | 3 | — | — | — | — |
| 1981 | 304 | 154 | 468 | — | — | — | — | — | — | — |

人民公社时期，诸葛村很少种植棉花。1965 年，诸葛大队仅种了 8 亩棉花，亩产皮棉 62 斤；1969 年棉花播种面积最大，共 20 亩，单产 60 斤，总产皮棉 12 担。因为非棉区的棉花生产没有国家订购任务，其主要用于解决农户家庭生活用棉（比如缝制棉衣、棉被）。在自给自足的小农生产时代是必须种植的，因此，当生产队的棉花分配不能满足农户家庭生活必需时，农户就在自留地里种棉花。人民公社时期，诸葛大队社员自留地一直保持在 138 亩左右，其中主要用于生产棉花或者油料。1963—1969 年，诸葛村农民自留地棉花的产量大大超过当时的生产队。

**3. "副业" 生产**

"副业"是人民公社时期对林业、畜牧业、渔业和队办企业、商业等的总称。从"诸葛村历史统计资料"来看，会计报表也是将林牧渔的收入统计在"副业"科目之下的。其实，当年划入"副业"的科目也属于农业范畴（表 4-5）。

**表 4-5　诸葛村人民公社时期的"副业"生产**

| 年份 | 蔬菜/亩 | 水果/担 | 蚕茧/担 | 生猪/头 | | | 羊/头 |
|---|---|---|---|---|---|---|---|
| | | | | 饲养总量 | 出售国家 | 自宰 | |
| 1961 | 33 | （梨桃）19 | — | 54 | — | — | — |
| 1965 | 51 | （梨桃）10 | 4 | 802 | 333 | 7 | — |
| 1969 | 70 | — | 3 | 927 | 484 | 40 | — |
| 1971 | 77 | — | — | 1 300 | 689 | — | — |
| 1975 | 52 | — | 9 | 1 211 | 764 | — | — |
| 1979 | 104 | 柑橘 10 亩 | 3 441 | 1 497 | 809 | 12 | 27 |
| 1981 | 109 | 柑橘 103 亩 | 41 | 1 813 | 1 234 | 24 | — |
| 年份 | 养蜂/箱 | 家兔/只 | 四旁植树/株 | 乌桕籽/担 | 淡水养鱼/担 | 甘蔗/担 | |
| 1961 | | — | 400 | 58 | 90 | — | |
| 1965 | 120 | — | 900 | 103 | 100 | — | |

续表4-5

| 年份 | 养蜂/箱 | 家兔/只 | 四旁植树/株 | 乌桕籽/担 | 淡水养鱼/担 | 甘蔗/担 |
|---|---|---|---|---|---|---|
| 1969 | 140 | — | 1 800 | 133 | 80 | — |
| 1971 | 80 | — | 2 000 | 48 | 110 | — |
| 1975 | 120 | 70 | 4 500 | 93 | 60 | — |
| 1979 | 110 | 150 | 5 900 | 209 | 100 | 200 |
| 1981 | 80 | 310 | 6 200 | 93 | 100 | — |

(1)蔬菜生产　1961 年,全大队蔬菜播种面积为 33 亩,1975 年有 52 亩,1981 年达到 109 亩,主要种植萝卜、诸葛白等蔬菜。

(2)养殖　一是生猪饲养。诸葛大队的生猪饲养量从 1961 年的 54 头增加到 1981 年的 1 813 头,20 年增长了 32.6 倍。生猪饲养量猛增是国家为保证城市人口猪肉供应而颁布的一些政策起了作用,社员家庭每年必须完成生猪订购任务,只有完成了生猪出售任务的家庭,才准许在春节前夕自宰生猪。绝大部分诸葛村民饲养的生猪出售给国家,社员自宰非常少。生猪饲养包括生产队集体办猪场和农户饲养两种方式,以农户饲养为主体。为了鼓励农户养猪,在粮食分配中,专门有饲料量的分配,且猪粪是最好的农家肥,生产队用计工分的办法收购,以调动农户饲养生猪的积极性。二是养羊、养兔、养蜂,其中养蜂没有间断且有一定的效益,但总体上不成规模,在村落经济结构中也无足轻重。

(3)林业和渔业　从统计上看,林业的最大成就是"四旁植树",每年植树成百上千棵,最多的年份一年植树 6 200 棵,但我们在诸葛村落里实地考察,却没有见到成片成林的树木,可见其效果极差。有效果的是乌桕籽,常年产量在 100 担左右。渔业生产从未间断,且淡水养鱼产量较大,主要用于农户年终物资的分配。

综上所述,中华人民共和国成立后到改革开放前,诸葛村村落经济结构以农业生产为主,而农业生产又以粮食生产为主。

### (四)收入分配结构

人民公社时期,诸葛村的经济收入主要来源于三个方面:其一,靠主要农产品种植获得的收入;其二,当时被称为"副业"的林业、畜牧业、渔业的经营收入;其三,大队和生产小队的企业经营收入。主要支出也有三个方面:一是生产成本,其中包含生产费用、管理费用和其他费用;二是以公粮形式缴纳给国家的税金;三是集体提留,包含公积金、公益金、生产基金、粮食储备等。

**1. 分配核算程序**

在进入分配之前,村落经济总收入要进行必要的扣除,包括缴纳国家农业税、生产大队和小队的各项提留以及生产费用和种子等。国家税金、集体提留等各项扣除都有严格的比例。每年农历十月底为结算年度,生产队按照各项扣除的比例制定本生产队的收入及分配方案,向公社党委呈报,公社党委会议讨论同意、批准之后,生产队才能进入分配核算程序。

总收入中的扣除比较复杂。首先是缴公粮——农业税,每亩10～20斤稻谷,稻谷价格大约由0.15元/斤缓慢上升到0.20元/斤,每亩折合现金1.5～4元。其次是生产队提留,其中公积金占总收入的3%～4%,主要用于大队公共事业人员(如民办教师、赤脚医生等)的工资;公益金占总收入的2%～3%,主要用于五保户、军烈属的福利补贴;生产费用占总收入的3%～4%,主要用于购买种子和农药、化肥以及畜役农具等;管理费用占总收入的0.5%,主要用于集体办公支出。除此之外,还有粮食储备基金。大队干部的工资要另行摊派到各个生产队。剩余的财产由社员分配,其比例一般控制为65%～75%。人民公社时期诸葛村的收入、支出情况如表4-6所列。

**表4-6 人民公社时期诸葛村的收入、支出情况** 元

| 年份 | 总收入 | 其中 | | 总支出 | | | | | | 可用于分配的资金 |
|---|---|---|---|---|---|---|---|---|---|---|
| | 小计 | 农林牧渔 | 副业及其他 | 小计 | 生产成本 | 税金 | 公积金 | 公益金 | 生产基金 | |
| 1962 | 63 697 | — | — | 16 469 | 3 909 | 5 669 | 5 009 | 1 882 | — | 47 228 |
| 1965 | 78 138 | 72 976 | 5 162 | 30 200 | 19 694 | 5 573 | 2 211 | 411 | 2 311 | 47 938 |
| 1967 | 98 064 | — | — | 29 756 | 21 205 | 5 719 | 1 814 | 328 | 690 | 68 308 |
| 1970 | 154 391 | 121 135 | 33 256 | 49 014 | 33 650 | 5 640 | 5 193 | 981 | 3 550 | 1 053 377 |
| 1973 | 187 558 | 153 396 | 34 162 | 57 502 | 42 584 | 5 595 | 5 204 | 3 321 | 798 | 130 056 |
| 1975 | 207 066 | 158 527 | 48 539 | 57 532 | 41 875 | 5 623 | 6 410 | 3 624 | 0 | 149 534 |
| 1978 | 248 644 | 184 084 | 64 560 | 75 691 | 60 360 | 5 471 | 7 380 | 2 034 | 446 | 172 953 |
| 1980 | 284 020 | 212 459 | 71 561 | 92 797 | 75 061 | 5 456 | 8 541 | 3 739 | 0 | 191 223 |

**2. 社员分配**

到了年终结算日(一般为农历十月三十日),生产队会计将全队社员全年的劳动工分、农家肥折算的工分等,分户加总,得到每一农户的全年工分,再加总,得到全队

所有农户的总工分，然后用总工分去除生产小队可以用于分配的收入，得到每个工分的“分值”，再用“分值”去乘每一农户全家的工分，得出每一个家庭的总收入，再减去每农户的“社员往来”，就是农户当年的收入分配所得。诸葛村是把总工分折算成总劳动日，算出劳动日的“分值”，再计算农户的分配（表 4-7）。

**表 4-7　人民公社时期诸葛村社员分配**

| 年份 | 参加分配/户 | 参加分配/人 | 折合劳动日/天 | 社员分配总额/元 | 劳动日平均/元 | 年人均/元 | 社员超支 | |
|---|---|---|---|---|---|---|---|---|
| | | | | | | | 户数/户 | 资金/元 |
| 1962 | — | — | — | 47 228 | — | 27 | — | — |
| 1965 | 422 | 1 474 | 66 589 | 47 938 | 0.72 | 32.5 | — | — |
| 1967 | 603 | 2 262 | 66 595 | 68 308 | 0.96 | 30.2 | — | — |
| 1970 | 515 | 2 135 | — | 1 053 377 | — | 49.4 | — | — |
| 1973 | 589 | 2 237 | 143 445 | 130 056 | 0.91 | 58.1 | 99 | 984 |
| 1975 | 589 | 2 237 | 161 426 | 149 534 | 0.93 | 66.8 | 240 | 4 362 |
| 1978 | 613 | 2 425 | 225 310 | 172 953 | 0.77 | 71 | 171 | 3 032 |
| 1980 | 593 | 2 473 | 226 185 | 191 223 | 0.85 | 77.3 | 283 | 5 148 |

由表 4-7 可知：当时诸葛村农户收入：平均每个劳动日分配不到 1 元钱，1965 年是 0.72 元/天，最高的 1967 年是 0.96 元/天，1980 年是 0.85 元/天；社员年人均收入也很低，1962 年只有 27 元，最高的 1980 年也只有 77.3 元，而这些分配还包括粮食、油料等物资。这方面的原始记录不是很齐全，但从 1973 年的会计账簿中可以管中窥豹。1973 年，诸葛大队社员分配总额为 130 056 元，而其中的现金分配只有 18 476 元，占总分配的 14.21%。

据村民诸葛海城、洪赛宁、诸葛坤元（曾任诸葛大队联队会计，分管 6 个生产小队）等的回忆：

“人民公社时期的劳动记工分。劳动一天，最高为 10 分，能够拿到 10 个工分的必须是犁、耙、耕、锄等，样样力气活都吃得消，挑担、种地样样都吃得消，并且是能独立作业的男劳动力；体力和技术差的男劳动力出工一天能拿 5 分；女劳动力只能算半劳动力，出工一天算 5 分，最多 6 分。工分按劳动时间计算，一天分为三节，上午到中午为第一节，中午至吃点心时间为第二节，吃点心时间至晚饭时间为第三节。这样便于计算一天只能参加某一节劳动的辅助劳动力的工分。每个劳动力挣多少工分由队委会来评，队委会由队长、副队长、计划员组成。村里最棒的男劳动力一年能挣 3 000 多分。当时不允许社员出去做生意，否则要扣口粮。当然有些提篮叫卖的小生意是无法杜绝的。”

“一个农户的工分多少实际上决定着该农户的年终分配，因此所有农户无论正劳动力、半劳动力，还是其他辅助劳动力，都尽可能地参加生产队的劳动。除参加生产队集体劳动能挣工分外，社员家庭养鸡、鸭、猪、牛等积攒的农家肥通过生产小队会计或出纳‘收方’（测量肥料堆的体积），按照立方米或挑担数计工分。生产队成员为生产队的所有劳作和贡献都计工分，比如守夜、看场、代养生产队的耕牛、修理生产队的劳动工具等。生产队干部、大队的民办教师、赤脚医生、企事业人员等到年终也要比照生产队相应的劳动力‘靠工分’。由于诸葛村人多地少，仅靠种地口粮都不够吃，当时有‘有女不嫁诸葛村’的说法。”

### （五）诸葛村转型为一种全新的村落共同体

国家通过建立行政村及相应组织结构、土地改革及集体化运动对诸葛村村落社会进行的改造是有效的，国家与村落社会之间建立了一种全新的高度统一的关系结构。诸葛村初步成为全新的村落共同体——一种被纳入行政管理的正式社会组织。这一过程之后，诸葛村作为一个村落共同体具备了一些新特点。

第一，建立了新的村一级组织结构。这一组织以村党组织和村行政为核心，对上保持与上级组织和地方政府的自上而下的贯通联系，对内则将村落成员归入集体组织予以统一管理。这一制度安排付诸实施不仅使村庄权力结构归于一元化，确立了新的组织权威，并在制度层面削弱了村落内原有宗族组织和大型活动的合理性，也使家庭的职能在村落中发生了重要的变化。这一时期，家庭不再是经济生产组织的单位，而是主要承担生育繁衍的单位和社会控制单位。这样，在制度安排上，村落集体成员从此成为村落内社会成员的首要角色。[①]

村落组织重建的意义远远超出了组织层面本身，它重建了村落的社会结构和社会秩序，至少对村落社会成员的社会关系、活动方式、村落意识等都产生了重要的影响。在这个变动的基础上，把村落视为共同体，把村落成员作为村集体成员的各种制度、各种活动通常受到鼓励或容易被接受，而有可能分解村落共同体、以宗族或以家庭为中心的各种制度、各种活动则受到抑制，乃至失去合法性。[②] 比如，诸葛村的宗祠聚祭之风、春秋祭祖活动在这一时期迅速废弛；丞相祠堂由粮食

① 毛丹．一个村落共同体的变迁：关于尖山下村的单位化的观察与阐释[M]．上海：学林出版社，2000：51-52。

② 毛丹．一个村落共同体的变迁：关于尖山下村的单位化的观察与阐释[M]．上海：学林出版社，2000，52。

部门接管，内部改建为粮仓；滋树堂的西园被拆除，用作牛棚；崇信堂后半部坍塌；始基堂被拆，改建为诸葛小学礼堂；等等。

第二，在村域范围内以平均地权为核心内容的土地改革运动以及兴起的农村集体化运动对任何村落而言都意味着对内重新梳理村落的土地关系和财产关系，确立村落共同体成员在村域内的平均度；对外确认村域边界，并以行政区划的形式，将村落成员锁定于村庄，使村落成为社区、工作场所、个人社会身份的集成。从此，由地方党组织和地方政府代表国家在乡村实施的地权调整、利益调节以及各种收入再分配一般以村落为单位或参照单位。[①] 1953 年国家实行“粮食统购统销”政策后，在粮食总产量中，国家征收、统购的不多，国家在有些年份征购只有不到 2 000 斤，1962 年诸葛村返销国家统购粮 15 400 斤，1973—1977 年每年各返销 10 000 斤，1978 年返销了 60 000 斤，1980 年还返销粮食 10 000 斤。[②] 在村域日益明确并且村域与利益分配发生密切联系的情况下，村落与上级组织的关系、与相邻其他村落的关系（例如土地、山林归属等）对村落成员的影响甚大；村落作为利益共同体和利益单元的地位极大上升。从此开始，是不是诸葛村人涉及的就不仅仅是一个地域、社区的问题，而是意味着人均拥有耕地的多少、是否由国家返销粮食等各种各样的实际利益问题；相反，此时一个诸葛村村民姓哪个姓氏、归属哪个祠堂却不是影响这些利益的因素。

第三，1958 年人民公社建立之后，人民公社的公有制、组织规模和管理机制、社员对大队和上级组织的服从习惯以及人民公社建立时的氛围共同导致了人民公社从一开始便热衷于以大队、人民公社为单位来组织大规模集体行动。在这些行动中，大队即行政村一级，一般总扮演主要或重要的一级单位，并且形成了一种惯例。在诸葛村进入人民公社的 20 多年里，较大规模的集体行动主要有以下几类[③]。

第一类行动是以大队为建制参与或单独实施上级要求的、组织的大规模行动。1958 年诸葛村大炼钢铁，大肆砍伐房前屋后树木烧木炭；1968 年“农业学大寨”，开山伐木造梯田，旱地改水田；1972 年在荷叶山、凉亭山、海龙山等地植树造林，种植杉木、桑树；1977 年北漏塘水库后滩填平改田；等等。

---

① 毛丹. 一个村落共同体的变迁：关于尖山下村的单位化的观察与阐释[M]. 上海：学林出版社，2000，53。

② 数据来源于实地调研中收集、保存下来的诸葛村原始档案资料，原数据中的产量以担为单位，文中数据按照 1 担＝100 斤来折算。

③ 较大规模集体行动的分类参考毛丹教授的分类法。毛丹. 一个村落共同体的变迁：关于尖山下村的单位化的观察与阐释[M]. 上海：学林出版社，2000：69-72。

第二类行动是以村为单位进行的，涉及村域内的各种公共设施，包括水利、交通、教育和其他公共事业。如1964年洪垅水库开工，诸葛村建第一机埠，1965年建第二机埠；1966年诸葛生产大队合作医疗站设立；1970年诸葛中学开办高中，学制二年，首批招生两个班共118人，采用推荐性招生；1973年诸葛中学高中招生，实行推荐与考试相结合的招生方式；1974年建造诸葛村大礼堂；1975年始基堂被拆，改建为诸葛小学礼堂；1976年建造大礼堂（影剧院）；1979年北漏塘东侧道路改造，诸葛村至下徐村道路拉直；等等。

第三类行动是以村为单位兴办副业、工业企业。一直以来，诸葛村存在着人多地少的难题，于是大队（村）创办副业、手工业和工业，以解决村内剩余劳动力和粮食等生活必需品购买力不足的问题。如1963年诸葛生产大队创办粮食加工厂；1972年创办诸葛粉干厂；1976年创办诸葛丝织品厂；1978年建立放生坞畜牧场，建砖瓦厂、建工队等副业机构。

人民公社的建立不仅增加了村落大规模集体行动的种类，而且进一步强化了领导这些活动的社队组织机构的权力和权威。如1967年三座石制节孝牌坊被拆。

总体来说，这一历史时期对诸葛村的重大影响之一就是消解了传统时期宗族和商会的组织力量，强化了村社组织的权威和地位，村落经济结构、社会结构都发生了重构，一个以商业为主的村落转变为纯农业型村落。

## 五、纯农业型村落的旅游业转向

1978年以后，全国各地的乡村陆续开始经济体制的改革。生产组织与行政组织分离，家庭重新成为农村的基本生产组织单位是这项改革的核心内容。这一改革引发村落社会结构的再构建。至此，诸葛村开始进入一个被称为村民自治、经济上相对自主，做出发展选择的新时期。

### （一）农户层面：自主发展工商业

#### 1. 非农业趋势明显

农村经营方式的变革以及分配单元下沉到农户，为村域产业资本的形成、私人投资以及工商业发展创造了条件。根据表4-8可知，从20世纪80年代中期到20世纪90年代中期，诸葛村经济总收入不断增长，农户家庭经营收入也在不断增长，集体统一经营收入占比呈缩小趋势，而乡村合作企业的收入呈增加趋势。

**表 4-8　1985—1995 年诸葛村按经营形式划分的经济收入**

| 年份 | 总收入/万元 | 总费用/万元 | 纯收入/万元 | 其中 | | | | | |
|---|---|---|---|---|---|---|---|---|---|
| | | | | 农户家庭经营收入/万元 | 百分比/% | 集体统一经营收入/万元 | 百分比/% | 乡村合作企业收入/万元 | 百分比/% |
| 1985 | 258.00 | 119.23 | 138.77 | 125.14 | 90.18 | 6.50 | 4.68 | 7.13 | 5.14 |
| 1986 | 371.93 | 208.08 | 163.85 | 143.34 | 87.48 | 5.50 | 3.36 | 15.01 | 9.16 |
| 1987 | 483.07 | 300.26 | 182.80 | 157.19 | 86.00 | 8.50 | 4.65 | 17.11 | 9.36 |
| 1988 | 576.13 | 373.19 | 202.94 | 175.92 | 86.69 | 4.10 | 2.02 | 22.92 | 11.29 |
| 1989 | 573.03 | 361.22 | 211.82 | 181.06 | 85.48 | 6.87 | 3.24 | 23.88 | 11.27 |
| 1990 | 593.74 | 370.62 | 223.12 | 193.03 | 86.50 | 3.18 | 1.43 | 26.91 | 12.06 |
| 1991 | 553.73 | 315.15 | 238.58 | 190.64 | 79.91 | 12.24 | 5.13 | 35.71 | 14.97 |
| 1992 | 557.46 | 310.32 | 247.14 | 204.30 | 82.67 | — | — | 43.05 | 17.42 |
| 1993 | 662.80 | 368.17 | 294.63 | 237.10 | 80.47 | 6.56 | 2.23 | 50.97 | 17.30 |
| 1994 | 820.76 | 425.52 | 395.24 | 322.51 | 81.60 | 4.23 | 1.07 | 68.50 | 17.33 |
| 1995 | 1 103.50 | 544.89 | 558.61 | 483.61 | 86.57 | 1.50 | 0.27 | 73.50 | 13.16 |

数据来源：根据诸葛村委会保存的原始会计档案整理。

一方面，农户家庭劳动力从业结构非农化趋势明显，详见表 4-9。尽管绝大多数农户没有最终放弃承包土地经营权，但是从事村域工业、餐饮业、交通运输业、服务业等已成为家庭主要劳动力在主要劳动时间经营的“主业”，而承包土地经营成了家庭剩余劳动力在闲暇劳动时间所从事的“副业”。另一方面，与从业结构非农化相关联，农户经济收入结构非农化趋势也很明显。1995 年，非农收入已经占到总收入的 85.36%，详见表 4-10。

**表 4-9　1986—1995 年诸葛村人口、劳动力及从业结构变化情况**

| 年份 | 总户数/户 | 总人口/人 | 总劳力/人 | 从业结构/人 | | | | | | 从农比例/% | 外出劳动力/人 |
|---|---|---|---|---|---|---|---|---|---|---|---|
| | | | | 农林牧渔业 | 工业 | 建筑业 | 交通运输 | 餐饮、服务业 | 其他非农 | | |
| 1986 | 838 | 2 768 | 1 200 | 487 | 249 | 70 | 39 | 330 | 25 | 40.58 | 110 |
| 1987 | 819 | 2 811 | 1 230 | 471 | 225 | 75 | 44 | 350 | 65 | 38.29 | 140 |
| 1988 | 829 | 2 815 | 1 240 | 376 | 228 | 78 | 46 | 340 | 172 | 30.32 | 160 |

续表4-9

| 年份 | 总户数/户 | 总人口/人 | 总劳力/人 | 从业结构/人 | | | | | | 从农比例/% | 外出劳动力/人 |
|---|---|---|---|---|---|---|---|---|---|---|---|
| | | | | 农林牧渔业 | 工业 | 建筑业 | 交通运输 | 餐饮、服务业 | 其他非农 | | |
| 1989 | 837 | 2 838 | 1 250 | 389 | 228 | 78 | 45 | 330 | 180 | 31.12 | 160 |
| 1990 | 852 | 2 828 | 1 522 | 540 | 181 | 48 | 42 | 371 | 340 | 35.48 | 192 |
| 1991 | 882 | 2 845 | 1 542 | 540 | 191 | 50 | 42 | 373 | 346 | 35.02 | 197 |
| 1992 | 890 | 2 830 | 1 580 | 517 | 230 | 50 | 48 | 400 | 335 | 32.72 | 230 |
| 1993 | 892 | 2 845 | 1 610 | 484 | 241 | 52 | 62 | 420 | 351 | 30.06 | 280 |
| 1994 | 894 | 2 856 | 1 645 | 420 | 265 | 61 | 83 | 433 | 382 | 25.53 | 330 |
| 1995 | 942 | 2 845 | 1 627 | 387 | 240 | 59 | 95 | 457 | 389 | 23.79 | 235 |

数据来源：根据诸葛村委会保存的原始会计档案整理。

**表 4-10　1986—1995 年诸葛村经济收入及结构**

| 年份 | 总收入/万元 | 农林牧渔/万元 | 工业/万元 | 建筑业/万元 | 交通运输业/万元 | 餐饮业/万元 | 服务业/万元 | 其他/万元 | 非农合计/万元 | 非农业比例/% |
|---|---|---|---|---|---|---|---|---|---|---|
| 1985 | 258.00 | 48.27 | 36.23 | 21.64 | 11.81 | 102.26 | 7.10 | 30.69 | 209.73 | 81.30 |
| 1986 | 371.93 | 88.31 | 56.38 | 30.50 | 14.40 | 172.14 | 9.00 | 1.20 | 283.62 | 76.30 |
| 1987 | 483.07 | 92.31 | 71.26 | 30.00 | 24.00 | 251.00 | 12.00 | 2.50 | 390.76 | 80.90 |
| 1988 | 576.13 | 94.28 | 74.50 | 27.00 | 39.50 | 317.30 | 15.00 | 8.55 | 481.85 | 83.60 |
| 1989 | 573.03 | 109.63 | 70.00 | 33.00 | 36.30 | 275.15 | 27.35 | 19.60 | 461.40 | 80.80 |
| 1990 | 593.74 | 112.72 | 84.50 | 46.50 | 28.42 | 266.20 | 33.00 | 22.40 | 481.02 | 81.02 |
| 1991 | 553.73 | 123.77 | 116.50 | 43.80 | 27.98 | 180.20 | 40.50 | 20.96 | 429.94 | 77.60 |
| 1992 | 557.46 | 113.96 | 119.50 | 47.00 | 25.00 | 185.50 | 44.20 | 22.30 | 443.50 | 79.60 |
| 1993 | 662.80 | 126.20 | 163.50 | 51.50 | 40.50 | 194.00 | 55.60 | 31.50 | 536.60 | 80.96 |
| 1994 | 820.76 | 153.76 | 199.50 | 62.50 | 70.50 | 226.50 | 69.00 | 39.00 | 667.00 | 81.27 |
| 1995 | 1 103.50 | 161.50 | 240.50 | 73.00 | 135.50 | 291.50 | 130.50 | 71.00 | 942.00 | 85.36 |

数据来源：根据诸葛村委会保存的原始会计档案整理。

**2. 商业重新激活**

1980 年，为贯彻“发展经济，保障供给”的总方针，中共中央提出“解放思想，放宽政策，把经济搞活”的口号，在这种背景下，诸葛村的商业得到恢复和发展。1984 年，诸葛村已有个体工商户 20 多户。

20 世纪 80—90 年代，诸葛村商业的快速发展使上塘街和马头颈的商铺林立，重新熙攘。由于商业网点的剧增，原有的上下塘商业圈已不适应新形势的需要，加之村庄内部交通受马头颈咽喉之地的限制，不利于发展，于是迈出高隆冈，商业区向公路线靠近已是必然的趋势。20 世纪 90 年代初，诸葛村在高隆冈道路两边及公路线两侧，横塘坞、三石畈、泉井畈等地段进行新区开发。随着诸葛商厦、小商品市场、蔬菜市场、牲畜市场、木材市场等一大批商业用地和商业建筑的形成，一个商业新区诞生了。

随着高隆冈商业区的形成和上塘古商业街的修复及旅游服务区的形成，诸葛村的商业氛围更浓，商业辐射范围更广，至 21 世纪初整个集镇商业区有行业 68 种，经营网点 459 个，具体情况如表 4-11 所列。

**表 4-11　21 世纪初诸葛村商业网点情况**　　个

| 行业名称 | 网点数量 | 行业名称 | 网点数量 | 行业名称 | 网点数量 |
|---|---|---|---|---|---|
| 副食日用超市 | 2 | 水果 | 10 | 铜锡制品加工零售 | 4 |
| 副食批发零售 | 33 | 卷烟零售 | 3 | 修伞 | 1 |
| 旅游用品零售 | 24 | 炒货加工零售 | 2 | 棉絮加工零售 | 2 |
| 工艺品零售 | 9 | 粮油店 | 2 | 租书 | 1 |
| 家电零售 | 4 | 五金水暖器材 | 14 | 原木加工零售 | 3 |
| 化肥农药种子零售 | 3 | 民用建材 | 13 | 老报纸零售 | 1 |
| 服装零售 | 33 | 铝合金装潢 | 3 | 制杆秤 | 1 |
| 服装加工零售 | 14 | 家具销售 | 2 | 补鞋 | — |
| 小百货 | 12 | 电脑艺术装潢 | 2 | 游乐场 | 1 |
| 针织用品零售 | 5 | 电话手机店 | 2 | 理发 | 13 |
| 鞋店 | 5 | 窗帘加工零售 | 2 | 旅馆 | 4 |
| 文化用品零售 | 2 | 化妆品 | 2 | 浴室 | 2 |
| 山杂货 | 13 | 干菜摊 | 5 | 网吧 | 1 |
| 鲜肉蔬菜零售 | 57 | 药店 | 4 | 食油加工零售 | 1 |
| 糕点加工零售 | 4 | 皮鞋加工零售 | 2 | 粮食饲料加工 | 3 |
| 塑料制品零售 | 2 | 汽车配件修理 | 10 | 废塑料收购 | 1 |
| 饭店 | 14 | 加油站 | 2 | 农副产品药材收购 | 1 |
| 面食小吃店 | 23 | 摩托销售修理 | 4 | 照相 | 2 |
| 冷饮店 | 1 | 农机配件修理 | 5 | 兽药零售 | 1 |
| 烧饼黍作 | 4 | 钟表修理 | 3 | 木材批发零售 | 32 |

续表4-11

| 行业名称 | 网点数量 | 行业名称 | 网点数量 | 行业名称 | 网点数量 |
|---|---|---|---|---|---|
| 白酒酿造零售 | 3 | 金银饰品零售加工 | 4 | 铁店 | 2 |
| 茶店 | 7 | 家用电器修理 | 3 | 字画店 | 2 |
| 茶叶店 | 4 | 自行车修理 | 6 | | |

数据来源:《诸葛村志》编纂委员会. 诸葛村志[M]. 杭州:西泠印社出版社,2013:171-173。

**3. 诸葛村市场和工业发展状况**

20 世纪 80 年代后,诸葛村的集市贸易更加活跃,于是小商品市场、木材市场、蔬菜市场、牲畜市场等应运而生。①

(1)木材市场　诸葛村地处三县市交界处,交通十分便利。历史上诸葛村的柴炭、木材、毛竹交易就十分活跃。改革开放后,诸葛村及附近村民三五成群到建德、衢州、淳安、开化等山区拆运木结构的旧屋架料到诸葛村的公路边销售,生意十分红火。随着交易量的增加和辐射范围的扩大,永昌工商所参与管理,划定鱼台山及龙葛公路沿线 0.5 公里的公路两侧为木材交易区。1987 年的市场有摊位 92 个,年销售额达 800 多万元。交易品种以旧屋架料为主,兼营新杉木、松木和毛竹。旧屋架料交易为市场特色,有整座旧木屋拆下后,重新组装销售的,也有拆零分品种交易的,如梁、桁条、椽子、门窗、牛腿等。旧屋架料交易辐射范围很广,省内有宁波、湖州、嘉兴、绍兴、台州、温州、金华、丽水等地市,省外有上海、江苏、安徽等,甚至有整座旧屋架料发往北京、天津的。21 世纪初,木材交易仍十分红火,虽摊位有所减少,但总销售额不减。木材市场从纯销售原料转向木材成品的加工销售,如桁条、椽子、门窗等。

(2)小商品市场　20 世纪 90 年代初,在商品经济大潮中,诸葛镇亟须一个上规模的相对集中的商品市场。1991 年由镇政府出面在龙葛线南侧三石畈地段租用诸葛村农民的土地进行市场开发。市场占地 4 000 多平方米,采用砖木结构盖玻璃钢瓦的简易房与钢结构盖玻璃钢瓦的大棚相结合的建筑模式,在半年时间内市场就建成并投入使用。市场有摊位 200 多个,行业有棉布、服装、百货、五金、建材、金银饰品、山杂货、糖烟酒、饮食、理发等 20 多种。市场辐射周边 10 多里,年营业额达 800 多万元。逢年过节市场人潮涌动,呈现一片兴旺的景象。2005 年,市场已使用 10 多年,部分简易房破损严重,外观形象欠佳,已不适应商业贸易需

① 《诸葛村志》编纂委员会. 诸葛村志[M]. 杭州:西泠印社出版社,2013:173-179。

要。由兰溪市政府出面将商业地块投标出让，浙江佳美建设有限公司以每平方米3 000元的价格购得诸葛小商品市场地块的国有土地使用权，拆除了原来的简易用房。2006年，在原来小商品市场的土地上，一座占地4 000多平方米、四层框架结构、建筑面积16 000多平方米的大型仿古建筑——诸葛商贸城落成。

(3)蔬菜市场和牲畜市场　诸葛村的蔬菜市场在20世纪90年代初移至横塘坞。蔬菜市场的经营规模进一步扩大，设置了50多个摊位，有鲜肉、水产、副食、果蔬等专柜。诸葛村的牲畜市场在20世纪80—90年代还是每月逢二、五、八开市，至21世纪初由于毛猪养殖已趋向专业化，以自繁自养为主，农户家庭养猪减少，很少有仔猪交易，加之耕牛已退出耕田使役，饲养量和交易量均大减，牲畜市场已没有存在的必要，就自然休市。

(4)物资交流大会　20世纪90年代初，诸葛村进行旅游开发，不仅每年农历四月十四日要祭祖，农历八月二十八日也要祭祖，异常热闹，故每年除农历四月十四日有大集市外，又在农历八月二十八日新兴了大集市。它们由诸葛镇政府举办，前者称作“春季物资交流大会”，后者称作“秋季物资交流大会”，两者均人山人海，生意兴隆。

(5)工业企业　改革开放后，诸葛村的工业经济进入一个较快的发展时期。1985年，全村经济总收入为258万元，其中工业收入为36.23万元，加上建筑业收入为21.64万元，其收入占全部收入的1/5多。2005年，全村经济总收入达2 608万元，其中旅游业、工业收入占经济总收入的1/2多。20世纪80—90年代诸葛村重点工业企业情况，具体见表4-12。

**表4-12　20世纪80—90年代诸葛村重点工业企业情况**

| 企业名称 | 发展概况 |
|---|---|
| 诸葛村砖瓦厂 | 创建于1978年，厂址在泉井畈荷叶山边，1988年关闭，厂址改建诸葛绸厂 |
| 诸葛绸厂 | 属村办企业，创办于1986年，最初厂址在下塘塍的大经堂内，主要生产丝绸被面。1992年，诸葛村委会在原砖瓦厂地址新建丝绸厂厂房一幢，职工增加到60余人，年产值超过500万元。1995年，实行企业转制，由村办企业转为个体私营企业，由私人出资买断机器设备，厂房向集体承租，主要生产织锦缎面料。随着棉纺织业的快速发展，2007年停产 |
| 诸葛高隆绸厂 | 创办于1987年，属家庭工厂的形式，主要生产丝绸被面，1998年停办 |
| 诸葛火腿厂 | 创办于1993年，由诸葛向荣等人合股经营，1995年因销路不畅等停办 |
| 兰溪诸葛富迪布厂 | 创办于1995年，属个体私营企业，厂址在330国道边的泉井畈，1999年停办 |

续表4-12

| 企业名称 | 发展概况 |
| --- | --- |
| 诸葛榨油厂 | 诸葛村榨油厂共有2家,创办于1994年,均属个体私营企业,主要加工油菜籽 |
| 金步均毛巾厂 | 创办于1998年,属个体私营企业,地址在高隆冈原诸葛丝织品厂内,2004年外迁 |
| 诸葛永光棉织厂 | 创办于2000年,属个体私营企业,厂房向诸葛村租赁,厂址在泉井畈,年产值1 000多万元。2009年外迁 |

资料来源:《诸葛村志》编纂委员会. 诸葛村志[M]. 杭州:西泠印社出版社,2013:178-179。

总而言之,从农户层面来说,与周边村落的农户相比,诸葛村的农户是相对富裕的。他们充分发挥诸葛亮后裔的聪明才智,利用祖上传下来的商业理性,对市场变化反应迅捷、灵敏;他们扩大再生产的意识强烈,比较善于运用家庭积累资本和社会资本等,在市场经济的大潮中迅速站稳脚跟;他们重视人力资源的素质教育,重视要素投入的技术水平与规模的合理性,在不同的层次上寻求适合自己的发展机会。

同时,村落内部农户经济发展不平衡性趋向加剧。从农村改革初期到1985年前后,农户经济收入开始拉开距离,农户开始分化。如今农户经济收入差距进一步加大,其中收入最高的为自办企业的工业户;其次为规模经营的商业、餐饮业从业户;再往下依次为管理者、种田大户、服务业个体户;收入最差的是那些无技术、无资本在非农产业发展的农户。家庭剩余和资本积累能力以及劳动力素质差距是村落农户出现经济收入差距的主要原因。

### (二)村落层面:旅游业转向

#### 1. 从村民自救到专家呼吁再到政府重视

1990年,诸葛亮纪念堂大公堂因年久失修而濒临倒塌。村干部召集部分老年村民和退休、离休在家的老同志商讨办法,成立了"大公堂理事会",由村干部、村民代表、退休教师、离退休干部等20多人组成。他们向全国各地工作和侨居海外的诸葛后裔发函募捐,同时动员村民自愿捐款。在理事会的努力下,共筹措资金18万元。1992年大公堂修缮完毕,之后相继修复了崇行堂、崇信堂、雍睦堂、尚礼堂等5座集体所属的厅堂。

1991年秋,清华大学陈志华教授等在考察新叶村时,经介绍来到诸葛村。他们惊叹于诸葛村乡土建筑的完整和精美,在诸葛村大公堂理事会等一些老同志的协助下,1991—1992年,清华大学20多位师生对诸葛村进行了多次调研、测绘和访问,每次在村里一待就是半个月、一个月。经过深入调研,诸葛村的文化历史价值得到了挖掘和展示。他们呼吁兰溪市政府采取措施加以保护，于是，兰溪市政府开启了对诸葛村的一系列保护工作：1992 年，兰溪市政府公布诸葛村为兰溪市历史文化名村、市重点文物保护单位；成立了由市政府、文化局、镇、村干部组成的“诸葛村文物保护领导小组”。在领导小组的协调下，兰溪市政府下文将原粮站用以办酱油厂的丞相祠堂归还诸葛村。

1993 年在诸葛村召开全国诸葛亮学术研讨会，诸葛村因是全国诸葛亮后裔的最大聚居地而得到诸葛亮学术研究专家的论证和肯定。

**2. 诸葛村旅游发展的起步阶段**

1994 年诸葛村成立了“诸葛文物旅游管理处”，实行对外旅游开放，管理处由村委会 1 位委员主持日常旅游管理工作，实行自主经营，独立核算。

这一时期，村落里没有进行旅游设施“硬件”投入。起步阶段门票只要 3 元/人，1994 年旅游参观人次为 1.42 万人次，门票收入为 2.1 万元。

**3. 诸葛村旅游发展的“摇摆”阶段**

1996 年 12 月，诸葛村被国务院批准为全国重点文物保护单位。1997 年，“诸葛文物保护管理所”成立。同年，由清华大学建筑学院编制的《全国重点文物保护单位诸葛、长乐村民居保护规划》被论证通过，这是我国第一个村落规划，也是第一次提出对古村落进行整体保护的概念。这些对于诸葛村来说全是“利好”的，村落应抓住时机，快速发展。

在这一阶段，不同主体却表现出不同的行动策略，最终使诸葛村的旅游发展进入摇摆阶段。

(1)市政府的行动策略　1997 年，在大力发展旅游业、做大做强诸葛村旅游市场思想的驱动下，兰溪市开发了一个“孔明苑”项目，为了项目的实施，成立了“兰溪市旅游发展有限公司”。该公司由兰溪市旅游局控股，占股 55%，诸葛村、诸葛镇参股，其中诸葛镇占股 15%，诸葛村占股 30%。但“孔明苑”是一个严重违反《全国重点文物保护单位诸葛、长乐村民居保护规划》的项目，因为它在诸葛村保护控制范围内进行新的建设，因此项目刚实施不久就受到文物管理部门和专家的极力反对。《人民日报》、浙江卫视等相继曝光，这个项目被迫停止。但它已经对诸葛村的自然环境造成破坏，如在北漏塘的进村口留下了由房地产商开发的 40 间两层的仿古建筑，就是诸葛村现在的“新商业街”，严重破坏了诸葛村原有水口的景观和风貌。为了古村落的保护与合理开发，村委会后来用高于原价近 10 倍的价格，从房地产商手中买回部分房地产商还来不及建设的土地。

此外，还出现了一些不良现象，如将诸葛村的村名改为“诸葛八卦村”，以吸引大家的好奇，前来参观旅游；将大公堂前的椭圆形水塘（钟塘），填埋了一半，做成一个阴阳太极图的样子，来呼应八卦村名等。

（2）镇政府的行动策略　1996 年，诸葛镇政府成立了“诸葛旅游公司”，接管了村里的“诸葛文物旅游管理处”。但诸葛旅游公司是个空架子，既没有资产，也没有资金投入。诸葛村的古建筑产权是村集体和村民的，因此诸葛旅游公司每年的门票收入要返还诸葛村一部分，加上景区开支，基本没有利润。同时，由于镇政府来经营管理，诸葛村的干部和村民产生了一种不满情绪，严重影响了村委会和村民投入的积极性。由于古建筑的维修经费和村落环境综合整治投入的资金比较大，镇政府也不愿投入。

（3）村民的行动策略　改革开放后，很多诸葛村的农户在种田之余，投入农产品加工、餐饮业、运输业、小商品销售、服务业等领域，并迅速“先富”起来。

20 世纪 90 年代中期后，随着农户收入的提高，他们迫切想要改善生活条件，于是诸葛村进入第一轮住宅建设高潮，铺天盖地地在村子里拆老房、建新房。很快，老房子就被拆掉不少，且势头不减。

（4）村两委的行动策略　诸葛村未来的路怎么走？成为摆在村两委面前的关键课题。如果按当时的趋势走下去，诸葛村很快会被毁掉。

1998 年，陈志华教授和李秋香教授再次来到村里，与诸葛坤亨书记等展开探讨，最后确定要严格按照已经通过的《全国重点文物保护单位诸葛、长乐村民居保护规划》来进行村落整治、清理和保护，不拆一座老屋，不砍一棵树，不占一分农地，不搞人工景观，不允许再出现造假的类似破坏，同时呼吁政府加强对古村落的保护。

随后，诸葛村和文物保护所相互配合，对古民居维修、改造和新建房屋的审批进行严格把关，有效地阻止了村民的乱拆、乱建、乱修。

（5）多方利益主体博弈的结果　诸葛村旅游的多头管理、逐步暴露的问题以及专家呼吁，地方政府逐渐转变了观念，认为诸葛村旅游开发管理体制原则上应以诸葛村为主，于是，自 1999 年 1 月起，由兰溪市主管的诸葛旅游公司经营权下放给诸葛村。

同时，这几年诸葛村的摇摆、破坏和曲折发展，加上村两委、文物保护所及专家的宣传，村民们逐渐意识到诸葛村文物保护的重要性和旅游开发价值。诸葛村的发展进入一个新的阶段。

**4. 诸葛村旅游快速发展阶段**

在诸葛旅游公司经营权还给诸葛村后，村两委会决定把旅游业作为诸葛村的主要产业来发展。

2001 年，村两委决定恢复上塘老商业街的原貌。当时村集体没有资金，村两委决定通过银行贷款和向村民筹资的方式来筹措经费。一部分资金来源于银行贷款，当时村里能抵押的房产都抵押给了银行；另一部分资金来源于老百姓筹资，家里有钱的村民借给村里，按照银行利息算，承诺如果还不了，就用村里的店面房子做抵押，当时筹了 600 多万元。

对于上塘古商业街复原工程，外迁村民 20 户，拆除新建筑 7 000 多平方米，抢修古建筑 10 000 多平方米，重新挖出 1958 年"大跃进"时期填平的上塘水塘，当时只用 6 个多月就把这个项目做出来了，恢复了清代古商业街原貌。这件事也极大地提升了村干部的威信。

随着上塘古商业的恢复，一系列村落景观美化工作有序开展：①道路改造；②管道线路入地；③拆除 100 多个露天粪缸，建新公共厕所；④拆除私搭乱建影响村容村貌的现代建筑；⑤村外开辟新区，改善、缓解村民的居住困难，提升百姓居住水平；⑥将过度发展的商业转移到村外；⑦有计划地将"文化大革命"时期被拆的水口建筑、牌坊及穿心亭等散落的建筑构件搜集并修复，恢复村口标志性建筑群。在"文化大革命"时期，被砸坏的牌坊构件很多散落在村里，它们在这个时期都被一一捡拾回来，重新拼合修复，并在原地恢复[①]；⑧建立村集体的传统建筑施工队等[②]。

一方面着手恢复和美化村落景观；另一方面加大宣传力度，提升诸葛村景区的知名度，培训导游、营销人员，每年仅用于广告促销的费用就达 100 多万元。在两方面的发力之下，诸葛村的旅游业得到了飞速发展。2002 年，诸葛村申请注册成立诸葛旅游发展有限公司，该公司隶属于诸葛村委会，实行独立核算、指标考核的市场化经营模式。诸葛村与诸葛旅游发展有限公司的职能分工为：村内基础设施投入和村行政事务等都由村民委员会管理；诸葛旅游发展有限公司负责景区旅

① 李秋香. 古村护航：诸葛村保护追踪二十年[J]. 遗产与保护研究，2016(4)：8-15。

② 诸葛村有一支长年维修古建筑的本地土木工匠队伍，他们在诸葛村的保护修缮中发挥着重要作用。投资上千万元的上塘古商业街复原工程和"三荣堂"的整体复原工程都是由这些土木工匠建造完成的。这些木匠、石匠、泥瓦匠、雕花匠经过专业人士的指导，并在实践中摸索、模仿，已逐渐掌握了一些历史时代建筑的结构、风格和修缮方法，祖传工艺得以传承和发挥。他们主要采用民间收集的大量旧材料进行复原，既节约成本，又能"修旧如旧"。此外，他们还对村落进行常态化、专业化的保护修缮。诸葛村用旅游赚的钱来进行古村保护，古村保护好了，旅游收入的钱就更多了。诸葛村一年需要六七百万元的古村维护费，肥水不外流，都由村民赚取，养活了一大批人。

游经营宣传和促销工作。

2004 年诸葛村被评为国家 AAAA 级旅游景区,2005 年诸葛村旅游参观人次达到 19.31 万,门票收入达 502.12 万元,同时带动了村落里第三产业的发展,旅游综合收入超过 2 000 万元。诸葛村历年的旅游人次及门票收入如表 4-13 所列。

**表 4-13 诸葛村历年的旅游人次及门票收入(1994—2005 年)**

| 年份 | 旅游人次/万人 | 门票收入/万元 |
|---|---|---|
| 1994 | 1.42 | 2.10 |
| 1995 | 2.22 | 5.43 |
| 1996 | 6.43 | 49.24 |
| 1997 | 15.96 | 111.98 |
| 1998 | 16.23 | 162.92 |
| 1999 | 16.44 | 206.16 |
| 2000 | 16.61 | 275.85 |
| 2001 | 17.88 | 301.08 |
| 2002 | 18.57 | 393.90 |
| 2003 | 14.30 | 357.65 |
| 2004 | 18.63 | 490.51 |
| 2005 | 19.31 | 502.12 |

数据来源:由诸葛旅游发展有限公司提供。

进入 21 世纪以来,随着旅游业的快速发展,诸葛村又出现了新的矛盾,大部分年轻人对住老房子已不适应,对部分年代陈旧的古民宅也不愿意花很大的资金去维修。为化解此矛盾,村委会采取三种方法处理:第一,村委会与户主协商予以收购,由村集体出钱维修,房产权归属村集体;第二,经济条件确实差的住户由村集体补助一部分维修费用;第三,几家共有而在维修经费分摊上又难以统一的住宅以及濒临倒塌的部分房子由村委会强制抢修。要求户主与村委会签订双方协议,抢修前对危房进行估价,抢修费先由村委会垫付,房屋修好后的使用权归村委会,五年之内户主交清维修费后,村委会将使用权归还;超过五年,村委会付给户主维修前评估的房价,产权即归村委会。

除此之外,2003 年,村里在紧靠老村的地方规划了 100 多亩的新村,逐年有计划地安置一部分村民外迁新村建房,新村建房严格执行一户一宅政策。原住房由村集体统一折价收归集体,现已有 275 户村民迁入新村,收归集体的老房子由村集体统筹处理,其中部分出售或租赁给无房户和住房面积少的困难户,部分用于旅游参观展示或开发民宿、商业店铺等，村集体每年房屋租赁收入近 200 万元。

**5. 诸葛村旅游的转型升级**

随着全域旅游的提出和开展，诸葛村逐步从观光旅游向休闲度假旅游转型，从农家乐向精品民宿提档升级。

村里由村民创办的民宿有 18 家，共有床位 700 多个，多家民宿配有酒吧、咖啡吧、茶吧、书吧等。其中引进的昱栈民宿还被浙江省文化和旅游厅评为白金级民宿（全省 6 家之一）。此外，还有农副产品、旅游工艺品店铺 40 多家，饭店、餐饮 12 家，餐位 2 000 多个。由本村村民创办的诸葛亮羽毛扇厂生产的孔明扇和孔明锁等旅游工艺品远销全国和东南亚地区，带动了 400 多名村民从事旅游业。

现阶段诸葛村旅游管理体制是诸葛村由村党总支领导，有村委会和诸葛旅游发展有限公司两条线；该公司下设综合办、营销部、市场部；村委会委员 7 人，诸葛坤亨任村书记兼旅游公司总经理；村主任管村务并兼基建，村党支部委员和村委委员分管文物保护、环境、农林、调解等，大家各司其职。

诸葛村把一个村作为一个企业来运作。行政上由村两委干部管，负责行政、村务、古村落保护、项目建设和规划等；诸葛旅游发展有限公司负责景区运营、景点管理、市场营销、品牌宣传等，独立核算。资产是集体的，村民人人都是股东，公司产生的效益是全体村民的，因此利益矛盾不易产生，村民对古村落保护和旅游开发工作都较为支持。诸葛旅游发展有限公司现有员工 80 多人。2018 年，诸葛村年接待游客量达 60 多万人次，年旅游门票收入达 2 000 多万元，旅游综合收入达上亿元。2020 年，旅游收入下降严重，门票收入只有 2018 年的 60%左右（表 4-14），2021 年诸葛村希望自己的改革方向是兰溪市政府控股，诸葛村参股或返利。诸葛村书记表示，作为村落领头人，要看清大形势，个人力量现在不是最重要的，政策和政府支持目前对村落发展最重要，因为现在是平台和资源支配村落，不是村落支配资源。

**表 4-14 诸葛村历年旅游人次及门票收入（2014—2020 年）**

| 年份 | 旅游人次/万人 | 门票收入/万元 |
| --- | --- | --- |
| 2014 | 36 | 1 872 |
| 2015 | 48 | 1 886 |
| 2018 | 60 | >2 000 |
| 2020 | | >1 200 |

数据来源：由诸葛旅游发展有限公司提供。

1995年诸葛村年收入不足10万元，原村账面固定资产不足百万元，2021年村集体可支配收入超过2 500万元，村账面固定资产已有1.8亿元。集体经济发展了，村民福利有了很大提高。60岁以上的村里老年人每月都能享受村集体260～350元的生活补贴，农村医疗保险、社会保险、村民意外保险、有线电视费全由村集体交纳，并实行奖学金制度，对考上大专及以上的，大专奖1000元，二本奖2000元，一本奖3000元，211以上大学奖4000元。

## 六、诸葛村转型对乡村社会发展路径的启示

诸葛村几百年的转型和发展历程给了我们很多启示。它经历了数度挑战—应战的洗礼，经受住了各种严峻的考验，是中国传统村落治理的经典代表。

诸葛村作为诸葛亮后裔的最大聚集村，传统文化底蕴深厚。村民的主体性十分鲜明，他们秉承先祖“不为良相，便为良医”的祖训，年纪轻轻就外出闯荡经商，思维开放务实；他们爱乡爱村，对村落历史和先祖有很深的自豪感。在村落中，家谱、传说轶事、口碑资料多样而丰富，集体意识强烈，历史记忆明确，社区认同感高，宗族文化繁盛，有着较强的血脉相承的共同体意识。随着商业的发展，诸葛村村民逐渐富裕，村庄建设投入较大。环境考究，建筑布局合理，村民殷实，道德自律，村规民约可行，风俗习惯良善。诸葛村社区无论是在传统时期，还是改革开放的今天，都是其所处时代的先进社区。村民互动情况良好，能在比较理性的层面展开合作，保持长久，人际关系有规有矩，社会关系资源和社会网络得到较大的发展。言而有信是舆论的主流，失言无信遭到唾弃。乡规民约完整，村民诚实守信，舆论导向明确有效。正因如此，诸葛村村民的相对幸福感比其他地区强很多。

往昔的辉煌正在褪色，但是村落的文化基因并没有断裂。在当下的村落生活中，历史传统沉淀成记忆，聚族而居和适当规模人口形成主体，村庄作为一个系统的生活体在输入与输出之间达成平衡，村落主导的旅游业发展①避免了由城市化带来的边缘化，从而使村落的社会生活富有意义。

诸葛村的转型与发展历程对中国乡村社会发展路径选择的启示是：中国的现

① 最近一个值得反思的现象是诸葛村在20世纪90年代费尽一切努力将诸葛旅游发展有限公司的主导权拿回村里，而在20多年后的现在，却想方设法想把诸葛旅游发展有限公司交给兰溪市政府经营管理，村里只收固定返利或门票分成。不得不说，这是一种非常值得思考的新现象。

代化路径并非一定要以意识形态化的现代化叙事为标的，实际上也是做不到的[①]。乡土化也许是一条更为切实可行的途径。从传统诸葛村的现代转型中可以看出，乡村传统文化在乡村社会发展进程中的存在并非一定与现代化目标冲突，或者说一定是一种文化包袱。相反，如果对其恰当地把握、辩证地扬弃，倒很可能是一种独特的潜在文化优势，是形成中国社会和谐发展的文化基础[②]。

文化不仅仅是价值体系，还是人们生活的终端逻辑。因而，失落的文化也就意味着生活的逻辑性、生命的真实性的解体，意味着精神家园的解体。因此，让农民完全放弃自己的文化传统，不仅不会加快乡村社会发展的进程，反而可能在使乡村社会生活意义解体的同时，导致乡村社会的解体。曾经的一段时间内，中国乡村出现的信仰体系混乱、价值扭曲和道德滑坡等诸多社会问题，在某种程度上是乡村传统文化受到冲击，农民借以安身立命的精神家园解体后导致的一种茫然失措、心理失衡的结果。[③]

因此，城镇化背景下的传统村落转型并非意味着与传统文化的彻底诀别，并非要完全移植西方工业化或城市化的模式，而恰恰是要立足于乡土，开拓自己的现代文明之路。

一方面，诸葛村的政治、社会、文化空间在一波又一波的现代化浪潮中没有被击倒，而是得到了存留；另一方面，自改革开放以来，村民在行动层面不同程度地实现了市民化转型。从村落转型与村民转型的二维视角来看，"村民"的市民化转型与"村落"的结构化转型之间在转型向度上的非同步性给村落带来了一种特殊的面貌。村民和村落之间形成了一种特殊的共生关系，村民的市民化并没有带来乡村的崩溃，村落的结构性存续反而成为村落城市化和现代化的重要载体。村落转型并不意味着村落向城市形态的单向度演进以及乡村的快速崩溃，乡村反而因"村民-村落"的关系变迁使当代村落呈现"新乡村性"，其中作为个体或群体的村民行动是"新乡村性"产生的重要动力。[④]

---

① 李远行．乡土中国 VS 城市中国[J]．读书，2005(1)：126-131。

② 朱世群，李远行．自洽性与徽州村庄[J]．中国研究，2006(1)：121-146，256。

③ 同③。

④ 文军，吴越菲．流失"村民"的村落：传统村落的转型及其乡村性反思——基于 15 个典型村落的经验研究[J]．社会学研究，2017，32(4)：22-45，242-243。

# 第五章　国家建构视角下的村落转型
## ——俞源村经济社会转型与发展路径研究

介于群山之中，其地方广数里，山联络无间断。其溪折行山罅间，首尾皆自高趋下，初于山隙处遥遥望见，谓是瀑布。其田皆垦辟山址为之，累石以为畔岸，高高百丈，秩若阶级。其路皆侧径，绿崖悬磴，临流如曳练，隐见木末。其民居多负山，而因山以为垣墉，散处凡数百家。族大而望于乡者曰俞氏。

——《俞源俞氏宗谱·皆山楼记》

俞源是古时候婺州[①]与处州[②]交界处的一个小山村[③]，现属浙江省武义县[④]。俞源村始建于南宋，明嘉靖年间为村落鼎盛时期，至清乾隆、道光时期再度兴盛。它过去是宣平县两个最大的村子之一，20 世纪中叶有 300 多户人家，现有农户 700 多户，2 000 多人口，村民多数姓俞。

传说俞源村是明朝开国谋士刘伯温按“天体星象”布局排列设置的村落，古村现存宋、元、明、清古建筑 53 处，其中一级保护建筑 36 处。2001 年被国务院列为“全国第五批重点文物保护单位”，2003 年又被建设部和国家文物局列为“首批中国历史文化名村”，2012 年入选首批中国传统村落名录，2019 年被认定为国家森林乡村，2021 年入选第三批全国乡村旅游重点村。

俞源村在传统时期是一个远近闻名的富裕村落。在中华人民共和国成立后前三十年，俞源村是一个普通的纯农业型村落；改革开放后，与其他村落的快速崛

---

① 婺州：隋置。唐时辖今浙江武义江、金华江流域各县，明改为金华府。

② 处州：隋置。辖区相当于今浙江丽水、缙云、青田、遂昌、龙泉、云和等县，明改为府，1912 年废。

③ 南靠林草丰富的括苍山，山南便是处州，北临武川平原，原北便是婺州。

④ 原属宣平县，宣平在武义之南，但它在县境北缘，与武义县毗邻。1958 年 4 月宣平县并入武义县后，它就在武义县的中部。宣平县是明朝景泰二年(1451 年)平定了一次银矿工人暴动后，为了加强弹压，于翌年从丽水划出而设置的，俞源村在南宋末年已经有了居民，所以它最初属丽水县(丽水市)。

起相比，它没有抓住机遇依靠内生力量发展起来，因此沦为一个发展较慢的村落；2007年后，由于村落旅游的发展以及各级政府资源的输入，俞源村才驶入发展的快车道。

本章想回答的问题是：在现代化大潮和外部世界的“裹挟”下，俞源村是如何既表现为顺应又按照自身的逻辑进行调适的？在发展的低谷期，它也没有像有的村庄一样迅速涣散并解体，是什么机制起了缓冲、缓解和自我调节的作用？一个越来越分化的乡村社会（社会流动、农民分层、理性化等）是如何维持整合的？在乡村振兴背景下，村落自身的转型方向是什么？

## 一、早期的俞源村

### （一）村落历史与宗族记忆

俞源村，坐落在武义县西南部，距武义县城20公里，它所属的俞源乡是“九山半水半分田”的格局。俞源村能够发展成为一座人烟稠密而富庶的聚落自有一些特殊的条件。

一是俞源村南靠宣平的大山区，位于一个狭窄的山坳里，水田不多，但山区物产丰富，有利于多种经营。多种经营萌生了以贩运为主的早期商业。

二是它在山脚之下，避免了山上的各种困难。从它所在的山坳向北，不远便是广阔而富饶的金华盆地南端的武义平原，水田十分肥沃。

三是交通方便。俞源村位于从武义到宣平的大路便是从婺州到处州的大路。从婺州到杭州可经钱塘江通舟楫，从处州到温州则可直下瓯江，也通舟楫，因此古时杭州和温州之间的官私交通都经过俞源村。

四是俞源村是地方性小水运的起点。它旁边的俞川溪宽将近20米，虽多急弯，不足以通舟楫，甚至不通竹筏，但可以在旺水季节流放短木材，下去十几里，到乌溪桥便可以编排外运。别的山货也能从那里经武义江直下钱塘江。

总之，俞源村得了水陆转运、山货汇集的便利，很早就有了小歇栈和小商店，村民的性格也比较开朗。①

在俞源村现有700户多农户，2 000多人中，俞姓大约占八成，其次是李姓、董姓

---

① 陈志华. 俞源村[M]. 北京：清华大学出版社，2007：1-3。

各有十几户，剩下的便是人数较少的小姓。俞源村洞主庙里正座中央供的“洞主老爷”，上面写的是“三姓社主”，三姓就是俞、李、董三姓，社是乡村里一种政教合一的基层组织，办庙会，三姓轮值。

俞姓是南宋末年从丽水迁来的。李姓是明代初年从括州九盘山迁来的。董姓则是明末万历三十年(1602 年)由南边大黄岭迁来的。在道光年间重修洞主庙时，俞源共有六甲，俞姓四甲，李、董二姓各一甲，董姓后来逐渐衰落。[①]

**1. 俞氏宗族记忆**

俞氏始迁祖是俞德，同治四年(1865 年)《俞源俞氏宗谱》保存了一篇写于明末万历甲寅年(1614 年)的《宣平俞源俞氏宗谱序》。这篇宗谱序说：俞氏“钱塘之族，于唐季避地越东，分派婺、括诸郡。至讳德字处约者，仕宋松阳教谕，经游俞源，雅爱其地山水之胜，遂卜居焉。”这“雅爱其地山水之胜”，被 100 多年后乾隆年间的《增修宗谱又序》神话化了，神话的作用在于加强村民对土地的依恋，而这种依恋是农耕时代宗族共同体所需要的。[②]

俞源俞氏的兴起始于元代末年五世祖敬一公俞涞，《宣平县志》说他：“号二泉，博学宏才，志存康济。元末盗起，有保障之功，监司表为义民万户，谦让不受，以布衣终。平生往来诸缙绅间，故太史宋公濂志其墓，苏公伯衡记其祠，刘公基赞其像，咸备录焉。善吟咏，所著有诗集若干卷，毁于兵火。”洪武甲子年(1384 年)苏伯衡写的《竹坡处士俞原瑞墓志铭》说，在这场镇乱事件中，俞涞的次子善麟起了主要作用。当时俞氏人口不足三十而能集合民兵，可见这个家族已经很有声望，并且很富有。乱平之后，他们的居住地便得名俞源。[③]

俞氏子孙大多受过良好教育，能诗能文。俞涞有四个儿子，分别是善卫、善麟、善诜、善护，他们又分别有若干儿子，这祖孙三代在俞源开始了重要的建设。如俞涞造利涉桥、康济桥，俞涞去世后，四个儿子给他造祠“孝思庵”，善卫造迎暄堂，善护造皆山楼，道坚(善麟的儿子)建静学斋，胜宗(善护的儿子)造团峰亭等，这些建设说明了经过 100 多年的发展，虽然俞源俞氏人口还不是很多，但已经在经济上很有实力，文化上很有修养，社会上很有地位。[④] 之后，俞源村平平常常地过了 100 多年。

---

① 陈志华. 俞源村[M]. 北京：清华大学出版社，2007：37。

② 陈志华. 俞源村[M]. 北京：清华大学出版社，2007：38。

③ 陈志华. 俞源村[M]. 北京：清华大学出版社，2007：39。

④ 陈志华. 俞源村[M]. 北京：清华大学出版社，2007：39-41。

嘉靖年间，俞源俞氏兴起了第二个建设高潮。这时候家族里出了几个大人物：第一位是嘉靖五年(1526 年)丙戌科的进士俞大有(六峰公)①；第二位是俞昭(雪峰公)②；第三位是最有影响的人物，叫俞世美(苏溪公)③；还有嘉靖贡生四川富顺县主簿俞赞、嘉靖贡生山东青州的俞欸、隆庆贡生福建汀州府宁化县儒学教谕俞鸣谦等以及两位阴阳地理家俞逸和俞札。

明代晚期，朝廷着力提倡宗族制度，以作为稳定社会基层的措施，允许庶民建造宗祠，于是，这时俞氏的第一件事是在隆庆元年(1567 年)立宗谱，第二件事便是在隆庆年间建造了宗祠。起造的宗祠规模很大，共有 51 间，至今被村民自诩为处州八县里最大、最辉煌的祠堂。④

**2. 李氏宗族记忆**

俞源李氏的始迁祖是李彦兴。弘治年间，谢宏叙撰的《俞源李氏重修谱序》说："国朝洪武间，讳惟齐者登进士第，纠察广明，名誉著于朝野，实彦兴翁之叔父也。彦兴翁读书乐善，仗义丰财，雅爱俞源山水之胜，自城而迁居焉。"乾隆三十八年(1773 年)，李嵩萃撰的《重修李氏家乘序》说李彦兴迁到俞源后，"同地俞卫一公即以女妻之"。卫一公便是俞涞的长子善卫。李氏和俞氏此后互通婚姻，世代和睦融洽。

李彦兴的叔父惟齐是洪武进士，任监察御史。彦兴虽然隐于俞源，当时已经是世家大族程度的俞氏长房善卫不但把女儿嫁给他，还陪嫁了前宅的一幢大屋，可见他不会是寻常百姓，所以刚有了两个儿子便被称为"括之望宗"。《赠处士李君公菱五秩序》说彦兴的次子公菱"倜傥通达，读书行义，事父母以孝，处乡里以和，接宾友以礼，待宗族以睦。因年德并高，曾掌申明之政，秉心公直。乡有不平而求判正，公折以片言，人心悦服。以是郡之大夫武侯、县令张候，盛称其能，而乡莫不深怀其德"。有这样高的社会地位的"两代处士"大概在经济上也有相当的实力。⑤

李姓人来得晚，人口少，科名也不很发达，终明之世，不过四个贡生而已，处在

---

① 时任礼部观政，次年便卒于乡。这是俞源前后几百年里唯一的一名进士，虽然没有来得及有所作为，但影响无疑不小。

② 嘉靖十三年(1534 年)以贡生除授山西省代府审理。八年后进阶奉议大夫，致仕林下，预修处州府志。

③ 嘉靖三十二年(1553 年)由岁贡入北雍。同治乙丑年(1865 年)《俞源俞氏宗谱》说他"以辞章为时相严公讷所重，名震两都，除授江西宜黄县令，所著有《朝京复宜稿》并杂咏诗若干卷刊行"。隆庆三年(1569 年)，钦差巡按江南两广等处监察御史马明谟赠匾奖励道："抚州府宜黄县知县俞世美，性质朴而不浮，才强明而有干。用从节俭，词讼绝无停耗。务蠲除，钱粮征解不误。丈量山界，穷民无赔赇之忧；修理学宫，庶士有乐育之庆。盖才守迥出寻常，资格有不能拘者。"

④ 陈志华. 俞源村[M]. 北京：清华大学出版社，2007：41-42。

⑤ 陈志华. 俞源村[M]. 北京：清华大学出版社，2007：42-43。

前宅南隅，乡里建设远逊于俞姓。由《李氏宗谱·李氏祠堂碑记》记载可知，弘治或万历年间李氏已有宗祠，就在今址。

## （二）村落经济结构

### 1. 从建村到明末：经济结构以务农为主

俞源村从建村到明代基本上以务农为主。俞源村的富户们富裕之后主要是买地，以地租为主要收入。他们陆陆续续购置了北面平原地区的大片土地，直抵武义县城边缘。

早在洪武年间，俞善护造了迎玩堂后，就拨了200亩田，以出产作为固定的招待费。大户在田地上建造“谷仓”，由仓头管理，除收贮租谷外，还经营粮食买卖，用粮食放“高利贷”。这些“谷仓”其实就是田庄，分布在北面的王宅、四八店、陶宅等村，后来连南边的上坦、老竹等村也有了，远的谷仓在三四十里之外，甚至到了金华边缘。①

### 2. 清代村落经济结构转型

俞源村在明末清初遭遇过几次大难。② 又过了将近100年，经过休养生息，清代乾隆年间，俞源村的俞氏和李氏的宗族终于再度崛起，共同迎来了新的繁荣时期。

明代末年，俞源村的繁盛是以几位科甲功名人物为代表的，而乾隆时再度繁盛的代表人物都是大商人。③

（1）村民多转向经商　明代晚期，江南地区以农村市镇为主力的商品经济迅猛发展。俞源村的山地促进了农林业多种经营，俞源村的山货生产和贩运也逐渐发展起来。除粮食外，俞源村盛产茶叶、茶油、桐油、毛竹、木材等。从明代末叶起，俞源人在山麓大量种植靛青，村边处处都有靛塘，加工染料。俞源村的不少富户靠购销靛青发家，乾隆年间的俞林檀、李嵩萃就是其中的大户。

山林的另一宗富源是盛产的竹木。除伐贩竹材、木材外，还烧硬炭，质地优良，称“银炭”，甚至远销海外。此外，俞源村也是茶籽油、苧麻和茶叶的著名产地。

---

① 陈志华. 俞源村[M]. 北京：清华大学出版社，2007：47。

② 康熙庚申年（1680年）俞捷的《俞源俞氏宗谱·重修谱序》中说，俞源“自宋、元、明迄清，叠遭兵火，惟今为甚……”。又据道光辛丑年（1841年）《重修俞氏宗谱序》，俞源所遭顺治丙申兵祸情形：“盗毁庐舍，家室一空，祠东西厢俱成焦土。”在这几场灾难中，俞氏和李氏损失都不小，不但文化性、景观性建筑全部被毁，而且宗庙、住宅都没有多少孑遗。

③ 这时期，俞氏的代表人物是上宅的俞从岐和他的儿子俞林檀、俞林模（出祧）以及俞君选和俞君泰兄弟。李氏的代表人物是李嵩萃。

锯短的竹木在俞川便可以用“赶羊”的方式顺流漂下山货运到下游十几里外的乌溪桥上船或编筏，经营者再把它们运销到武义县城、金华府，远的经兰江入富春江，直到富阳、杭州。

从《俞源俞氏宗谱》中的小传看，几乎清代的俞源村人能成为富户都是因为勤俭持家，兼善于经营。① 比起晋商、徽商的重商轻儒，广拓经营，俞源富户（商人）是保守的一群，他们受宗族重视读书、鄙薄利禄传统的束缚，并无将生意向外扩大的野心，仅满足于在周边地区发展②。虽然村人以经商为主，但不愿意被冠以商人名号，家谱传记多以“家计”“家务”等词作为经商的代名词。③

光绪年间，洋蓝大量进入中国市场，靛青的种植一落千丈，俞源村的经济很快衰退。衰落的另一个原因是富户人家的子弟坐享遗业，没有继承祖辈克勤克俭、努力奋进的精神，反而恃富而骄，奢侈浪费。当时的商业经营是家族式的，子弟败落，商业也就败落了。

(2)村落并没有成为地区性商业中心　当时俞源村有八成左右的人家利用丰富的山林资源和交通便利的条件外出从事商业。但是他们的家乡俞源村却长期只做过路人的生意，没有成为一个繁荣的地区性商业中心。

除在一年两次的洞主庙庙会时，俞源村百商云集外，直到清末民初，它才有定期的市集，而市集本来就是中国农村主要的交易方式，十分古老。在这个小型的市集中，十数间商店分布在村中交通要道旁，经营南货、药材、糕饼、酒肉等生活日杂，也有客栈、理发店等店铺买卖，也是各种新闻消息汇集的地方，村民经常在开敞的店铺前聊天休闲，自发形成公共休息、交往的中心。

### （三）村落建设

自清代俞源人开始经商以来，俞源商人经商发的财都带回乡里，用于置买田

---

① 据《李氏宗谱》，李嵩萃的父亲“迹其生平，守己甚严则中规中矩，待人惟恕则无诈无虞，故至勤俭成家，建前人所未建，而居有连楹之室，裕后昆所欲裕，而耕有连陌之田”[乾隆三十九年(1774 年)祝呈瑞所撰《恭四公传》]；李光圣“怙恃久逝，昆弟各爨……于是谨守前业，勤俭克家。充广田园，蝉联阡陌；恢造堂构，美咏翚飞。故数十年间，遂富甲于乡”[乾隆六十年(1795 年)王观朝撰《敬三十六公贡元序赞》]；李启志“虽有二弟，俱自幼读，无暇理事，独身一人，料理家务。十余年，克勤克俭而广置田园，治内治外又大启尔宇。……其后兄弟各爨，家道日隆，财丁两旺，而田园又为之广置，巨室又为之大建。虽自天佑，实由人为”[光绪十一年(1885 年)陈简撰《恭表李姻翁传》]；据《俞源俞氏宗谱》，俞君选，“慈父见背，年方二十有一，弟仅八龄，未尝有室。其母守节，自誓居穷，自力于衣食。斯时曾无一瓦之覆，一亩之田。……所可幸者，是母与子克勤克俭，夙夜不辞……为农为商，且夕曲尽其心志。后数十年，纵未能大振家声，亦且渐自成立。……广田园以垂后昆，由资财以修路道”[嘉庆十三年(1808 年)何浩如撰《俞君义八十二讳君选叙》]。

② 俞源经商的人只跑到富阳就不再远去了，而且他们只做贩运，并不在富阳开店。

③ 陈志华. 俞源村[M]. 北京：清华大学出版社，2007：50。

地，建造高堂华屋以及修桥、铺路、建寺庙、学堂等公益性建设。

建设乡里主要是修桥、铺路、造凉亭。修造了之后，还要给每项工程捐若干田地，以收入作为常年的维持费用，并在凉亭中免费供水，提供暑药和草鞋。此外，还有修祖庙、葺学堂、建寺观等。乡村建设远到数十里之外，周围许多村落都受惠不浅。俞源村的建设被宗谱称为“美轮美奂”，除街巷、桥梁、寺观、井、塘等外，东溪、西溪两岸都用大石块砌筑得整整齐齐，可以防御山洪冲击。

1926 年《宣平县志》还记载了俞源村在全宣平县独有的几项公益建设。其一，俞源有路灯两盏：一盏在俞源南虹桥头（即利涉桥）；另一盏在俞源北祠堂后。由村人组织灯会，每夜燃灯以照行人。如有急客不止宿者，任其取之，翌日另换。虹桥头和祠堂后正是宣平至武义的大路的进村口和出村口，这灯是为过路人准备的。其二，俞源有夜灯两盏：一盏在俞源树桥头，宣统元年（1909 年）创设；另一盏在俞源上宅，民国十三年（1924 年）创设，其均由村人组织灯会，竖两长杆，上横以木，用琉璃钵燃以菜油，高悬街道，远照行人，长夜不熄。从树桥头到上宅是沿东溪东北岸横贯全村最主要住宅区的道路，这两盏灯是给本村人用的。其三，俞源有街道管理。“民国十二年（1923 年）由村人组织清道会，每周派清道夫扫除街道一次，并于僻静空旷处设置垃圾炉，用砖砌成方式，便于村民堆积垃圾。”①其四，太子水龙会。“在县北俞源俞姓祠内。民国初年由村人捐资组织救火团，遇有火灾，闻锣鸣即往救助，无事各安生业。所有救火器具悉备焉”。② 管中窥豹，由以上几个小细节可知其村落建设的成就和高度。

商品经济的发展带动了商业的发展。商人是新的社会力量，他们渐渐接替有过功名的旧士绅，成为乡村建设的主力。科举制度培养了士绅阶层，商业发展培养了富户阶层。他们在传统时期的中国乡村建设中做出了重要贡献。俞源村的村落建设正是这一历程的见证。③

### （四）村落格局

俞源村形态为两岔：一岔长，前贴东溪，背靠锦屏山，长约 600 米，最宽处约 170 米；另一岔短，在东溪西南岸、西溪东岸与小祠堂山之间，东西约 200 米，南北约 230

① 陈志华. 俞源村[M]. 北京：清华大学出版社，2007：53。

② 同①。

③ 俞源村最初重要的村落建设是由俞涞及其四个儿子、孙子们完成的；明末村落建设主要是由几位科甲功名人物为代表的士绅主导；清代重要的村落建设都是由村里的大富商们主导的。

米。从宣平到武义的南北大路从村子西缘经过。村子南口有单孔石拱桥，叫作利涉桥；北口有康济桥，由南而北出村过俞川。跨过东溪的桥，叫作树桥。沿东溪东北岸边有一条近3米宽的大路，由东南出村之后成小路。俞源村村落格局见图5-1。

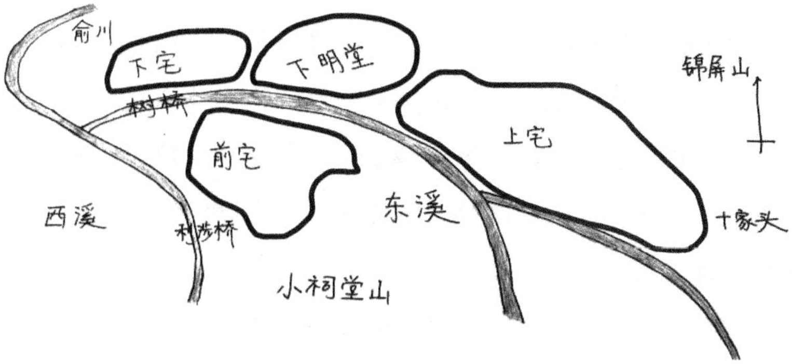


**图5-1　俞源村村落的大致格局**

（作者自绘）

**1. 团块式结构**

与江南地区的其他村落类似，俞源村也是团块式结构，以祠堂为中心，住宅围绕在本房派祠堂周围。村落分为三个大区：东溪东北岸的东南部为上宅；东溪东北岸的北部为下宅；下宅对面的东溪南岸为前宅。上宅和下宅住的村民都是俞姓人。前宅为俞姓和李姓、董姓杂居。上宅的俞姓以万春堂、裕后堂两个房分为主，下宅以声远堂、逸安堂两个房分为主①。俞氏一些小房分设堂号，杂住在上宅、下宅和前宅。李姓只有一个堂号，叫作贻燕堂。

在三个大区里，前宅是宋末俞氏初来时最早的居住地，稍晚来的李姓和董姓也住在前宅。明代末年上宅发展起来，清代初年顺治时的两次兵灾几乎毁尽了俞源村，乾隆以后又大规模重建。嘉庆、道光两朝是建设的高潮时期，主要建设在上宅和下宅。上宅最富，现存全村最大、最精美的大型宅子，而且宅子都有花园，所以建筑密度低，巷子比较宽，全用细卵石精铺地面。下宅只有声远堂一座大宅，其余都是中等住宅，建筑密度大了一些，巷子的卵石地比较粗糙。前宅早年有过大宅，年代遥远，已经被毁。清代后期，前宅的贫穷住户多，多为中小型住宅，全村的小型住宅集中在这个区。前宅建筑密度最高，巷子最狭窄曲折。② 可以说，村落的

① 声远堂因为祖屋面对六峰山，这个房分便又叫六峰堂，而逸安堂的太公出自六峰堂，所以现在下宅一片就叫六峰堂，很少有人记得下宅这个名称了。

② 陈志华. 俞源村[M]. 北京：清华大学出版社，2007：27-28。

社会分化在建筑和公共设施上表现得非常明显，也是一种形式的区隔。

**2. 水口**

宣平、武义的村落很重视水口，希望它“藏风聚气”。俞源村的“水口”有大、中、小三道，很有层次。

从北面到俞源视野开阔，转过俞川西岸的凤凰山脚，便忽然进入山谷。凤凰山和对岸的东坑口山形成了地势上的“狮象把门”。凤凰山形状团圆，如狮首，东坑口山山脊平直而向前倾斜，如象鼻。这是俞源的中水口，距村口大约700米。

大路贴凤凰山而过。凤凰山东坡山根有一座广惠观，东南山根则有一座夫人庙，夫人叫陈十四娘，是妇女和儿童的保护神。庙附近有一座徐氏节孝坊，往南100多米，便是康济桥①。桥南又有一座金氏节孝坊。两座牌坊都是石质的，四柱落地，三开间，高约7米②。从金氏牌坊往南，离村子300米，便是一片50多亩的古树林，同治乙丑年(1865年)《俞源俞氏宗谱》称这片林子为“松林”，它是俞源村的小水口。从树林到凤凰山之间，俞川转了两个大弯，大弯两侧开阔，都是肥沃的水田，应是小明堂。凤凰山之北一里多路还有一个大水口，现存一道三孔的石拱桥，叫万安桥。③

**3. 宗祠**

俞姓和李姓各有一座宗祠。俞氏宗祠在下宅的西尽端，面对东溪。李氏宗祠在前宅的北部，背临东溪。俞氏还有一座单祀五世祖俞洙的孝思庵，叫小祠堂，又有一座造于永乐年间的崇本堂，用于祀奉俞涞的四子善护。孝思庵和崇本堂早已倾圮不存。俞氏宗祠很大，而李氏的宗祠比较简朴。俞氏宗族下分以堂号为标志的房派、房分，如声远堂、逸安堂、万春堂、裕后堂、德馨堂等，不过独立性不强，都没有建房祠或支祠。但上宅、下宅、前宅的俞姓各有一处香火堂。前宅中部还有俞姓的一座老祖屋，传说年代很早，属于前宅俞姓公产。李姓不分房派，都属于贻燕堂，所以也没有分祠。董姓只有一个香火堂，香火堂中不设神主，春冬大祭时挂太公像。俞姓三座香火堂前都有一方空地，叫作龙头基，供节日擎台阁、闹龙灯用，宗祠春冬大祭后，各分房吃饭也在各自的龙头基上。上宅、下宅各以一座大宅的中厅为“公厅”，供分房中人家做红白事。前宅多为小型住宅，没有中厅，所以老

① 1940年，浙江省政府为避日寇拟迁至俞源而修建公路，康济桥被改造成了钢筋混凝土大桥。

② 牌坊在20世纪60年代被毁。

③ 陈志华.俞源村[M].北京：清华大学出版社，2007：43-44。

祖屋、香火堂供族人做白事。①

**4. 寺观、庵堂**

俞源村“天门”洞主庙以及“水口”的广惠观和夫人庙是村中最主要的建筑和公共活动场所。除此以外,俞源村附近有过一些与村子关系密切的寺观庵堂。一所叫作木四相公庙,又叫作“西公殿”,现在村民都不知它供奉什么神灵。它旁边还有一座经堂庵。经堂庵曾经用作学塾。传说山上霹雳大仙在沉香救出母亲后现形,收回沉香所借宝器的石佛冈,经堂庵又名石佛脚书堂,遗址至今还被称为书堂基。这两座庙都在20世纪50年代被拆。村东仙云山深谷里有慈姑庵,村西雪峰岩上也有一座庵。②

总之,俞源村的村落格局与它所处的自然环境之间有密切关系,村落既顺应了自然,又利用了自然,且适当地改造了自然。有些是出于现实的需要,有些是出于审美的、伦理的和文化生活的需要,有些则是风水迷信和心理安全的需要。

## (五)村落治理

中国疆域辽阔、人口众多。为了维持国家与社会的正常运转,传统时期借助一个不下县的官僚体制和县以下的宗族组织与乡里制度来实施统治。传统国家无力解决村庄层面的公共事务,而家庭这个强有力的认同和行动单位也不能提供超出家庭层面,却与农民生产、生活密切相关的公共物品。农民客观上需要一个介于国家和家庭之间的认同和行动单位,社会便创造出地方性组织和规范来满足和解决共同事务。宗族之所以要促成内部成员之间的合作是由宗族本身的性质和功能决定的。在一个宗(家)族势力强盛的村落里,族人在相互救助、修造公共设施、御外侮、维系道德等方面往往能够进行有效的合作。

俞源村不是单姓血缘村落,但是俞姓占居民的八成以上,且李姓和董姓在前宅南部也是聚族而居,所以俞源具有血缘村落的基本特点,只不过是全村的活动由俞、李、董三姓协商,合作举办罢了。三姓都有自己的宗族组织。宗族组织管理着各姓的公共事务,祭祀和修谱是头等大事,此外,还有维持伦理教化、济贫、育婴、助学、组织娱乐、举办公益性建设等。宗族拥有大量的公田:坟田的收入供维修祖先坟墓和四季祭扫;尝田的收入供春秋祭祀;儒田的收入供子弟读书和应试

① 陈志华.俞源村[M].北京:清华大学出版社,2007:28-29。

② 陈志华.俞源村[M].北京:清华大学出版社,2007:31。

各种费用；义田的收入则用于慈善和公益。① 这些公田②，大宗祠有，各分房也有。公田决不允许买卖，它类似宗族的公共基金，是维持宗族凝聚力的重要因素。③

遇到特殊情况，宗族还要组织武装力量，如元代末年俞涞举民兵、清代中叶太平军来攻时办团练。光绪二十四年(1898 年)，俞源民团就设在俞氏宗祠内，有团丁 50 名。

**1. 俞氏宗祠**

明代晚期，朝廷提倡宗族制度，允许庶民建造宗祠，俞氏宗祠才正式建造。《重修俞氏宗谱序》记载："至隆庆元年(1567 年)，始立谱系，想当时宜黄尹苏溪公(俞世美)、观政六峰公(俞大有)、代府审理雪峰公(俞昭)，人文蔚起，极一时之盛，谱牒所由兴欤，宗祠所由创欤。观门额，在隆庆六年(1572 年)，而吴郡严相国壬林堂之赠亦在嘉靖间，此尤可证者也。"④

俞祠建成不久，在清初顺治年间遭到兵燹之灾，之后于嘉庆十六年(1811 年)进行修缮，道光戊戌至庚子年(1838—1840 年)进行了重修。俞氏大宗祠初建主事的是读书进仕的人，两次重建主事的是经商致富的人，这反映了俞源村经济基础和社会力量的变化，也反映了商人在宗族中作用和地位的提高。

道光年间，修葺完成的俞氏宗祠一直留存至今。宗祠的规模很大，具有许多种功能，六合社仓、施粥厂、水龙会、敬老院、孤儿院、义塾、团练，后来的小学都曾设在跨院内，甚至在清末和民国年间还在门屋东侧跨院开过歇栈。《宣平县志》称，俞氏宗祠为"处州十县第一祠"。

俞氏大宗祠的祭祀由上宅、下宅、前宅三家轮值。轮到值年的一家在当年可收偿田租四百石，用于一切开支。主要的祭祀为清明和冬至两次，以冬祭最为隆重，要行烦琐的"三献礼"。祭毕吃馂馀，全宗族 16 岁以上的成年男丁都参加。如果尝田收入还有剩余，便在农历二月十五日和农历八月十五日再办一次小祭，仍旧要聚全族男丁吃一餐。⑤

**2. 李氏宗祠**

李氏宗祠在前宅西北部，规模比俞氏宗祠小得多。1925 年《李氏宗谱》里有一

---

① 陈志华. 俞源村[M]. 北京：清华大学出版社，2007：74。

② 公田由族人轮种，收租很低，实际就是一种济贫措施。老弱孤寡可托族人代种。

③ 据 1990 年新编《武义县志》，1950 年土地改革时，35.77%的旧武义县耕地为宗族祠堂公产。

④ 道光二十一年(1841 年)俞名彰、俞倬云合撰的《重造寝室两庑记》记载："我祠创始有宋，迄明季兵燹之遭……"俞宗焕文中说及早期宗谱毁散事，但未及早期有宗祠之建。道光辛丑年(1841 年)《俞源俞氏宗谱》"先人创建"中也提到宗祠创建于隆庆，则宋代创祠之说有误，或者创建于宋代的是一间早期形态的"寝"。

⑤ 陈志华. 俞源村[M]. 北京：清华大学出版社，2007：60。

篇《李氏祠堂碑记》写于万历癸酉年(1573年)。乾隆年间,新造了一座祠堂,规模不大。现存的李氏宗祠是光绪年间分三次建成的[①]。1925年《李氏宗谱》的"谱例条款"末条记载:"本祠东寝归丁四房、西寝归丁十九房,正寝作常(即收房),自恭字起,如愿进主于正寝者,每一牌位出银四钱归祠。春冬两祭将正寝位牌开明,祝文恭设,以彰诚敬。"

俞氏宗祠和李氏宗祠都有戏台。每年农历六月二十六日洞主老爷的生辰要在俞氏宗祠演三天四夜的社戏。俞氏宗祠演大戏,戏班多从金华、武义请来,主演徽戏,偶尔会有几次昆腔演出。光绪二年(1876年),俞源村也创办过昆曲坐唱班[②],由农民组成,每年中秋以后开锣,翌年插秧之前停锣。1924年,俞源村人把金华城内最大的昆剧团胡庆聚剧团承包了,到金华各地演出,同时或稍后,还组织了徽曲锣鼓班同乐会。1948年村民成立了春蕾越剧社。俞源村交通方便,外出经商的人多,其文化的开放性可见一斑。[③]

**3. 香火堂**

香火堂是没有建祠堂的小姓、未建房祠的大姓、大房派或未建分祠的支派祭祀本派祖先的地方。

董姓没有祠堂,在前宅买了俞姓一幢住宅堂楼上的三开间通间大厅作为香火堂,现在已经废了很久。俞姓的几个大房派祭祀本派祖先也用香火堂。上宅、下宅、前宅的俞姓房派各有一处香火堂,香火堂前有"龙头基",是节庆时玩龙灯和擎台阁的场所。

## (六)村落文化

**1. 耕读理想**

俞源村俞姓的始迁祖是松阳县儒学教谕,李姓始迁祖李彦兴的叔父是洪武年间的进士,所以其后代普遍重视读书。宗祠的儒田比较多,贫寒人家子弟要读书可以得到资助。在《俞源俞氏宗谱》中屡屡可见贫寒人家的苦孩子读了书,勤俭持家,发财致富的故事,如俞君选、俞君泰和李嵩萃。

俞源村有义塾、家塾、私塾,对子弟进行基础教育。宗族公立的书塾设在宗祠或寺观庵堂内,私家办的书塾设在宅内或宅侧的书屋里。专建的书塾有上宅的后

① 光绪三十一年(1905年)《重造祠堂记》。

② 光绪三十二年(1906年)改为永乐会昆剧锣鼓班,后又称"继承会"。

③ 陈志华.俞源村[M].北京:清华大学出版社,2007年,第61-62。

朱书屋，位置为现在的十家头；六峰书馆，位置为六峰堂左后方；李氏的培英书屋，位置在前宅中部。三座书屋都建于清代初年。此外，有些人家住宅内附建书房或私塾，如上宅“九道门”书房、下宅“声远堂”书房等。

在自然经济条件下，攀登社会阶梯的基本，甚至唯一的路径是科举进仕。尽管只有少数人实现了，但耕读传家是一种影响力极大的生活理想。

明末清初，商品经济从农村市镇发展起来，从商成为一条更为便捷的道路，部分消解了耕读理想，这一点从俞源村村民们的从业选择和价值观变化中得到体现。

**2. 日常生活**

俞源村周围有不少寺观庙宇，供奉各路“神仙”，表现出农民神谱的功利主义特色。庙宇不但是“泛神”在村落中的体现，还是人们社交、娱乐生活的重地。①

其一，广惠观，位于俞源村北面水口，是俞源村重要的公共活动场所。每年擎台阁、闹龙灯，这里都是必到的一站。广惠观初建于何时已无从知晓，《广惠观重修记》记载：“……嘉庆戊寅，诸首事募捐重建，……前有厅，后有堂，两庑有楼，丙舍寅阶，无乎不具。是观也……芸窗可以讲学，竹榻可以横经，则凤凰之山，将于鹅湖、鹿洞而并传。”

其二，洞主庙或叫作洞主殿，位于上宅东南以外100多米的龙宫山尽端，大致朝西。这是一座以“祈梦灵验”而名闻婺、括两州的庙。大殿上，沉香居于明间中央；左次间供梦神和夏禹王；左梢间供天庭中守护大门的周将军、唐将军、葛将军；右次间供财神和五谷神；右梢间则供周文王夫妇。此外，左手跨院是观音堂，正中供观音，左边文昌帝君，右边关公大帝；右手跨院是土地堂，供“土地公公”和“土地婆婆”。这些“神仙菩萨”足以涵盖农村生活的方方面面。

擎台阁由一个叫作“春彩会”的主持，下面又有专司一职的大旗会、蜈蚣旗会、铳会、纸马会、南瓜会等。各会的成员在擎台阁时分别负责举大旗、牵纸马等，南瓜会负责仪仗执事和十八般武器，制作的费用由会中公出。每个会都是在若干年前由某些先人们各出固定的田产合股成立的，股份由直系后人继承。除支付各项费用外，每年田租收入还有盈余可分。另有“消灾会”，由上宅、下宅、下明堂、前宅（俞姓）、李家、董家六家轮值做“消灾馒头”，在台阁游行时散发。这六家各有固定的田产收入，专用于做消灾馒头。

---

① 陈志华.俞源村[M].北京：清华大学出版社，2007：64。

擎台阁的游行路线是从俞氏宗祠出发，直奔洞主庙，然后回环到丛林、广惠观、前宅、李氏宗祠、下宅、上宅，在上宅解散。每到一处都进行一番表演，收红包。这六处都有一个不大的空地，叫作龙灯坛。前宅坛、下宅坛和上宅坛就在这三处俞氏香火堂前，也叫作龙头基。

龙灯也走这条路线，龙灯由祠堂组织"龙头会"主持。祠堂出一部分钱，各家捐助一部分钱。俞源的龙头田共有七亩。龙灯由板灯接连而成，木板每节长四尺，宽八寸，上置灯两盏，下有木棒柄。凡有16～35岁的成年人的人家每丁出一节，称一桥。龙头很大，要四个人抬，另有四个人持钢叉卫护。龙头分三层，挂72盏小花灯，每盏由一个竹扎糊纸的人物提着，一盏皇帝灯、一盏太后灯、一盏状元灯由祠堂专做。龙灯按顺序游行至六个龙灯坛，都要舞弄一番，扛龙头的会走花样，扛龙尾的最要有力气、有技巧。正月十四日晚上在上宅坛拆灯，正月十五日分领龙头佛，即各家将龙头上所挂的小花灯取回。

洞主老爷生日在农历六月二十六日，头天晚上祈梦，正日子起在俞氏大宗祠连演三天四夜大戏。这次庙会最热闹，四乡八村的人都来赶会。有来进香的，有来祈梦的，有来摆摊子卖货的，有看相、算卦、解梦的，挤满了东溪东北岸。庙会是俞源村人与外界最重要的联络机制之一。

擎台阁、闹龙灯、办庙会都是俞源的重要娱乐项目。求神签、圆梦在当时情况下也给乡民们以心灵的慰藉，所有这些活动的意义都是复合的，其中固然有"迷信"的成分，其实质就是集市贸易、文化娱乐、串亲访友等，它们是单调的农村生活中亮丽的色彩，具有浓重的人文性。①

这些寺观庙宇和相应的民俗文化活动寄托了乡民的感情，是乡土生活的历史见证，是乡土文化很活跃的部分。

总而言之，俞源村承担了集市和社区两种基本功能。作为集市，它可作为市场交易的集散地；作为社区，它主要承担了一种保护、保障村落成员的功能，包括村民进行必要合作，以补充家庭、家族功能的不足；对外保存村落既有的水、土资源边界，防止外来人员随意进入本村长期居住。

① 陈志华.俞源村[M].北京：清华大学出版社，2007：70-73。

## 二、集体化时期的俞源村

1949年后，俞源村先是隶属宣平县俞源乡，1956年成立俞源农业社，1958年并入武义县，隶属跃进人民公社俞源管理区，1961年建立俞源大队，隶属俞源人民公社。

俞源村是由地理优势而发展繁荣起来的，20世纪50年代，武义至宣平公路建成通车后，俞源村作为交通要道的功能下降，来往客商减少，村庄逐渐衰落。

### （一）村落经济结构调整

中华人民共和国成立后，俞源村民主要从事农业生产，没有工业，有少量的农村商业，主要是一些小商贩、小手工作坊。1956年，在农业合作化运动中，大多数商店都被关闭取消，只留下一家中医诊所兼药店和一家理发店。20世纪60年代初，在树桥头东北角造了一幢两层的灰砖楼房——供销合作社。为造这幢房子，拆去了周德兴南货店、广元兴南货店和廷谟先南货店。其他几幢小店则改作住宅。村民们失去的不仅是店铺给他们带来的便利，而且失去了公共交流的场所，生活黯然褪色了。

俞源村的农业产业既以种植业为主，种植业又以粮食作物为主。林、牧、渔、副业（当时的副业是指大农业以外的所有产业）的占比都很小（表5-1），历史形成的"农业＝种植业＝粮食"的单一农村产业结构基本上没有变化。

表5-1　1978年及以前部分农、林、牧、副、渔业的产值情况

| 年份 | 总产值/元 | 农业(种植)/元 | 占比/% | 林业/元 | 畜牧业/元 | 副业/元 | 渔业/元 |
|---|---|---|---|---|---|---|---|
| 1960 | 83 265 | 78 622 | 94.4 | 4 179 | 464 | 0 | 0 |
| 1965 | 108 139 | 97 863 | 90.5 | 8 953 | 1 323 | 0 | 0 |
| 1975 | 225 145 | 155 588 | 69.1 | 20 075 | 6 316 | 43 156 | 10 |
| 1978 | 284 714 | 194 641 | 68.4 | 28 862 | 7 638 | 37 511 | 62 |

数据来源：武义县俞源村农村经济年报表（内部资料）。

20世纪70年代中后期，中央对农村经济政策进行了一些调整，突破了单一种植业结构，农业（种植业）以外的林业、畜牧业、渔业受到了重视，并允许农村在一定条件下发展副业。因此，这一时期俞源村的林业、畜牧业和副业都得到了一定

程度的发展，特别是副业发展较快，1975 年副业在总产值中的占比达到 19.2%。总体来看，在村落产业结构中，农业（种植业）一直处于绝对主导地位，林、牧、副、渔所占的比例较低，只是作为农业的必要补充而存在。

## （二）村落政治结构重构

早期俞源村一直是由村落中有名望的乡绅（主要是俞氏族长和李氏族长）来治理的，政府对乡村的管理一方面通过乡绅的文化网络来开展①，另一方面则用家国同构的框架使家族治村与行政治村处于有机的联系和结合之中。这种联系和结合与家族在宋代以后的重建有直接关联。自宋代重建以后，家族组织就有了很大的弹性，族长一般实行族人推举制。这样，同族的官僚地主和乡绅逐渐成为家族核心，并且控制了家族组织。随着家族制度的发展，他们不仅主持家族祭典，对族人有奖惩之权，还行使清理督责赋税、组织族人自卫等权力。在保甲制施行时，保长所负责的管（清查户口、受理诉讼）、教（进行宣传）、养（摊派各种捐税）、卫（组织民团）等几项主要任务。治村乡绅往往与地方行政体系有千丝万缕的联系，也努力将这种事实上的家族管理体制主动转换成法定的受地方行政认可的体制。②

1949 年之后，俞源村的家族组织解体了，外来的行政体系越来越有力地渗入村庄，深刻地影响着村民们的生活。作为家族象征的俞氏祠堂被改为村小学，家族的祭祀活动也终止了，村民们不再进祠堂。

1950 年土地改革工作队进村，村内设立了农协会，相继成立了儿童团、民兵队和妇女会，村内一切事务交由新的村政权来处理和裁决。1953 年之后，俞源村的行政变革跟着全国的节奏，与同时代的其他村落一起，共同经历了当时的各种政治变革。在这一段较为漫长的变革进程中，血缘家族权威逐渐被新的行政权威所取代。

外来行政体系楔入村落的第一步是土地改革工作组进村。俞源村的土地改革、分田、镇反、除霸以及组织互助组、发展合作社、尼姑还俗、妇女识字等工作都是在土地改革工作组的帮助下完成的。在开展这些工作的同时，土地改革工作组还帮助村里成立了以贫苦农民为主体的农协会。贫下中农获得了前所未有的重视和地位，原本的富户和大地主成了边缘群体。农协会在一段时间内成为村里的权力组织，并取代家族治村，将对村庄事务的处理和裁决第一次直接置于上级行

① 杜赞奇. 文化、权力与国家：1900—1942 年的华北农村[M]. 王福明，译. 南京：江苏人民出版社，2010。
② 折晓叶. 村庄的再造：一个超级村庄的变迁[M]. 北京：商务印书馆，2020：249-250。

政的监督和指导之下，村里人也不再用家族的法规作为一切行动的准则和裁决的唯一依据。妇女的问题由新成立的妇女会处理，不再受缚于旧的家法家规。

外来行政体系楔入村落的第二步是集体化。从政治上看，集体化的过程正是行政关系在乡村社会渗透、扎根和深化的过程。在俞源村，从土地改革开始到实行互助合作，虽然工作组作为外来行政力量从中组织和推动，但相当一部分村民的积极性和高涨的热情在村落内部给予了积极的支持和回应。之后随着集体化进程的加快，村民们的热情减退，而来自外部的推动则越来越强烈，合作化范围不断扩大，最终将村落从组织到人员，从生产到日常生活，全都置于行政网络的监督和制约之下。这一时期集体制的目的不仅在于改变小农传统的生产生活方式，还在于通过农业集体化走向现代化。

外来行政体系楔入村落的第三步是党支部建在村里。在集体化时期，国家和地方行政体系并没有正式延伸到村落，村落始终不是国家行政的一级政权单位，但是占主导地位的意识形态、政策和行政指令却可以“直入”村庄，其中党支部建在村上就是一个最重要的制度保障。作为权威和主导的意识形态的党组织系统对村落的影响和作用是不可低估的。①

### （三）村落文化的改造

中华人民共和国成立后，村落不再是建立在血缘与地缘基础上的村民的生活共同体，而是新构建的国家共同体的基层细胞单位。从此，村落社会的文化和政治紧紧联系在一起，具有明显的政治化倾向。

1958年，城乡分立的二元户籍制度建立，农民被固定在土地上。随着城市与乡村差距的日渐拉大，城市成为“洋气”“现代”等的代名词，而乡村成为“土气”“有待改造”等的代名词。

更为严重的是，城市比乡村好、乡村文化“落后”的观念不断被农民所认同和内化，以至在改革开放后，村民们一旦获得自由流动的机会，便纷纷毅然决然地离开村落，奔赴城市。

---

① 折晓叶. 村庄的再造：一个超级村庄的变迁[M]. 北京：商务印书馆，2020：251-254。

## 三、市场化时期的俞源村

改革开放后，党和政府的工作重心转移到经济建设上，农村经济得到了迅速发展[①]，家庭联产承包责任制调动了农民生产的积极性，生产力得到快速提高。1984 年，取消人民公社的集体经营体制，建立村集体与农户的双层经营体制。

1985—1999 年，以市场化为导向的农村改革全面展开，同时基于解决 1984 年开始出现的农民粮食丰收而由流通体制不畅所产生的农民“卖粮难”问题，中央开始改革农产品统购制度，渐次取消粮食由国家统购统销的制度，最终于 20 世纪 90 年代实现粮食流通市场化。该项改革最重大的影响是最终赋予农户根据市场需求自主决定经营的权利，农户基本获得完整的市场经营者地位。

随着国家渐次加大政策力度推动农业生产商品化、企业化等，村落的农业结构、农产品结构、农民就业结构和收入结构都随之发生了重大变化，农户逐步被导向大市场。同时，由于单个农户市场能力弱、农产品市场竞争力不足等问题，农民在市场经济中持续扩大收益的愿望受阻。[②]

20 世纪 90 年代末，特别是以 2001 年中央实施农村“六小工程”为起点，国家开始趋向从资金扶持、技术支持、加强服务、改善农村基础设施与公共供给、提高农民人力资本、理顺农产品市场链等各方面来“武装农民进市场”。与国家的农村改革相同步，这一时期的俞源村在政治、经济、文化等方面也发生了较大改变。

### （一）村落经济结构调整

改革开放后，国家和地方政府与村落社会的关系发生了很大变化，国家放权给村落和农民。由于各村面临的初始发展条件不同、村情各异，这些条件决定了

---

① 直到 1978 年年底中国共产党第十一届中央委员会第三次全体会议召开前，“中国 11 亿人口中仍有 8 亿多农民长年搞饭吃，而国家每年仍需进口大批粮食和棉花弥补缺口。农业人口平均每人的全年收入只有 70 多元，有近 1/4 的生产队社员的全年收入在 50 元以下，平均每个生产大队的集体积累还不到 1 万元，有的地方甚至不能维持简单再生产。”详见《中共中央关于加快农业发展若干问题的决议》//《21 世纪乡镇工作全书》编委会．21 世纪乡镇工作全书[M]．北京：中国农业出版社，1999：832。

② 统计呈现农民收入增长的阶段变化情况是 1978—1985 年为超常规增长阶段，人均纯收入年均增长 15.2%；1986—1991 年为低速增长阶段，人均纯收入年均增长 2.7%，其中 1989 年为负增长（－1.6%）；1992—1996 年为常规增长阶段，年均增长 5.6%；1997—2000 年为持续下降阶段，农民收入增长率连续四年下滑，实际增幅分别为 4.6%、4.3%、3.8%、2%；2001—2006 年为恢复性增长阶段，年均增长 4.2%。详见宋洪远．中国农村改革三十年[M]．北京：中国农业出版社，2008：351-352。

它们各自有不同的发展路径，不同的收入分配、职业结构、权威体系和意识形态。① 在该背景下，村落各显其能，在外部形态、发展模式、组织构造、贫富程度等方面呈现多样性。

村落不只是一个个家族的聚居地和依靠土地生产和谋生的单位，还是一种新的社会经济结构。在区域发展竞赛中，村落之间急剧分化，村落与村落的差别又成为农村基层社会分化的基本内容。在这一时期，俞源村没有激发自己的内源发展动力，没有依靠自己的力量完成非农化进程，于是，与其他村落，甚至是周边原来不如自己的村落拉开了差距。

这一时期，俞源村产业结构主要有几方面的调整：一是 1982 年、1993 年和 2001 年分别引进水稻优质高产新品种，提高了水稻单产量，俞源村在人均耕地不到一亩的条件下实现了粮食自给。二是 1998 年面对国家宏观经济形势的变化，减少水稻种植面积，大力发展经济作物种植，主要发展油菜、茶叶、食用菌、高山蔬菜、花卉等，提高农民收入。三是在 20 世纪 80 年代中后期发展了一些小型工业，如两个小型水电站、一家玩具厂（由于经营不善，2001 年已关闭）、一家榨油厂，它们的规模都较小。四是从 1998 年开始发展旅游业，第三产业开始发展。

至 1998 年年初，沿宣武大道和东溪东北岸有百货兼肉菜副食店 15 家、裁缝店 3 家、理发店 5 家、饭馆 2 家、小电器小机械修理店 1 家、供销合作社 1 家，此外，铁匠铺 1 家、木材加工厂 1 家、粮食加工厂 1 家、茶籽榨油厂 1 家，总计 34 家商店和农副产品加工厂，外加 1 家中医药店，另有 8 家在巷子里。除供销社拆掉的三座老店铺外，银妹客栈被医疗站占用，德茂裕南货店改成了理发店，恒源南货店和济生堂、广生堂两家药店都仍然作为住宅而没有恢复。

商业的恢复不仅重新便利了村民的日用生活，而且增加了村民的公共生活场所。店铺位于路边，买东西的村民来来往往，店主人为进货常常进城，或者去主宅，所以店铺也是各种新闻消息汇集的地方，无一例外地都成了村民的休闲场所。

自 20 世纪 80 年代末期，俞源村就有村民开始外出务工，之后越来越多的青壮年劳动力从农业转向非农业，从农村走向城市。由于个人能力不同、行业收入差距及社会资本不同等，村民群体内部分化加剧。原来大家都从事农业，收入差不多，都不富裕，现在村民之间差别非常大。虽是一个村庄的村民，但已是不同的收入阶层。

---

① 阎肖峰.新时期中国农民独特的分化道路[J].中国农村观察，1991(5)：22-31。

## （二）村落政治结构转型

1980 年，广西河池地区的宜山、罗城两县的农村在生产大队、生产队组织日益涣散的情况下，为满足村庄治安管理的需要，农民们自发组建了新的组织——“村组会”“议事会”“村管会”“治安领导小组”等。这类后来统称为村民委员会的组织的最初职能是协助政府维持社会治安，后来逐步扩大为对村庄的政治、经济、社会生活的很多事务进行管理。对于国家而言，这个基层的自发创新具有节约基层管理成本、有效管理村庄的优点，很快就受到国家的重视和肯定。1982 年 12 月，第五届全国人民代表大会第五次会议通过的《中华人民共和国宪法》第一百一十一条规定，村委会是群众性自治组织，主任、副主任和委员由村民选举产生。村民委员会的地位得到宪法保护。1987 年《中华人民共和国村民委员会组织法（试行）》颁布，除个别省份外，全国农村绝大多数地区都设立了村民委员会。在村民自治制度下，村落（行政村）合法地成为基层自治的单元，或者成为国家在农村的治理单元。村级组织一方面是政府基层组织，治理着传统村落；另一方面又有自治性和民间性，反映并代表了村民们的态度和意志。

1987—1998 年，村民选举、村民议事、村务公开、村规民约等各项制度逐步完善，村民自治走向规范化和制度化。这个时期在实践上也遇到了一些难题。在俞源村，随着村中越来越多的青壮劳动力外出打工，村落作为社区经济共同体的意义渐渐变得模糊。在政治上，村落在自治过程中也面临权力复杂化的问题，特别是乡政与村治的关系问题、村落内部党支部与村委会的关系问题、村级组织与村内其他组织的关系问题，等等。

自 1999 年以来，在村庄治理方面，中央除继续突出基层党组织对村落的核心领导外，比前一时期更为关注如何落实村民自治制度，以提高制度的成效。民主治理在 2006 年出版的《中国新农村建设方略》中更是被列为最重要的内容之一。国家和村落在治理上渐渐有了趋向共同治理的可能性，谋求村落善治。

俞源村的村级组织主要是“村三委”，即村党支部委员会、村民委员会和村务监督委员会[①]。在俞源村，日常事务基本由村两委商议决定，当遇到涉及财务数额较大或比较重要的事务时，村务监督委员会列席会议。当有时遇到重大村务，“村

---

① 2004 年 6 月，在当地政府的推动下，武义县后陈村率先通过村民选举的方式成立了村务监督委员会，在村财务监督小组的基础上实行起新的村务监督委员会制度，受到社会各界的广泛关注。其后，村务监督委员会制度在武义全县铺开。

三委”不能做出决定时，还要召开村民代表会议，共同决策村庄大事。“村三委”和村民代表会议共同构成了俞源村村级管理组织的基本架构，也决定了俞源村落治理的基本形态。

最初俞源村由于集体经济较为薄弱，集体经济收入也很少，大部分青壮年劳动力外出务工，村庄治理几乎无人关心。但是自从 2005 年村民投票选出了一个村庄“能人”作为村民委员会主任后，2007 年年初，在全体村民的共同期待下，武义县俞源旅游开发有限责任公司的所有权、经营权正式收归村里[①]。所有俞源村人都觉得只要能把村落旅游搞上去，那么俞源村就会成为下一个诸葛村，俞源村的发达指日可待。因此，关注俞源村发展、关注俞源村治理状况的村民越来越多，村民参与村落事务的积极性也越来越高。在某种程度上，俞源的乡村治理开始呈现一些发达村庄才有的形态。

## （三）村落文化更新

### 1. 城市化、城镇化的影响

自 20 世纪 90 年代末以来，国家先后开启了城镇化战略、新型城镇化战略。实践中，关于它的响亮口号有：依靠城市化解决“三农”问题、“市长要做城建市长”“把城市做大做强”；关于它的魅力文化的表达则有：“城市，让生活更美好”以及“让农民过上城里人的生活”。

城市目标和城市“崇拜”一方面使越来越多的农村劳动力离开乡村，奔赴城市；另一方面使农村人一切向城市看齐，城市的就是好的、值得学习的，农村的文化、消费、价值观等都向城市靠拢。

### 2. “乡土”文化变成了“离土”文化

改革开放后，土地不再是维持生计的最主要手段，进城务工才是。农民“离土”的发生打破了长久以来固着在土地上的乡村生活，社会流动的加快使村民逐

---

① 1998—2007 年，俞源旅游开发基本可分为三个阶段：第一阶段为 1998—2002 年，当时俞源村基本不具备依靠自身开发旅游的能力，由于县乡政府也看好俞源旅游资源，因此根据当时三方的共同协商，武义县决定在俞源设置旅游区，俞源乡、俞源村和县旅游局按照 5∶4∶1 分成，经营工作具体由乡政府主管。第二阶段为 2002—2005 年，2002 年按照政企分开的原则，武义县主要领导认为由政府部门搞经营不合适，于是县旅游局退出，由乡、村组建俞源旅游开发有限责任公司，仍由乡政府主管，乡、村按照 6∶4 分成，但是经营一直不理想。为改善旅游，乡政府专门成立了旅游办，财务手续由乡党委书记把关，但由于景区没有建设，旅游仍然不见起色。经过几年的运转，俞源旅游不但没有赢利，反而欠下了 320 万元贷款，村民意见开始增多。第三阶段为 2005—2007 年，为发展俞源旅游，乡、村两级围绕旅游问题展开了很多讨论。最后经过村庄和村民的努力，俞源旅游开发有限责任公司的所有权和经营权于 2007 年 1 月 1 日回归俞源村，俞源村走上了独立开发旅游的新阶段，作为集体经济，具体的旅游开发工作由村两委主要是村民委员会承担，村委会主任任俞源旅游开发有限责任公司总经理。

渐失去了与土地的固有联系。与此同时，以土地为中心的生活方式被削弱，原有的与土地相关的农业生产、生活节奏相配套的节庆仪式趋于式微，一些乡村文化、风俗习惯被赋予负面的价值判断，村民与土地的互动逐渐减少。尤其是青年群体对农村的“轻视”与对城市的追求削弱了其作为农业生产中坚力量的作用，也影响了地方农民文化的未来发展根基。在一定程度上，“离土”不仅改变了村民赖以生存的资本，使村民的生存根基处于“有土无地”的状态，并且在工业化的冲击下难以维持农村家庭的基本开销，农村劳动力向城市大批地流入，村落社区变得缺乏活力。①

**3. 乡村文化的内聚作用**

乡村文化具有社会内聚的功用，虽然每个人可能在社会中感受不到文化的实际存在，但文化因子就像空气一般弥漫在实际的社会生活中，每时每刻都在发挥着它潜在的效力。

长期生活在特定环境中的个人会形成特定的生活方式，并衍生一定的文化观念及表达方式。当原有文化受到异质文化的冲击和挑战，以致不能应对时，人们便会重新进行生存选择，并对自己所属的文化体系进行自觉反省，改造和更新原有社会秩序，从而建立新的社会秩序。②

对于转型期的乡村文化而言，村民们对生存方式、生计模式的重新选择以及对自己所属的文化体系的反省不断地改造和更新着既有的乡村文化，乡村文化也在动态的村落社会生活中得到重新形塑。文化作为村落范围内村民所共享的精神产品，其具有促进村落社会内聚的功能。2012 年，俞源村被列入第一批中国传统村落名录的村落名单，村民们进一步认识到村落文化的“价值”，对俞源村的未来更加期待。

**4. 旅游对村落文化的形塑**

自 2007 年将俞源旅游开发有限责任公司的所有权、经营权收归村里之后，俞源村的旅游发展就进入快速增长阶段。2021 年俞源村的门票是 30 元，虽然与诸葛村 100 元的门票相比低很多，但对于村落而言，一年的门票收入已是一笔不菲的集体经济收入，倘若再加上游客的吃、住、玩、娱乐等消费，旅游综合收入会相当不错。

---

① 赵旭东，孙笑非．中国乡村文化的再生产：基于一种文化转型观念的再思考[J]．南京农业大学学报(社会科学版)，2017，17(1)：119-127，148。

② 同①。

旅游作为村落新的经济增长点，深刻地形塑着村落文化。

第一，旅游发展及其带来的综合效益使村民收入大为提升，村民们认识到传统村落文化的经济价值和社会价值，增强了村民的文化自豪感和对村落的认同感，目前已有不少外出村民返乡创业。

第二，旅游的发展推动了部分传统村落文化的恢复，通过舞台化、商品化等呈现方式，传统村落文化以一种全新的形式获得了游客和村民的关注，而这为几乎要消逝的村落文化的传承提供了新的动力。

第三，旅游的发展使具有封闭性的村落文化变得开放和灵活，而它在现阶段所呈现的诸多改观一方面是村落文化在现代化冲击下自我调适、寻求突破与更新的结果；另一方面是村落文化与市民文化、乡土文化与庙堂文化等在诸多场域中碰撞的结果。

第四，旅游发展使村落文化一步步走向商品化。村落文化的旅游开发不是为了回归传统村落文化的原初意义和价值，而是为了最大限度地实现其经济价值，满足游客的好奇心理。这种商品化的价值取向在一定程度上贬损了村落文化原有的历史价值与社会意义，造成了“文化商品”与传统村落文化内涵相互脱离的尴尬局面。在不少地方，我们经常会看到“文化搭台、经济唱戏”的宣传口号，文化变成了“搭台”的架子，目的是带动和发展村落经济。对于急切盼望着发展旅游、提升经济收入的俞源村村民而言，我们无法对他们说文化比经济重要；对于在现代化浪潮中被形塑、被改造的村落文化而言，我们无法自信地说文化比经济重要。从流动的角度看，村落文化比我们想象的要有生命力得多，我们虽不乐观，但不应该悲观，因此，相信在不远的将来，俞源村村落文化会以全新的形式实现自我更新。

## 四、乡村振兴背景下的村落发展

由于乡村资源的贫乏，在面对市场化和城市化时，其相对弱势地位非常突出。自 21 世纪初开始，国家取消农业税以及采取新农村建设等诸多举措切实减少了对村落的资源提取，同时大规模供给乡村各项公共建设事业所需的物质资源。①

2004 年浙江省就开始了“乡村康庄工程”建设。①俞源村对通村公路进行了

① 刘伟. 国家建构视角下的村落转型[N]. 中国社会科学报，2010-10-25(6)。

扩建，改为沥青路，村庄内主要通道也由原来的泥石路改为水泥路。②对村内的卫生环境进行了全面整治，推行“三清三改”（清垃圾、清污泥、清路障，改水、改厕、改路），对贯穿全村的两条溪流进行了清污，组织专人负责垃圾处理和环境卫生管理，迅速改善了村容村貌和农民生活环境。③结合“千万农民饮水”工程，俞源村对修建于20世纪80年代的村民饮水工程进行了扩建维修，全村用上了卫生安全的自来水。④村内的道路、电视、网络通信等基础设施基本到位，村内的商业服务业和运输业有了一定的发展。⑤2007年，俞源旅游开发有限责任公司的所有权、经营权收归村里，2012年俞源村被列入第一批中国传统村落名录的村落名单，各级政府配套建设资金进入村里，俞源村在发展理念上变得越来越开放，在社会结构和互动网络上也变得越来越广阔。

2017年10月，习近平总书记在党的十九大报告中提出了乡村振兴战略，为今后的农村工作指明了方向，重新定义了城乡的融合发展关系，这为村落发展带来了新的机遇。在国家掌握丰厚资源并积极帮助村落发展的背景下[①]，如何基于自身特点的快速发展是摆在俞源村面前的一道考题。

国家可以采取帮助村民重建共同体的方式来指导村民。一般来说，现代民族往往根据国家对权力和社会对公共物品的双重需求来梳理，以便更加清晰地了解社会，实现高效治理。在不同的历史背景下，受人力、财力、物力以及实际效果的影响，国家可能会采取不同的方式或策略来梳理社会（包括农村社会）。在乡村振兴背景下，国家扮演着积极有为的角色，为村落社会的良性发展提供必要的公共服务或秩序保障。与此同时，重建村落共同体，提高村民对村落事务参与的积极性。在这个新型的共同体中，宗族、血缘、道义、行政等多种因素融为一体，村落因

① 自2020年开始，俞源乡以生态本底、文化底蕴、古村旅游为依托，以“宜居、宜游、宜养”为目标定位，以统筹谋划建设工作全局、对标五美共建美丽城镇、全员参与共创美好生活为工作主旨，扎实做好“美丽”和“美好”两篇“文章”，全力推动俞源乡全域旅游发展，争创美丽城镇市级样板。俞源村作为中国传统村落和历史文化名村，有着丰厚的历史人文资源与良好的生态环境资源，在开发过程中，俞源乡坚持把保护传承历史文脉融入区块改造提升，彰显文化底蕴。合理开发利用，充分挖掘历史乡土文化和人文资源，盘活地方特色传统文化，根据俞源村山水格局及村落功能布局特色，形成田园风光导引区、入口形象展示区、星象古乡探秘区三大风貌区，精心打造“高颜值、有品位、忆乡愁”的美丽城镇。同时，推动建立政府主导、社会参与的多层次创建体系，吸引省级非遗传承人王舍安回乡建设非遗体验馆，并与团县委合作吸引青年创客人驻俞源，打造六峰堂青年文创中心。全域旅游的又好又快发展，要以便利的基础设施为依托。为实现便民利民的生产、生活环境，俞源乡今年常态化开展“五水共治”“垃圾分类”“三改一拆”等工作。据不完全统计，共改造公共卫生间11个，清理卫生死角1 230处，各类垃圾1 500余吨；新建停车场1处，停车位50余个，完成宋黄线农村道路提升改造10.3公里，全力打造一路一风景、一站多服务的美丽交通线。同时，俞源乡开展全域土地整治，下杨村建设用地复垦10公顷，规划新增耕地面积10公顷。新建公园绿地2 500余平方米，建成区人均公园绿地面积6平方米以上，实现500米服务半径全覆盖；新建休闲绿道1 000余米，镇域每万人拥有绿道长度6公里。此外，俞源乡通过完善旅游步道照明系统，全域推进“亮化工程”，同时引入酒吧、创意集市、餐饮小吃店等现代夜间经济业态，给予游客更丰富的消费选择；通过整合境内旅游资源，通过休闲游、研学游、采摘游等“旅游+”，做活了产业，增加了人气，形成新的旅游增长点。

其自身的功能而使传统的要素具有强有力的韧性，为村民的现代性发育提供新的庇护。

在社会转型期的俞源村，本身也在经历着村落的转型。国家、市场、外出的乡贤群体等这些来自不同领域的力量，以各自的逻辑与需要形塑着转型期的村落。在这个“大熔炉”中，村落是怎样呈现自身的？其未来发展将会何去何从？就俞源村来说，一方面它在众多力量的交互影响下呈现新的发展态势，村落传统文化的某些方面受到冲击而变得支离破碎；另一方面吸收各种外来元素为“村”所用，并焕发新的生命力。

# 第六章　社会结构、村民行动与村落转型
## ——屿北村经济社会转型与发展路径研究

耕为本务，读可荣身

——屿北村对联

屿北村，位于楠溪江上游的永嘉县岩坦镇，始建于唐代，周边群山重叠，形似莲花瓣，楠溪江流域仅有的一条护寨河绕村一周。全村占地面积 2.8 平方公里，673 户，1 786 人，是楠溪江流域保存最完整的古村落之一。

《汪氏及徐氏宗谱》记载，屿北村原为徐氏聚居地。南宋时，吏部尚书汪应辰及其弟汪应龙为避秦桧奸党迫害，"一薰一莸，香履抵温"。因见永嘉孤田(今岩坦)一带青山叠嶂，绿水环绕，土地肥沃，兵燹远离，遂从江西玉山迁来隐居于此，迄今已历三十五世，其族本固枝荣，俊士代出。这个小小的村庄先后出过 1 名状元、8 名进士、10 名贡生和庠生以及 20 多名团(县)级以上干部。

屿北村规划严整，布局合理。环村有 9 座寨门、2 道寨墙、4 条护寨河和 7 座大小桥梁。村内过去有 7 座宗祠，其中尤以始建于南宋淳熙十三年(1186 年)的尚书祠(汪氏大宗祠)最为著名，还有 30 多座古宅、40 余座四合院大屋，每座院子都有一个典雅的"堂"名。每个"堂"又都是一个与百姓生活息息相关的作坊。整个村落犹如陶渊明笔下的世外桃源。屿北村还有徐氏先祖"荷花坟"、汪氏"老太坟"、风水岗、中共温州独立支部创始人谢文锦从事革命工作的娴存堂、中共瓯北中心县委旧址钟寿堂、屿北武装起义纪念亭等。

本章力图回答的问题是：社会结构和村民行动是怎样影响村落转型的？从村落社会结构的视角来看，自传统时期到农村集体化时期再到市场化改革时期，不同历史阶段下的屿北村的政治结构、经济结构、文化结构和社会结构有哪些不同？

从“国家-社会”的视角看，不同阶段呈现出什么样的结构模式？村民在不同历史阶段的主体性有哪些表现？

## 一、“国家-社会”关系理论

“国家-社会”关系理论起源于西方。在西方，随着工业革命和资本主义兴起，城市中逐渐形成了市民社会。市民在工业化的过程中形成了完全不同于传统乡村、庄园的生产和生活方式以及建立在其上的社会关系。[①] 这种新的经济和社会关系与民族国家政权建设的浪潮相呼应，形成了民族国家与市民社会二元的社会结构。[②]

“国家-社会”关系理论构成了西方社会学和政治学主流的理论范式。经典理论家大多将国家和社会视为对立统一的关系。在此后的理论发展中，学者将整合能力强的国家称为“强国家”，反之称为“弱国家”；将可以对抗国家权力的市民社会称为“强社会”，反之则称为“弱社会”。“国家中心论”强调“强国家-弱社会”模式，以黑格尔等为代表，认为国家高于市民社会，国家是社会存在的前提和发展的关键；国家可摆脱社会控制，独立制定政策。“社会中心论”强调“弱国家-强社会”模式，以洛克、托克维尔等为代表，强调国家是社会的威胁，国家权力会“侵犯”市民社会，信奉自由主义，反对政府干预。[③] 近几十年来，西方的发展困境使学者们重新审视“国家-社会”关系，找回国家学派并提出国家自主性，认为国家追求的目标不仅反映社会利益，还可以独立于社会而制定政策。[④] 新自由主义学派强调重新构建政府和社会的关系，实现“强国家-强社会”的新模式。[⑤] 米格代尔认为必须平衡看待国家和社会在发展中的作用，把国家看作社会发展的一部分，通过两者合作来实现国家自主性和社会控制的共同发展。[⑥]

自 20 世纪 90 年代以来，“国家-社会”分析框架被引入中国，从理论上说，国家

---

① 周飞舟. 从脱贫攻坚到乡村振兴：迈向“家国一体”的国家与农民关系[J]. 社会学研究，2021(6)：1-22。

② 张静. 国家政权建设与乡村自治单位：问题与回顾[J]. 开放时代，2001(9)：5-13。

③ 孙强强，李华胤. 乡村弹性化治理：一个概念性框架及其三重维度——基于“国家-社会”关系历史演进的考量[J]. 南京农业大学学报(社会科学版)，2021(1)：42-51。

④ 彼得·埃文斯，迪特里希·鲁施迈耶，西达·斯考克波. 找回国家[M]. 方力维，莫宜端，黄琪轩，等译. 北京：生活·读书·新知三联书店，2009：10。

⑤ 孙强强，李华胤. 乡村弹性化治理：一个概念性框架及其三重维度——基于“国家-社会”关系历史演进的考量[J]. 南京农业大学学报(社会科学版)，2021(1)：42-51。

⑥ 米格代尔. 强社会与弱国家：第三世界的国家社会关系及国家能力[M]. 张长东，朱海雷，隋春波，等译. 南京：凤凰出版传媒集团/江苏人民出版社，2009：10。

代表了统合性力量，社会代表了自主性力量，两者的关系可以分为以下 4 种类型："强国家-强社会"模式、"强国家-弱社会"模式、"弱国家-弱社会"模式、"弱国家-强社会"模式。"强国家"指具有强大整合能力，能有效动员社会、汲取资源并进行价值性分配，能够提供高质量的公共服务和社会保障；"强社会"是指社会有足够的能力，表现为公共生活相对丰富，民间力量在经济、社会、文化等领域，具有较强的自主性、自立性和自助性。

从这个角度来说，传统时期的屿北村是一种"弱国家-强社会"的结构模式；集体化时期的屿北村，是一种"强国家-弱社会"的结构模式；市场化初期的屿北村，是一种新型"强国家-弱社会"结构模式；新时代以来，屿北村意图构建一种"强国家-强社会"模式的发展。乡村振兴背景下，国家在农村发展过程中不断摸索和尝试合理的"强国家"作用定位，也取得了相当的成效，屿北村的问题在于工业化、城镇化带来的村落空心化，村里只剩下老人，因此对于屿北村的未来而言，如何在数字化时代，利用线上平台，整合好村内资源和村外资源，完成"弱社会"向"强社会"的转变是亟待解决的关键问题。

## 二、早期的屿北村：宗族社会

### （一）千年屿北：楠溪耕读村

#### 1. 宗族记忆：始迁祖徐氏

屿北村始建于唐代。为了躲避连年不断的战乱，祖籍为福建长溪（今福建霞浦）葛洪山的徐雷、徐泽兄弟来到浙江婺州（今金华）鸡笼山，并在唐天福六年（941 年）再迁屿北安居，开基立业，繁衍后代，徐氏一族渐旺。北宋徽宗崇宁三年（1104 年）屿北瘟疫大作，死者甚多，居民纷纷外迁，徐雷七世孙迪功郎迁居高山（今鲤溪乡叶坑），徐公羲徙居山藻（今黄南乡），徐公仪则居枫林双溪头，任教于黄氏家塾，徐氏家族人口锐减，家道渐渐衰落。此时，枫林柯氏家族富甲楠溪，声名显赫。宋徽宗崇宁五年（1106 年），在柯家举办的赏花会上，徐公仪以一首《咏牡丹》受到柯氏族长赏识而被招为女婿。他定居枫林后尽展才华，兼收并蓄各家优秀文化和传统，从此奠定枫林古镇 900 年的文化根基。

#### 2. 徐汪更替

据《江山大陈宗谱》，汪氏乃周武王弟弟周公旦之子鲁公伯禽之后。东汉献帝建安二年(197年),中原大乱,龙骧将军汪文和为会稽令,因官渡江举家迁徙江南,遂为江南汪氏之祖。至隋唐,汪文和十三世孙汪华在平定隋末地方割据,保歙、宣、杭、婺、睦、饶六州功大,封越国公。

汪氏一族原居于江西玉山,汪华的第三十七世孙汪应辰为南宋高宗绍兴五年(1135年)状元,官至吏部尚书。时值宋室南渡,金兵发动,秦桧求和,其弟奉议大夫汪应龙"上疏极言(其奸),不应,遂引疾匿名不仕,挈侄孙茶司干季和徙菰田之汪山根居焉,此诚南溪汪氏之祖也。"[①]位于大山深处的菰田(今屿北村附近)不仅景色优美、土地肥沃,而且周围群山掩映,几乎与外界隔绝。适逢当时战乱频发,于是应辰、应龙就举家"一薰一莸,香履抵温,寻至永嘉岩坦菰田"潜隐于屿北坳外的后棠湾,成为屿北汪氏第一世始祖。此后,汪氏后裔则不断迁居屿北,成为屿北大姓望族。延祐七年(1320年),"奉议之孙平阳州尹彪之子千一祖……州尹公次子千六祖之孙茂八,赘屿北徐中四公之女"[②],迁居至现屿北村所在地。

汪应辰之子汪逵,宋乾道八年(1172年)黄定榜进士出身,长期在官场任要职,1212年官拜礼部尚书,屿北汪氏"父子两尚书,一门三进士"(汪应龙与汪逵及汪逵长子季良都为进士),成为宋代楠溪江流域显赫的耕读世家。

汪逵长子汪季良英年早逝,次子季和"授泗州提茶干,无子",汪应辰一系结束,所以现屿北各房派皆为汪应龙后裔。在漫长的历史中,虽有个别姓氏和当地世居者因亲戚朋友的关系杂居其间,但都无繁衍和发展,屿北成为汪氏单姓的血缘村落。

## (二)村落空间结构

### 1. 村落选址

在古代,人们经常将文化寓于日常的生产生活中,特别是在居住地的选择上,这个特性在屿北村得到了充分的体现。汪氏族人把依附自然、把握自然、与自然"天人合一"的思想都投射在村落地址的选择上。与中国早期农耕时代的村落一样,汪氏先祖选择定居屿北的出发点是利于农业生产和日常生活,主要涉及对水、地、山等自然要素的考量,其基本原则是趋利避害。

首先,选择一个理想的地方"安营扎寨"要保证有足够的可耕地。土地多寡不

① 徐崇统,高远,徐逸龙. 千年屿北[M]. 杭州:浙江大学出版社,2006:8。
② 徐崇统,高远,徐逸龙. 千年屿北[M]. 杭州:浙江大学出版社,2006:9。

仅关系到人们的贫富，更会直接影响宗族的兴衰。屿北村“坦坦平夷，泗泽交流，滔滔不绝”，这样的地理条件显然是最理想的，于是汪氏先祖在此定居。

其次，村落选址考虑了安全问题，以防止洪水和其他自然灾害对村落自然环境造成影响。史料记载，楠溪江中游的豫章、西岙两村都遭遇洪灾，损失惨重，甚至“片瓦不留”，因此地势较高的地方一直是建村的首选。位于盆地最高点的地理位置是屿北村免受洪水冲击的重要原因。此外，独坑与后坑两条溪流在此交汇，环绕村庄，经过历代整治清淤，清浅的溪流已没有了水害的威胁，反而成为村民日常生活的水源。汪氏先祖因避难而南迁，一路上饱经离乱，因而更加重视村落社会环境的安全。雁荡山、括苍山与发源于浙闽边境的瓯江将楠溪江流域包围其中，整个区域是一种较为封闭的格局。除此之外，屿北村外，阳山、昔山、屿山、金山、尚山成为天然城郭，村子西边波涛汹涌的江水使西南的山道成为村民进出村子的唯一选择。站在山道旁的屿山上可以看到岩坦、东岱一带的情况，自然天成的闭塞环境使屿北易守难攻。

最后，村落选址当时还考虑了环境的问题。屿北村周围环绕着形态各异的山峰，其分布位置契合了《易经》阴阳五行相生相克的观点。东方属木，村东有金山，山上有成片树林；南方属火，村南有屿山，和金山相对立如“火”字的两点，“火”字的两撇是由村中的两条大路构成的；西方属金，村西尚山高耸；北方属水，村中有后坑、独坑两条小溪；中方属土，村落居于中间，五行相生相克，阴阳消长平衡，形成了让人在物质上与心理上都能获得满足的生活空间。

**2. 村落空间布局**

在中国传统的血缘村落中，宗族组织是一个类似政权的行政力量，因此村落的布局结构在一定程度上也反映了宗族本身的结构。建村初期，村落的规模、布局都会有一定的规划，定居之后，先祖们会根据当地的自然条件和社会情况修正建设和开发的构思。汪氏先祖来到楠溪江后，发现这片区域内村落众多且彼此间没有明显的界限，出于对族人安全的考虑以及抱族而居的习俗，在村子周围修筑了一圈寨墙。寨墙全长约为 2 000 米，大致呈正方形，东西较长，西北较窄，自下而上有明显收分。这圈寨墙在地平线上清晰地标记了宗族的边界，给族人以地域归属感，提升了血缘聚落的内聚力。

寨墙里面就是屿北村的中心街，它依次连接着北门街、下街路、北门路、四门路等街道。这些道路与房前屋后的小巷相连，形成密集的路网，路网外围是一条环形道路，紧邻寨墙，通过寨门与村外道路相连。环村道路的内侧分布着汪氏族人的 6 座宗祠，祠堂的内侧就是普通民居。宋朝盛行房屋取堂名，屿北一共有 19

座有堂名的民居，这种情况在整个楠溪江实为罕见。这些雅致的堂名也足以看出当时屿北浓厚的耕读氛围，如位于村中心的旷怡堂的堂名就出自范仲淹的《岳阳楼记》，表达了堂主希望居于其中，后人能心旷神怡的美好愿望。

因此，整个屿北村是一个由民居核、祠堂圈、环村道路、寨墙构成的近似同心圆的结构。这样的空间结构又具有"莲花出水"式的象征性表达：整个村落是莲心，村中的民居和祠堂正如一颗颗莲子。村外的水田、池塘和群山形成了这朵莲花的花瓣，它们的位置恰好呈现花瓣的不同形态，有的含苞待放，有的已经完全开放。整个村庄由内到外，从建筑到自然都各有所指。这样的莲形布局不仅契合了古人心中"好风水"的要求，而且寄托了汪氏先祖对后代"出官则清正，出仕则清高"的美好希冀。

**3. 祠堂的时空分布**

宗祠是一个血缘村落的标志物，既传达了村落情感，又象征了宗族文化精神。传统的血缘村落在经过几个世代的繁衍生息，形成稳定的宗族后，开始建立宗祠。随着子孙的繁衍，原来的宗祠已经不能满足它最初的功能。随着族人们的分房立派，房祠逐渐成为各房的标志物，原来的宗祠就升级成为大宗祠。在一般情况下，房派成员都以房祠为中心聚集在一起，形成房支的居住团块，以大宗祠为全村的最高核心。

虽然大宗祠是村落"核心"，但并不一定在村子中央。屿北村的大宗祠是位于村落东南的尚书祠，因应辰公与其子逵公皆为吏部尚书，所以以"世尚书"标榜其祠。大宗祠是始祖汪应辰兄弟神位安置之所，占地面积为 3 199 平方米，轴线对称分布，全祠连外障屏并敕门共五进。内建两廊，中院有戏台，戏台前有石砌月街。"世尚书"匾额悬于第四进堂上，第五进为敦睦祠，堂内明间为神龛所在，上有汪氏祖先的画像和牌位。

大宗祠既是村落的公共中心，又是宗族的礼制中心，两者的结合反映了宗族文化对屿北村落的重要意义。大宗祠之外的房祠通常分布在该房族人附近，各房对自己的房祠进行管理，大家互不干涉。此外，作为宗族的标志物，祠堂的大小与本族的发展状况息息相关。以村西南的六分祠堂为例，六分是屿北汪氏宗族一个相对兴旺的分支，族中读书人、富裕者较多，因此该祠堂在各分支祠堂中规模最大，保存也最完整。

## （三）村落政治结构

自宋朝以来，宗族成为以血缘和地缘关系联结成的传统社会的基本单位。在这个小的"社会"中，宗族领袖——族长能够在有限的条件下作为政府与村民间的"桥梁"，主导村落的各项活动。宗族组织是村落的实际管理机构，族长是具体的管理执行人。

**1. 族长的产生**

族长由族人推选产生，推选标准随着村落的发展也在不断发生变化。早期的推选标准主要是年龄，即各房中年龄最大者为族长，为体现公平，还出现过诸房轮流处理族务的情况；中期的推选标准为公信力和辈分，在这个阶段，族长的辈分不一定是最高的，但属于中上层，有公信、为人正直；后期的推选标准除具有公信力外，还应具备一定的经济基础和文化素养。

族长之外，各房还会推举由2～3人组成的"宗族领导班子"，成员一般来自各房解决纠纷能力较强的族人，他们可以和族长共同商讨宗族事务。族长的行为也受"宗族领导班子"成员的监督，如果违犯族规，会被罢免族长职务。

**2. 族长的主要职能**①

（1）主持祭祀，代先祖立言、行事　一般在重大时节会举行祭祀，此时族长一般会对族人进行思想教育，依据就是本族的族规和家训。

（2）纠纷调解　族人有家务纠纷一般先由族长进行调解处理。若问题未能解决，由族长集合族内其他执事人员在宗祠共同商议，做出最终的处理意见。对违反族规的成员，轻之罚没钱粮，重之杖罚。

（3）催索赋役　宗族成员要自觉完成政府规定的义务，如完粮纳税、应役出差等，族长要在规定期限内完成课税、差役任务。

（4）总管全族日常事务　如主持婚丧嫁娶、分家立嗣、财产继承、族学膏火等事务。族人过继的契约、买卖典当等契据都需要族长签字画押。

（5）处理与外族间的纠纷　族长是宗族的代表，当本族与其他宗族产生矛盾纠纷时，就必须发挥他作为"外交官"的作用。因为山林范围广泛，照管不便，汪氏族人因为山林利益与外村或外族纠纷不断，汪氏族长就要代表全族人与对方谈判。

---

① 姚周辉，何华湘．宗族村落文化的范本：温州永嘉岩头金氏宗族村落文化研究[M]．杭州：杭州出版社，2011：82-84。

## （四）村落经济结构

### 1. 生产关系

经济结构是人们在社会生产过程中形成的与特定生产力相适应的生产关系的总和，生产资料的所有制是最重要的基础。土地作为农耕时代最重要的生产资料，它的产权问题在屿北村有一个非常形象的描述①，村里三官爷庙的木梁上写着“闲存堂众乐助基地正租额贰斗正，汪致中乐助基地皮租贰斗正”。“正租”就是土地所有者收取的地租，皮租是指土地使用者拥有佃权而收取的地租，这种佃权可以出卖和转让。屿北村的一部分田地属于汪氏各房支的族产，各房、各堂是实际上的土地所有权者和控制人，他们再将田地转佃给本房族人耕种，向族人收取第一地租，即正租。本房族人再转佃给其他人耕种，向佃农收取第二道地租，形成“一田二主”现象。这里正租和皮租的数量是二斗谷子，按照当年农作物的产量以一定的比例制定。在传统宗族社会中，“多产多收，少产少收”是族人普遍遵循的惯例，毕竟本家兄弟姐妹不可能受严格的契约约束。这件事从侧面反映了传统时期屿北村的土地地权、田租关系和血缘社会在土地经济方面的特征。

### 2. 产业结构

（1）传统的农业生产　早在秦汉时期，温州就有种植水稻的历史；北宋时期，永嘉县已经出现双季间作稻；明弘治年间，温州沿海地区的腴田沃壤已经达到一年三熟。位于楠溪江中上游的屿北村一带，土地肥沃、气候温和，除传统的粮食作物稻米、小麦、玉米外，还盛产甘蔗、薏米、花生、板栗等经济作物，一首《山货装满楠溪船》的民歌形象地描述了当时屿北一带村民在丰收时的喜悦心情。

“正月里来是新春，楠溪山底山货丰；二月里来农事闲，楠溪嫩笋名特产；三月里来雨纷纷，楠溪春耕闹盈盈；四月里来桃李熟，船运桃李到温州；五月里来是端阳，楠溪杨梅名声扬；六月里来荷花开，楠溪西瓜格外甜；七月里来花生收，楠溪花生到温州；八月里来秋转凉，楠溪板栗已登场；九月里来九重阳，楠溪薏米脱谷忙；十月里来立冬天，楠溪甘蔗长又甜；十一月里雪花飞，楠溪柏子着白衣；十二月里近年关，楠溪芋艿味道鲜。”

（2）家庭手工业　在传统的农耕社会中，商品化、专业化的生产水平较低，农业只能满足吃饱穿暖的基本需求，日常生活所需的产品都要自己生产。最直接的

① 宋绍杭，赵淑红，郃惠鑫. 屿北：楠溪耕读村 状元归隐地[M]. 杭州：浙江大学出版社，2010：48。

例子是屿北村村民几乎每家都可以完成从种棉、纺纱、织布、印染到缝制的棉纺织手工业的全过程。但当时的家庭手工业只是为了满足自身的生活需求，尚未进入社会化大生产的体系。

明清时期，家庭手工业开始规模化发展，屿北村一直以来就有酿酒、织布、榨油、做素面的传统，因此村里形成了以家庭为单位的团块式的专业生产布局。它们通常以村中有堂名的民居为核心，这一区域内所有村民生产相同的农产品，如以茂秀堂为中心的村民酿酒，乐德堂周边村民织布，毓秀堂周围有好几座榨油坊，阳春堂主要制作素面。由于交通不便，生产出来的产品除留够村民自身生活外，主要销往附近的村庄。在这段时间，处于中心位置的屿北村还成为周边村庄的农产品集散地。

(3)竹木贸易、油桐种植业及榨油业的发展　屿北村拥有非常丰富的山林资源，谢灵运从此经过时写过一首描写斤竹岭密林幽涧的诗，而斤竹岭就在现在的屿北附近地区。汪氏家族的山林里生长着樟、松、柏、桂、黄杨和油桐等各种木材。自晋代起，随着温州沿海、内河水上运输的发展，打造船舶用的木材，尤其是樟木的需求量大增，楠溪江附近的村民纷纷进山砍伐林木，销售竹木所得成为屿北村村民的主要经济收入之一。

另外，以桐油为原材料的制伞业发展直接刺激了油桐种植和乡村榨油坊的发展。历史记载，由温州口岸出口的纸伞数量，1877 年为 0.12 万把，1907 年剧增至 55.15 万把。这一链条原材料端的油桐种植和榨油业深受经济形势的影响，规模一度达到顶峰。

明清时期，受“海禁”政策影响，造船业停滞，其直接影响了油桐种植业和榨油业，纸伞的生产数量和出口数量也急剧减少，商品经济发展停滞不前。

## （五）村落社会结构

以血缘为纽带的中国传统社会，村落内部社会结构的基础是由血缘及其所形成的家庭共同构建的，血缘关系的特殊性意味着由此产生的地缘关系具有封闭性的特征。在这个封闭的环境中，人们的生产、生活、社会交往根本无法脱离这个由“两缘”关系构建的错综复杂的社会关系网，这样的关系网是以血缘为纽带的宗族村落最明显的结构特征。

### 1. 血缘关系

中国传统社会的血缘关系主要是指以父系血缘为主线向外延伸，逐渐形成了家门近亲圈、房族远亲圈、氏族圈的圈层结构。

(1)家门近亲圈　一般三代左右是家庭的第一层亲密圈,称之为家门。因为关系近,所以家门亲戚间的凝聚力和归属感最强,在人情往来、经济互助和社会活动方面,互相帮助、互通有无。在屿北村,有修葺房屋、经济互助、调解纠纷、红白喜事等大事时,家门圈的亲戚是首先依赖的对象。

(2)房族远亲圈　上溯三代以上的房族,亲属之间的来往就比家门亲戚少了许多,大多是点头之交。房族平常很少聚在一起,只是在建房、修祠、老辈去世或婚嫁时送些礼金或捐款。礼金厚薄相当于普通邻居,彼此见面仍要按辈分用称谓招呼亲属。根据房族内人数的多少,屿北村逐渐形成了以汪氏六房、四房为主的房族远亲圈。

(3)氏族圈　最远的血缘关系就是汪姓的氏族圈,村里姓汪的都是亲戚,能够根据名字和族谱分出长幼辈分。超出房族外的亲属关系是理不清的,连"同姓不通婚"的规矩也不那么严格遵守,只要不是本房亲属都可以结亲,从而形成了名义上的汪氏亲属。

**2. 地缘关系**

传统社会时期,地缘与血缘间有着千丝万缕的关系,在这样的关系下通常会形成一种较为稳定的社会状态。在屿北村,父系血缘关系相对集中,以母系血缘关系为基础形成的母舅等亲戚关系的范围日渐扩大。血缘关系和地缘关系的不完全重合反映了农业社会中血缘家族的扩张。有限的生产力水平和空间资源使一个血缘村落在经过数代人开拓和利用后必然从内向的精耕细作向外面的区域扩展或外出谋生方向发展。屿北村周围的岩坦、闪坑、岩门村等地区有一定数量的汪氏族人居住,呈现出血缘关系在空间上的不断扩张和分裂。

汪氏家族的地域扩张多是通过婚姻关系来实现的,如花坦乡霞山村汪氏是屿北村汪氏族人分支中的最大一支,子孙已繁衍3 000多人。

总体来讲,屿北村娶赘大多来源于楠溪江上游的大姓家族,通过复杂的家族发展和交错的血缘关系将这些古村落交织在一起,形成地缘共同体和相互牵连的宗族网。

### (六)村落文化结构

传统村落是村落文化的重要载体。村落文化的形成离不开村民的日常生活和乡村的生产实际。封建社会由经、史、子、集开启传统文化的启蒙。随着文化内容的丰富，其又演变为行为活动、物质实体等各种文化仪式，两者构成整个传统社会的文化框架。

**1. 耕读文化**

楠溪江流域位于永嘉县内，本身就具有深厚的文化底蕴，后来以晋室南渡和宋室南渡为代表的人口大迁移又带来了一大批优秀的文人志士以及先进的黄河流域文化。在如此浓厚的文化氛围中，屿北村培育了楠溪江流域最具特色的耕读文化。

耕读文化就是古人在自然与山水间亦耕亦读的生活状态，通常会表现在生活的方方面面，这一点在屿北村村落的空间布局上得到了充分的体现。"莲花出水"式的空间布局、独具特色的建筑单体、意境深远的山水空间等都表现为"耕者"坦诚、率真、淳厚的胸怀和"读者"崇尚淡泊自然、潇洒脱俗的价值取向。恬静自然的耕读生活正是影响屿北村，乃至整个楠溪江流域人居环境和乡土建筑风格至关重要的因素。

**2. 重视教育和启蒙**

汪氏一族本身就是以耕读为传统的世家，到了汪应辰一代，因其十八岁高中状元，辉煌更甚。暮年的汪应辰兄弟俩在饱经离乱之苦，千里颠簸后到屿北村隐居。虽然他们选择了"退则独善其身"的生活，但并没有忘记"达则兼济天下"的抱负，十分关心族人的学习，不但自己设帐授徒，而且运用他们的影响力，大兴办学之风。

屿北村最早的"蒙馆"设在新垣汪家的"三进九明堂"，一位教师连续教学四代，让家中每个儿童都受到启蒙，所用教材先为《蒙求》《教子》《三字经》等，后用《论语》《孟子》等国学经典。

在过去，大多数人没有机会进入学校得到教化，私塾就成为教育人格的主要场所，因此孩子入"蒙馆"是一件很隆重的大事，入学时的规矩和礼貌必不可少，须经过拜师、拜圣、学福等过程，方能正式入学①。在启蒙阶段结束后，孩子就可以进入童生馆学习，有一定的文化基础后便入县学，参加科举考试。"县试"及格者称"生员"，即秀才，这样就形成了科举时代从蒙馆、书院起步的完整的初级教育。

为了鼓励族中子弟继续学习，科举入仕，汪氏一族专门设置义学田，为义学提供经费。村中一共有义学田 300 亩，都是旱涝保收、土壤肥沃的腴田，按考上科举

---

① 徐崇统，高远，徐逸龙．千年屿北[M]．杭州：浙江大学出版社，2006：50-53。

的等级分配良田若干亩并终身享有。

在严格的家族管理和浓厚的读书氛围中，汪氏后裔陆续通过科举考试登甲及第，共出了1名状元、8名进士、10名贡生。大量贫寒出身的学子通过自身的不懈努力走入朝堂，实现了光耀门楣的梦想。

**3. 民间活动**

屿北村民间的信仰以祖先崇拜为核心，包含了广大群众的思想观念和实际需求，虽是“俗文化”，却与士大夫、文人雅士创造的“雅文化”有着千丝万缕的联系。历史上屿北村的民间信仰十分盛行，主要体现在以下两个方面。

(1)敬畏祖先，庙宇林立　屿北村有大大小小近十座庙宇，规模较大的有屿北宫、昭福寺、尖坑底宫、关爷庙、陈五侯王庙等几座，还有双樟庵庙、元坛爷庙等较小的庙宇。庙宇中供奉的各种各样的屿北村祖先，地方色彩极为浓郁。除供奉“土地爷”“门神”“三官大帝”“关公”等外，还祭祀在楠溪江流域普遍供奉的陈十四、陈五侯王等颇有地方特色的祖先。

(2)民间活动频繁，组织有序　屿北村最具规模的民间活动是农历元宵节后的舞龙，家家户户都参与，男女老少都参与，企盼来年五谷丰登，六畜兴旺。当遇到干旱、暴雨、台风等自然灾害时，村民祈求减轻灾害，保佑百姓，进行舞云等“祭神”活动。各类民间活动在单一血缘村庄中被组织得井然有序。宗族可决定民间大小活动的筹办事宜，由专人负责，以保证活动的顺利进行。

### (七)“弱国家-强社会”的结构

虽然传统时期的屿北村远离城镇，但并非一直只是一个以血缘为纽带的民间社会共同体。从其建村开始，官方力量就一直试图通过行政途径进入村落内部，但有限的能力和精力使其只能通过户籍制度等实现对村庄的管理。为了将乡村纳入正式的社会体系，官方不得不借助里甲、保甲等基层“代理”组织，这样的行政管理在加强村落共同体实力的同时，与汪氏宗族一起促进了屿北村权力双重结构的快速形成。在通常情况下，这种双重结构是互补或互相支持的，这样村落共同体就有了存在的保障。

但是国家与村落之间的双重结构关系并不是一成不变的。明朝时期，民间普修宗祠，宗族文化成为官方支持的制度文化；乾隆后期，政府又给予宗族组织、宗族文化更大的认可，屿北村的六座祠堂都建于乾隆年间；晚清时期，这种情况开始发生转变，统治者疲于应对各方矛盾，无法实现对四亿人口的有效控制，所以只能选择推进既不考虑村庄之间的联系，又不考虑财富或身份地位的里丁制（后又演变为保甲制）。官方的目的是用这种制度来牵制原本的宗族组织，但是它低估了宗族组织在传统血缘村落中的特殊地位。即使是上级政策进入像屿北村一样偏远的山村，也得不到有效的执行。其根源在于无论选择的标准是什么，最终推选的代理人仍然是宗族的首领，根本无法牵制宗族组织。

从屿北村的发展历程来看，无论官方采取何种手段对农村进行“改造”，都没有完成对基层社会的有效整合，“只停留在机构建制和身份委任的表面，而未能达到管制与治理的深度”①。村落社会治理和日常运转基本靠宗族权力和宗族组织，族人们从出生到老去，他们的衣食住行等事情都由宗族全权负责，因此在这个小社会中，宗族权力近似于现在的基层自治权。屿北村作为单姓的血缘共同体，宗族的最高办事机构在祠堂，祠堂也是供奉祖先的地方，又是族人的归属感和向心力的象征。

因此，在传统时期，宗族和宗祠与村民日常生活的关系十分密切，而“国家”距离村民比较远。从国家-社会关系视角来看，屿北村是一种“弱国家-强社会”的结构模式。

## 三、集体化运动下村落的第一次转型

屿北村自先祖迁居至此，汪氏一族便在此扎根繁衍，然而，重重山峦并没有把屿北村与中国的大环境完全阻隔。外部宏观环境的变化和传统社会的变迁在这里引起反响，屿北村的变化说到底就是中国社会变革的一个缩影。新中国成立之初的一系列农村集体化运动开启了屿北村的第一次转型之路。

### （一）屿北村的第一次转型

自近代以来，中国社会发生了巨大变迁。在这个过程中，国家建构不可避免。在这一背景下，农村集体化运动应运而生。在多个时期，国家都对以政权下移的方式实现重构社会基础进行了多种尝试，但唯有中国共产党领导的集体化运动是成功的。1949 年以后，国家政权建设对屿北村村落的影响大致可划分为三个阶段。

---

① 张静．基层政权：乡村制度诸问题[M]．杭州：浙江人民出版社，2000：31。

第一阶段是新中国成立初期。土地改革建立了超家族体制的组织原则，血缘家族权威向行政权威转变。在这个过程中，屿北村参与分配调整的土地等其他财产资源十分有限，村民的生产生活水平也并未因此而得到大幅度提升。最大的收获就是通过行政组织的方式在村内进行了一场利益平均化的调整运动，让村民有了平均平等的意识。

第二阶段是1951—1957年。由最开始的互助组逐渐演变成初级社，最终形成高级社，建立了土地的社会主义集体所有制，这种有益的探索更是村落内部集体行动的基础。由于农业合作化运动的特性，大部分农民脱离家庭处于跨家庭的集体组织。从互助组到高级社既完成了土地和其他主要生产资料产权关系的转变，又实现了农村经营方式的改变，即让农户从原来"单打独斗"式的分散劳动转变为集体劳作，这在一定程度上实现了传统村落关系的初级改造。但是这一系列自上而下的合作化行动都是由永嘉县委、县政府依据中央指示推进的，村民在这个过程中的自主性是比较欠缺的，更多的是被动地接受这个合作化过程。

第三阶段是人民公社时期。1958年永嘉县改岩坦乡为人民公社，屿北村属于岩坦人民公社屿北大队。人民公社的组织结构与旧式村庄的宗族行动结构差异极大，依此构建的是以队为基础、三级所有、能衔接国家权力和村落社会体制的组织结构，这为后来进行的一连串大型活动在农村迅速落地打下了坚实的基础。

### （二）村落政治结构重建

从整体看来，新中国成立以后，国家在农村进行的土地改革和集体化运动等一系列改革，实现了其直接管理村庄的目的。人民公社体制的推行反映了当时通过政权下乡，国家与农村之间形成了一种新型的关系结构。

新中国成立以后，吸取以前缺乏稳固的基层政权的教训，国家通过征粮反霸运动，废除了保甲制，建构了乡级基层政权。这个时期，与屿北村一样的乡村基本单位实际构成了国家政权的末梢，呈现与传统时期截然不同的结构特征。

#### 1. 宗族组织的衰落

政权体系的下延，《中华人民共和国婚姻法》等一系列法律法规的制定和实施从官方层面削弱了宗族制度。同时，国家强力推行的一系列制度改革动摇了传统宗族制度的根基。传统的宗族制度走向崩溃，以族长为代表的宗族权威消失。

土地改革时期，一方面，国家运用法律力量没收了家族活动的寺庙、祠堂、族田等财产，这些财产在传统时期主要是用于祭祀、补贴孤寡、宗族义塾等，以达到"收族"的目的。在土地改革的大力推行中,原本用来"收族"的工具遭到了破坏,原本的宗族经济消失,族人之间的关系也没有以前紧密。另一方面,通过划成分、组织农会等方式,土地改革动员工作队向农民进行阶级教育,传统时期的宗族领导人被当众批评教育。官方的一系列行为使阶级认同成为农民价值观的唯一认知。

在这样的时代背景下,屿北村汪氏也不得不进行传统文化的改造,自此宗族权力在村落中的绝对权威彻底被改变,宗族活动被严令禁止,宗族组织、机构被瓦解,宗族权威失去发挥作用的依托,走向了衰亡的命运。

**2. 系统的党组织领导**

人民公社时期,中国共产党是农村工作的核心,其基层组织由人民公社的党委会、大队的党支部、生产队的党小组三级构成,并实现垂直管理,党支部向党委负责,党小组向党支部负责,党的领导通过人民公社内各级党组织一直延伸到乡村最基层。

**3. 严密的行政控制**

与党组织的设置相对应,还形成了包括公社管理委员会、生产大队、生产小队的三级行政管理系统。在这个系统中,公社管理委员会代表政府行使行政权力,负责公社内的财政、商贸、治安、纠纷调解等工作;生产大队是农民和政府的"中介",通过生产小队发挥自身作用;生产小队是整个系统的基础,是由周边自然村落联合组成的,可以进行共同生产、独立核算的基层组织。

总之,通过党组织和三级行政管理系统,权力、意识和文化能有形地楔入乡村社会,极大地消解了原来的宗族意识和宗族权力,将农民整合到一种新的政治结构中。

## (三)村落经济结构转型

**1. 农村集体经济建立**

农耕经济"靠天吃饭"的特性使农民在自然灾害频发的时代苦不堪言,再加上封建赋税、徭役,在封建社会常出现"富者良田阡陌而贫者无田耕种"的两极分化现象。中华人民共和国成立后,土地改革废除了封建土地所有制,逐步建立起农村土地的社会主义集体所有制,千百年来农民"耕者有田"的梦想成为现实,不仅拥有了自己的土地,还翻身成为具有独立经济身份的平等个体,彻底解放了农村生产力。1951 年,在中国共产党领导下,将小农经济改造为以生产资料公有制为基础的农业合作经济模式,极大地激发了农民的生产热情。1950—1952 年,永嘉县的农业总产值达 1.24 亿元,年递增 5.72%,农业人口年递增 11.87%,人均耕地年递增2.85%，虽然没有当时屿北村的准确数据资料，但县域经济的增幅足以证明集体经济制度下的农村生产力得到了大幅度提升，村庄的整体发展进入了新的阶段。

**2. 粮食分配成为村民收入的主要来源**

永嘉地区的农业生产结构向来以种植业为主，林、牧、渔占比较小，产业结构的单一性决定了合作化时期的农民收入主要依靠合作社分配的粮食。1953年浙江省颁布第一个五年计划，提出农副业均衡发展的方针。在该政策的影响下，1957年永嘉县农业总产值增长了90%，其他种植业、畜牧业、林业、渔业等也有较大增长，其中种植业的占比稍有下降，其他农业的占比上升，以利于调节农民的收入分配结构。

## （四）村落社会结构分化

中国的社会结构、国家结构、治理机制与文化形态的"差序格局"正在向"平权格局"转变①。随着划乡、镇反、土地改革等活动的完成，整个农村社会结构发生了新的分化：家庭结构改变、阶层结构被改变。

**1. 家庭结构改变**

(1)传统家庭结构瓦解　一直以来，屿北村是一个因汪氏血缘关系聚族而居的村落共同体，村庄内部在长期的社会交往中形成了能够自主发展、自我循环的较为稳定的社会结构。家庭是村落社会的基本细胞，一直是基本的经济生产单位。集体化运动转变了以往经济生产的组织方式、劳动生产工具和生产过程分配的形式，形成了以合作社、生产小组为基础的生产单位，加之《中华人民共和国婚姻法》在农村的贯彻落实，极大地改变了村庄的家庭组织模式。传统大家庭模式被削弱，部分"五世同堂""九代同居"的封建社会重叠的直系大家庭形式消失，亲兄弟婚后仍生活在一起的联合大家庭在屿北村已经削减至三五户。

(2)主干家庭兴起　《汪氏族谱》和相关资料记载，20世纪40年代，屿北村有120多户，近800人，平均每户6.6人；1960年前后，总人口约为1 200人，210多户，平均每户5.7人，20年间每户的家庭人口基本维持在6人左右。在土地改革期间，大量家庭分家分户使户数增加而规模减小，另外，传统大家庭分散以后基本形成了

① 朱新山. 从差序格局到平权格局：近代以来中国社会转型的历史趋势分析[J]. 毛泽东邓小平理论研究，2017(4)：69-74，108。

祖父母、父母和未婚子女三代同堂的主干家庭模式，子女成家之后便分家独立，也增加了户数，自此较为稳定的新型家庭人口结构模式开始形成。

此外，随着家庭结构发生改变，其职能也发生了重要的变化。从合作化运动结束到20世纪80年代，家庭不再是经济生产组织，而是主要承担生活组织的功能，从此集体成员成为村落内社会成员的主要角色。

**2. 阶层结构被改变**

随着农村集体化运动的进行，农村社会中的传统阶层结构发生剧烈的变化。尤其是土地改革时期，以占有土地等生产资料多寡为标准来划分贫农、雇农、中农、富农、地主，农村阶层关系发生了根本性的变化。

首先，依据《中华人民共和国土地改革法》的总方针：贫雇农是依靠的对象，中农是团结的对象，中农的政治地位明显低于贫雇农，又明显高于地主和富农阶层。富农在政治上处于被孤立、被限制的地位，经济上虽呈下降趋势却仍然保留了较好的生活水平。地主阶层消失，其多余财产被征收，在政治上属于“革命”的对象。总之，这两个阶层在新生政权中的地位迅速下降。

其次，过去被边缘化的贫雇农成为农村社会结构中的新的重要阶层，具有鲜明的时代特征。一方面，传统的乡村精英阶层一般是由拥有较多财产，受过较好教育，具有一定威望的宗族族长、乡绅组成。土地改革后的社会阶层主要是按照经济地位和政治态度来划分的。另一方面，传统时期族长、乡绅等进行基层治理时需要一定的国家政权支持，但他们在乡村社会中的权威主要来源于宗族影响等传统力量。新的社会阶层中的精英阶层主要依靠对国家忠诚和群众信任而获得支持，凭借其话语权来建立自己的权威。

### （五）村落文化结构更新

中华人民共和国成立后，中国传统的血缘共同体被打破，开启了塑造新人、移风易俗的新体制。① 其基本内容包括：首先，重新处理集体和个人的关系，既不以个体为基本单位，又不以血缘家族为基础，而是建立了以“人民”概念为核心的一个共同体。其次，彻底颠覆传统的社会地位结构，原来在最边缘的群体成为主体。最后，新体制不仅在德治的内容上与传统德治有着本质的不同，而且在治理的技术上与传统德治有着极大的不同。传统德治是针对士大夫的，靠君子的自我修

① 应星. 村庄审判史中的道德与政治：1951—1976年中国西南一个山村的故事[M]. 北京：知识产权出版社，2009：78。

行，而新体制要普及给所有的人民，它贯穿了一整套“塑造新人”的治理技术。[①] 在这种新体制下，村落文化得以更新，主要表现在如下几个方面。

第一，平均主义深入人心。土地改革后，中国农村的平等意识深入人心。平均主义固然是中国农民的一大精神传统，但这种平均主义以往在农民文化中并不占据主流地位。土地改革使小农的平均主义思想被改造为人民的平等精神，而且使这种精神具有了合法性，并在农民的心里占据了真正的主流位置。

第二，彼此的比照成为日常。对中国传统村庄而言，由于流动性极低，个人的生产和日常生活完全被束缚在一个没有陌生人的世界。如果一个村庄的农民之间的关系不是亲密，至少也是紧密的。在村落世界中，几乎完全没有私生活，农民彼此的熟悉度很高，相互的比照也就很普遍。人民公社与传统村庄的不同在于它把农民之间的这种彼此“比照”从自发状态变成了自觉状态。

第三，斗争精神和革命意识被强化。通过斗争获得平等，通过革命获得解放，在某种程度上，农民的头脑里被灌输了这些观念。

### （六）“强国家-弱社会”结构

总而言之，中华人民共和国成立后，国家开展了一系列农村改革活动，完成了由旧转新的社会转型。这个过程是由国家发起、领导的社会重建工作，真正实现了国家权力在屿北村村落的有效延伸，主要表现在以下几个方面。

第一，组建了以村党组织和村行政为核心的村一级组织结构。村组织的建立意味着村落内部的社会结构和社会秩序得到了重组，这种重组在一定程度上影响了村民的社会关系、人际关系、活动方式、村落意识等。在这个变动的基础上，一些想以宗族或家庭为核心分解村落共同体的活动会受到抵制，例如，这一时期屿北村的宗祠聚祭之风迅速废弛，汪氏的尚书祠被改造成生产队队部，祠堂正中的匾额上如今还依稀可以看到印在上面的全村的生产工分记录表。

第二，村落开始成为国家在乡村进行地权调整、利益调节和收入再分配的基础单位。集体化运动不仅使村落之间的地域边界日渐明晰，还实现了村域与利益分配的密切联系。在这种情况下，是否为屿北村人就不单单是一个地域问题，还意味着人均拥有多少耕地等各种利益问题，村落作为利益共同体的地位得到大幅度提升。

---

① 应星. 中国社会[M]. 北京：中国人民大学出版社，2015：46。

第三,村落有了新的经济基础。在这个方面,合作社产生的影响最为重大,国家通过村、社组织完成了初级社、高级社的建构,不仅拥有了村落内部生产资料的支配权,更进一步消解了家庭支配农产品的经济基础。这意味着强力组建的具有正式社会组织形式和功能的村社组织开始有了村落共同体最核心的经济基础。屿北村与周边其他村落也因受惠于国家返销政策从而解决了村民的最低粮食需求。

这一时期,原来社会结构中的中间层或民间精英层(如宗族、士绅)完全消失了,国家与民众之间的互动几乎是面对面的,国家-社会关系也转变为"强国家-弱社会"模式。国家-社会关系的结构性变化导致了行政性社会整合对血缘社会整合的取代,行政管理代替了宗族管理。在这种模式中,国家力量以前所未有的深度和广度渗透于基层社会生活。

## 四、市场化背景下村落的第二次转型

改革开放掀开了农村社会变革的新篇章,工业化与城市化的快速发展将大山深处的屿北村一步步推进现代化的浪潮。从经营体制到收入分配关系再到最终的农村综合改革,国家在农村进行的一连串的社会改革推动了村落经济的大转型,也开启了屿北村的第二次转型。

### (一)屿北村的第二次转型

屿北村位于山区,地形较为崎岖,适宜发展二、三产业的面积较小,极低的收入使传统农业成为弱势产业,农民不再对农业抱有较高期望,纷纷选择走出这片世代厮守的土地,外出从事工商经贸活动或进入乡镇企业做工,1990 年 47.2%的屿北村村民选择去往外地。大量村民的外流让屿北这个千年古村变得愈加"死气沉沉",如何解决土地抛荒、村落空心化、人际关系淡漠等问题一直是屿北村村干部的心病。21 世纪初,楠溪江流域秀美的风景和其特色的耕读文化吸引了大量的学者游客,旅游业的兴起让村干部看到了屿北村发展的新希望。

屿北村拥有发展乡村旅游的绝佳条件:世外桃源般的景观资源和特色鲜明的古民居。得益于完备的保护措施,村里完整保存了 45 座四合院,其中 11 处被列为浙江省文物保护单位。无论是数量,还是古村落风貌保存方面,它们都是楠溪江流域少有的。"中国历史文化名村""中国景观村落""中国传统村落""中国最美古村落”等多张国家级名片也让屿北村成为官方认证的旅游胜地。屿北村旅游业的发展主要分为两个阶段。

**1. 旅游业发展的第一个阶段**

2003—2010年是屿北村旅游业发展的第一个阶段。这个时期的乡村旅游经营模式十分单一，以观光游为主，行程时间短且不收门票，村庄的收入来源只有游客餐饮和村民售卖自家生产的农产品，如番薯干、素面等。优美的风景加之“千年状元村”的名号在早期就吸引了不少观光旅客和专家团队的造访。但外来游客的增多也让古村发展的一些问题慢慢暴露：村庄基础设施落后、交通不便、游客的承载量有限、未能与周边景点形成聚合效应等。慢慢地，游客越来越少，旅游业的经济效益一年不如一年。在与当时的村干部谈话时，他讲道：“大家心中都清楚，制约屿北村旅游发展的最大问题是村落旅游的产业链。如果游客能留下，或者停留得久一点，情况一定会大为不同，因此解决游客的住宿问题是根本，但在当时这是一个无法解决的难题。”

虽然久负盛名，但村民的日子不好过。历经上百年的风霜洗礼，虽几经整修，但村中多处传统风貌建筑出现了残破、倒塌等问题。作为文物保护单位，村民无权对自己的祖屋进行修理，更不必说配备空调、马桶等现代生活用品了，在这里，对房屋的修理改造就是破坏文物。老房拆不了，新房没地方建，在这样的窘境下，村民自己的居住空间都难以保证，更不必说让游客住下来。匆匆而去的游客也带走了当初大量响应号召选择回村发展的村民，曾经热闹一时的古村渐渐又归为寂静。如果再不采取措施，随着村中的老人不断离世，这个千年古村终将成为一个空村。

**2. 旅游业发展的第二个阶段**

2013年，永嘉县领导班子在结束对丽江、无锡等地的特色古村落的访问后，开始重新思索永嘉旅游产业的发展方向。在经过一段时间的走访调研后，选择了屿北等7个古村作为旅游发展试点村。长久以来，如何使村落在现代化的发展中保存好历史风貌，一直是传统村落发展的核心问题，为此，永嘉县请来了上海世贸集团永嘉籍商人，尝试合作探索“整村置换”的新路径。经过一年的商讨，2014年6月，永嘉县与上海世贸集团签订“屿北村整体开发协议”，正式提出“整村置换”的设想，目的是建立一种传统村落保护与发展并行的改造模式。

（1）“整村置换”的规划安排　整个项目包括新村建设、旧村改建、古村开发、新旧村互换四个环节。

首先，在村子周围设置村民安置区。为此上级政府特别将村北的100亩土地划拨给村里用来建设安置房，工程结束后村中原住民将全部迁出，以1∶1的住房面积置换到这个新村。新村将采取统一设计、统一建造、统一分配的方式，按照极富楠溪江特色的独幢别墅来设计，不仅造型古朴典雅，还带有花园和菜地，以满足村民的农耕需要。

其次，村落外围建于20世纪八九十年代的一些房屋被划为"旧村"，它们中的一部分将被拆除，为古村开发腾出空间；其余的房屋经过专业设计后统一成为具有浓郁历史风格的民居，这成为屿北村的另一特色建筑。

再次，古村开发是整个项目最关键的一步。基于屿北村具有耕读文化的传统，合作企业决定以文化元素的重建作为村落开发的切入点，经过多位专家的走访、讨论，最终决定将其独具特色的古建筑、民俗文化作为开发的主要内容。第一步，将其状元文化、匾额文化与古建筑相结合，计划建成状元博物馆、匾额博物馆等特色景点；第二步，将本地特色的民俗——昆曲和瓯塑引入新村建设，从而使屿北村成为一个多业态的文化旅游综合体。同时，开发的每个阶段都要在相关部门批准同意下进行，特别是加强与文物保护部门的沟通与合作，确保产业开发与村落保护并行。

最后，新旧村互换。在项目结束后，住在新村的村民也可以通过展示制作素面、香烛等屿北村特色的手工产品重新回到村中，在提高经济收入的同时，传播特色的屿北文化。此外，为了唤回外流的村民，新村在发展过程中的主要服务和管理人员都将由本村人担任，让他们在参与中重拾村落归属感。

(2)"整村置换"的运行与停滞　经过三年的准备，2017年，"整村置换"项目开始推进，当年主要完成了新村的建设用地审批。2017年3月村中的农保地转为建设用地，2017年6月村集体拥有了村内自留林的经营权，2017年12月新村农转用的申请得到市政府批准。2018年改造项目正式开工，最先进行的是村庄环境的整治，主要包括村中垃圾的清理、坍塌院墙的修复、旱厕的拆除等。在基础设施得到整修后，村中的三座文化展馆于2019年正式开始接待游客，新村中的安置房15座已经结顶。按照工程规划，整个项目于2021年年底结束，正式进入新屿北时代。

然而，从2020年开始，因资金问题，热闹非凡的"整村置换"项目突然被按下了暂停键，几年间到处都是"叮叮咣咣"施工声的古村又恢复了往日的宁静。在村北的新村安置房中，除15座已经结顶的，还有盖了一半的，大部分只是建好了地下室就停工了。旧村也有几处尚未完工的建筑，原本已经对外开放的文化展馆、六分祠堂等重新锁上了大门。屿北村今后的路会走向何方还是个未知数。

## （二）村落经济结构转型

### 1. 传统农业退化，林业经济稳定发展

外流村民规模逐渐稳定后，传统农业收入也基本维持在一个稳定的范围，但其在村落总收入中所占的比例却大幅度下降。在经济发展过程中，农业的作用日益衰退。与此同时，林业收入在村落总收入中的比例虽有下降趋势，但收入总量却稳步上升，林业收入对村落总收入的贡献率已经远超过传统农业。产生这一变化趋势的原因主要有两点：首先，耕地资源数量与林地资源数量的两极化分布，全村土地总面积约为 8 600 亩，耕地面积为 605 亩，占土地总面积的 7.03%，宜林山地约为 8 000 亩，占比高达 93%。其次，由发展旅游业带来的红利让村民慢慢产生依靠旅游发展致富的意识，他们将精力更多放在旅游业上。此外，为了可以吸引更多的游客，他们开始加强对村中生态资源的保护，一方面开始对位置偏远、条件不好的耕地采取退耕还林，另一方面加大了对村中原有林木资源的保护力度。屿北村在 1992—2004 年农、林、牧、渔的收入构成及比例变化如表 6-1 所列。

**表 6-1　屿北村在 1992—2004 年农、林、牧、渔的收入构成及比例变化**①

| 年份 | 总收入/万元 | 农业 | | 林业 | | 牧业 | | 渔业 | |
|---|---|---|---|---|---|---|---|---|---|
| | | 收入/万元 | 比重/% | 收入/万元 | 比重/% | 收入/万元 | 比重/% | 收入/万元 | 比重/% |
| 1992 | 113.5 | 51.0 | 44.9 | 42.5 | 37.4 | 20.0 | 17.7 | 0 | 0 |
| 1995 | 95.0 | 35.0 | 36.8 | 40.0 | 42.1 | 20.0 | 21.0 | 0 | 0 |
| 1998 | 113.0 | 40.0 | 35.3 | 48.0 | 42.4 | 40.0 | 35.3 | 0 | 0 |
| 2001 | 152.5 | 54.0 | 35.4 | 55.0 | 36.1 | 41.0 | 26.9 | 2.5 | 1.6 |
| 2004 | 145.0 | 50.0 | 34.5 | 55.0 | 37.9 | 37.5 | 25.9 | 2.5 | 1.7 |

### 2. 集体经济衰落

1983 年前后，以集体统一和农户分散相结合的经营形式——家庭联产承包责任制已经在全国范围内大面积实行。与之前政社合一、三级所有的集体经济体制相比，家庭联产承包责任制下的农户拥有独立的土地经营权，且在以家庭为单位

① 徐顺旗. 永嘉县志[M]. 北京：方志出版社，2003：325。

的自主经营的机制下，不仅解决了生产队时期农业劳动监督难的问题，而且有利于激发农民的劳动热情，因此很多集体经济组织在不断发展中几乎停滞，集体经济渐渐衰落。

屿北村在开始“整村置换”项目之前是一个集体经济几乎为零的村庄，而有史以来投入最大的村集体项目也处于瘫痪状态。在这样的情况下，村委会想为村里办些事只能是心有余而力不足。此外，没有集体经济联系在一定程度上削弱了村民之间的共同利益存量，加深了村民人际关系的“真空”程度。

### （三）村落社会结构分化

#### 1. 人口结构转变为三元混居

屿北村世代传承、聚族而居，通过不断积聚组成了自治的传统乡土社会。在那个时代，土地就是村民的天，农民既是职业也是身份，一元性与稳定性是当时社会结构的主要特征。改革开放后，国家进行的一系列经济体制改革不但提升了村民的经济水平，而且赋予了他们多种权利，例如，允许自由售卖自产商品的权利、自主择业的权利等。农民可以在城乡之间自由流动，冲破城乡二元结构，乡村人口完成了稳定性“大流动”的演变。

屿北村的人口结构演变为留在村中依然从事农业的村民、人员外出但户籍在村里的城市人、城乡两栖的农民工的三元混居结构。第一种是主要收入和社会关系在农村，家庭结构较完整的所谓“中农”家庭的居民，这样的家庭在整个村里约占 30%；第二种是主要收入和社会关系在城市，而户籍在村里且只在传统节日回到乡村的村民，约占 62%；第三种是频繁在城乡之间流动的候鸟式的农民工，占 8%左右。这三种成分都处于动态的变化中。在城市定居的村民受城乡二元结构及经济发展大气候的影响未能融入城市，也可能随时回归乡村；在城乡之间常年流动的农民工会根据政策环境和经济环境在城乡之间做出理性选择；在乡村常年居住、从事农业的村民仍可能为自己或下一代流向城市创造条件。这三种成分都具有不确定性。

#### 2. 家庭结构出现新模式

（1）核心家庭取代主干家庭　改革开放后，工业化、城镇化的迅猛推进不仅改变了传统的经济结构，而且使村落的家庭结构发生重大变革。一方面，村落社会秩序和利益结构因为城镇化而发生重建；另一方面，由工业化带来的社会分工代替了早期的家庭经济功能，机械化程度已经取代劳动力数量在农业生产及资产积累中的决定性作用，劳动力质量也随着社会分工程度的加剧而得到不断提升，最终结果就是子女的养育成本不断上涨，加之越来越多的新式养老模式的出现，如何赡养老人不再是影响家庭结构的主要因素。由一对夫妇与未婚子女组成的核心家庭成为20世纪80年代后最主要的家庭结构，子女婚后又形成新的核心家庭，由农业型社会的主干家庭向工业型社会的核心家庭转型。

作为传统人类文明向现代化转型进程中的最新成果，核心家庭标志着宽松自由的家庭观念逐渐取代了传统的乡村家庭伦理。

(2)形成了新式数代同堂的大家庭结构　在屿北村的社会发展过程中，计划生育政策使小家庭人口规模减小，早期为了壮大家族规模而世代同堂的居住形式又慢慢兴起，现在的这种大家庭与传统时期的家庭结构只是一种形似：所有人口居住于同一个院落，大家同灶吃饭，共同分担家务劳动等。抛开外在表现形式，这完全是一种非常具有时代特色的新式家庭结构。

首先，从形成原因来看，新式大家庭的组合由于现在家庭承包经营的土地面积小，长辈为方便经营而与未分割到土地的各个子女家庭采用共同耕作的方式。越来越多的子女们选择外出打工、经商，村庄成为他们逢年过节才停留的地方，他们留在家中的房舍需要照顾，未成年的孩子需要留在村中的父母看管，久而久之就形成了一个大家庭的格局。

其次，从家庭经济来看，现代大家庭中的各个小家庭的经济是相对独立的，各自从事其小家庭的经营活动，收入自由支配。在大家庭需要用钱时，各家经过商议确定相应份额。

最后，从家庭分工来看，除全家聚集时的家务劳动会做统一的分工与协调外，平时都由各自小家庭自主安排。从经营性的劳动分工及家庭经济的独立性上看，它们实际上是各自独立的家庭，但从家庭的房产、土地的产权来看却又是统一的。

(3)人际结构演变为“熟悉的陌生人”　传统时期的屿北村处于一个长期稳定的社会关系结构。这种因血缘关系而产生、以地缘关系为表现形式的结构就是费孝通先生所说的熟人社会的“差序格局”和“伦理本位”。在熟人社会中，熟悉是信任的先决条件，“乡土社会的信用不是对契约的重视，而是对一种行为规矩熟悉到不假思索的可靠性”①。个体之间的人际结构因为交往互助而变得紧密牢固，因此村落中的任何人都离不开熟人关系，都生活在一个封闭排他的熟人圈子中，形成

① 费孝通. 乡土中国[M]. 北京：人民出版社，2008：43。

一种情感上与道义上的联系。

如今像屿北村一样的农村虽然算不上是陌生人社会，但是早已褪去熟人社会的历史标签，正如陆益龙所说："乡村社会的存在和维续是以村落或村庄为物质基础和空间载体的"①，村落成为乡村社会共同体维持的空间基础，因此一旦离开了这个理论上封闭的区域，人与人之间就是一种平等的关系，曾经的约束力就会立即消失。

利益关系成为现在大多数村民人际往来的前提。屿北村由熟人社会已经演变为贺雪峰认为的相互脸熟而不甚了解的"半熟人社会"。村民的大量外流割裂了自身的生产生活与村落间的联系，还在村中从事农业生产经营活动的村民越来越少，同时，随着互联网信息化的高速发展，社会关系早已突破了必须见面才能维系的传统交往模式。地域不再是人与人间交往的藩篱，村落对外联系的范围更广、距离更远，人际关系的范围得到了前所未有的拓展，熟人社会圈子被打破，越来越多的陌生人成为交往对象，现代化的社会组织和公共生活受到越来越多村民的青睐。

其实，无论流出的村民有多少，只要村落中还有留守的老人，村庄内部原有的亲缘、血缘和地缘联系还能维系，传统熟人社会的人情往来也将延续。但现实往往不那么尽如人意。由于异地婚嫁和定居，愈发普遍的人口流动导致一些为了增加村民之间的情感交流、加深血脉联络的活动很难再举办。在这个过程中，血缘和地缘的相关性正在不断削弱，曾经存在于村民之间的熟悉度也在不断消失，而这种情况其实也是传统村落从熟人社会逐步走向"熟悉的陌生人"社会的一个现实映射。以往的地缘维持着血缘关系，地处同一村庄的村民基本上都是同一姓氏，即由同一支血脉传承，大家基本上也是互相熟悉的社会关系，但现在这种熟悉关系正在被打破，关系疏远、人情淡化的情况时有发生，熟人社会正在被解构。

### （四）村落文化结构的嬗变

#### 1. 价值观念多元化

传统的乡土社会是一种"日出而作，日落而息"自给自足的小农生活模式，汪氏族人自先祖迁居到屿北村，祖祖辈辈都住在这里。静态、封闭的生活方式和"靠

① 陆益龙. 流动的村庄：乡土社会的双二元格局与不确定性——皖东T村的社会形态[J]. 中国农业大学学报（社会科学版），2008，25(1)：146-153。

天吃饭”的脆弱小农经济使封闭、安分守己、保守成为凝结在他们骨子里的价值观，这也是村落共同体得以形成的重要因素。此外，“家本位”的核心精神内涵抑制了村民的个人利益与个性发展，“耕以致富，读以荣身”的族规将汪氏族人约束在农田、书院中，很少有接受新鲜事物的机会，共同的价值观念让屿北村形成了高度同质性的社会。

城镇化的发展不仅打破了村落共同体的地域边界，而且在不断打开村落的文化边界。涌入村中的纷繁复杂的都市文化、外出务工村民带回来的城市价值观在一步步打破村民原有的价值观体系。现在屿北村的年轻人可以自己选择职业，自由规划发展方向，不会为了宗族利益或家族利益而牺牲自我。越来越多的思想观念早已被村民所认同，如西式婚礼、涉外婚姻、裸婚一族、丁克家庭等在屿北村也慢慢出现。村民接触新鲜事物的渠道越来越广，日益多元化的价值观在不断溶解村落的价值体系。

**2. 民俗文化淡化**

“百里不同风，千里不同俗”是中国古代民俗文化最鲜明的特征，各地区形式各异的民俗文化彰显了本区域的优秀传统文化。民俗活动是维系村落共同体精神文化的外在表现形式，推动了村落文化的延续和发展。

相关资料记载①，传统时期的屿北村民俗文化十分丰富，特定的时间段会举办各种特色的民俗活动：农历二月二十一的迎灯，元宵节前后的摆看，年荒时节为祈福和求雨的祭祀等。这些民俗活动都是村民为期盼来年好运而进行的村庄集体活动。这些活动在丰富村民生活的同时，也加深了村落共同体的凝聚力。

现在村中几乎看不到这些传统的民俗活动了。即使还存在着的春节拜年、元宵祭祖等活动，也早已流于形式，缺席的村民越来越多。此外，随着村民生活的不断富裕，原本为表达子孙孝心的祭祖活动渐渐演变成家族成员之间显示自家经济实力的场合。民俗活动的消失加速了村落文化的解体，从而一步步削弱了村落成员的向心力。

### （五）新型“强国家-弱社会”结构

改革开放后，屿北村为唤回外流的村民，拯救日渐衰落的古村而进行的产业转型并未达到预想的效果。旅游业的失败与产业自身无关，最大的问题是转型造

① 叶大兵. 温州民俗大全[M]. 乌鲁木齐：新疆人民出版社，1998：75-78。

成了村落的社会结构的失衡。单薄的农业产业无法支撑村落的正常运行，不得不进行的经济结构转型造成了村民的大量外流，村民的单向流动不断改变了村落原有的人口、家庭、人际结构，造成了微观社会结构的不断分化，村落的日渐空心化又一步步减弱了传统文化结构对村民思想的教化作用。经济、社会、文化结构已经出现了与村落转型发展不相适应的变化。

失衡的社会结构形成了一种脆弱的村落社会形态，这种"弱社会"的状态造成了村落内部应对风险能力的不足，外援资金流的断裂使转型发展停滞。在这个过程中，国家力量在前期仍然占据主导地位，村落的社会结构呈现"强国家-弱社会"的对比状态。值得注意的是，这里的"强国家"与集体化时期的"强国家"有着本质性的区别：集体化阶段的"强"主要体现在国家对村落社会采取全力的行政投入，以实现对村落生产资料、人力资源等的主导；而现在国家主要进行公共服务和农业资金的补贴，以稳定和保障村落的公共秩序和运行秩序，其最终目的是推动村落自身的良性发展。

## 五、讨论与思考

### （一）社会结构失衡制约了传统村落的转型与发展

传统时期的屿北村是一个单姓宗族的血缘共同体，村民对村落有很深的归属感和认同感。宗族管理着村民生活的一切方面，安民守法、登记户口、扶贫济困、兴办教育、主持婚丧、建设聚落、保境安民、文化娱乐、公共卫生、维护环境、培植树木等公共事务。村落与外部的关系从"国家-社会"的视角来看，呈现"弱国家-强社会"的结构模式。即使国家不断尝试在农村设立保甲、里甲等基层代理组织进而实现对村庄的控制，强大的宗族力量也让上级组织的目的难以实现。在血缘纽带的联系下，村落内部在宗族组织的管理下呈现团结稳定的社会状态。

在农村集体化时期，在农村推行的一系列改革实现了上级组织权力在屿北村的有效延伸，重构了屿北村的村落结构。宗族组织被取缔，行政权威代替了血缘权威。村落内部的政治结构、经济结构、社会结构都与传统时期完全不一样了。政府是绝对的权力机构，屿北村在国家政策的指示下按部就班地完成所有的改革工作。如果传统时期的屿北村是一个"村落共同体"，那么这一时期的屿北村就是"国家共同体"的一个基层单位。

在市场化背景下，屿北村又发生了新的结构转型。村落从封闭走向开放，大量青壮年外出经商或务工，绝大部分留守村庄的村民是老人和尚在读书的青少年。在获批进入国家传统村落名录后，屿北村获得了大量的政府投资，村落基础设施得到极大改善，2016年又得到工商资本注资，启动传统村落保护与发展的"整村置换"项目，然而后期该项目的失败使屿北村的发展又进入停滞阶段。这一时期，屿北村的政治、经济、社会、文化结构都有不同程度的失衡。村落与外部的关系从"国家-社会"的视角来看是一种新型的"强国家-弱社会"的结构模式。

在屿北村的两次转型中，村落社会的结构失衡导致社会基础的缺失，这是制约其发展的根本原因，村落因此缺乏内源发展动力。许多传统村落在转型发展过程中也存在类似的问题，如林坑、黄南等村落结构都存在一定程度的失衡。与屿北村一样，一些传统村落依然存在缺乏集体经济来促进村落经济发展、联结村民人际关系的现象。微观社会结构的分化是大多数传统村落在发展过程中存在的共性问题。即使像建德新叶村、浦江新光村等被称为转型成功的明星村，如今村落内部也存在人口结构单一、人际结构薄弱等问题。

传统村落是否实现转型成功在一定程度上取决于在"国家-社会"的视角下其村落内部与外部的关系是否呈现一种"国家主导型"模式，即"强国家-强社会"的结构模式。在乡村振兴背景下，国家在农村的发展过程中不断摸索和尝试合理的"强国家"作用定位，也取得了一定的成效，因此对于传统村落自身而言，如何完成"弱社会"向"强社会"的转变是亟须解决的关键问题。它在本质上依然要有效解决村落社会结构失衡的问题，进而强化村落的社会基础，以实现传统村落的健康转型与发展。

在数字化时代，散落在祖国各地的屿北人在"线上"重新聚合。其实，从屿北村走出去的能人相当多，散落在各地做小生意或打工的屿北村民也不少，他们都真切关注屿北村的发展，如何把大家的力量动员起来，是屿北村后续转型与发展的关键问题。

### （二）传统村落转型发展的可行路径：重构村落社会结构

关于屿北村今后的发展走向，村书记当时给出的回答是："虽然其他公司有继续推进'整村置换'项目的合作意愿，但是我们打算由村委会成立公司，号召村民入股，自己将项目进行下去，但具体计划还需要多方考虑。"这说明村两委已经意识到过于依赖外部资源、缺乏发展自主性是屿北村目前停滞不前的根本原因，而对于众多传统村落而言，千百年来在无外力资助下依旧生生不息的原因主要在于其逐渐演变成一种“自洽性村庄”①，因此如何实现村庄的内源发展，延续这种自洽性是传统村落后续转型发展的关键问题。

**1. 村民的主人翁意识是重构村落社会结构的关键**

村落的核心是人，村民都走了，村落就没有记忆了，又何谈留得住乡愁？传统村落转型的核心是村民的转型，村落的发展实际上是村民的发展，因此如何激活现有村落的人力资源，激发他们的参与积极性是非常值得思考的问题。根据目前我国大部分村落中村民的特点，可以重点从以下三类人群入手。

第一，现在在村的老年村民是目前传统村落中的主力。他们中的一部分人具有一定的资历与威望，引导他们对村中的纠纷调解、垃圾处理等与村民切身相关的事务进行协助管理，不仅可以减轻村干部的工作负担，而且可以让老人在解决问题的过程中丰富自己的晚年生活，发挥自身价值，实现老有所为。

第二，户籍已不在村但是本人或祖上是村里的村民。目前所存的大部分传统村落至少拥有百年历史积淀，在时代的传承中，各行各业涌现出不少的精英人才，如今在外发展得比较好的人有很多，怎么把他们的智力资源、信息资源等优势利用起来，为村庄的发展出谋划策是一大关键。

第三，户籍在村但是本人在外经商或打工的村民。对这些人来说，村落依然是根脉的象征。无论他们在外生活境况如何，回不回归乡里，他们都是村里人。生于斯长于斯，村落的未来发展跟他们的利益或关系最大，通过举办一定的活动唤起他们的村落记忆，重塑村落认同感。

**2. 村落文化是重构村落社会结构的基础**

“望得见山、看得见水、记得住乡愁”是乡村振兴的美好愿景，而乡愁需要文化的滋养，文化才能留住乡村的“根”。村落文化是村落共同体成员在长期的生产生活中创造出来的物质财富和精神财富，是村落不竭的发展灵魂。目前，众多像屿北村一样的传统村落社会基础孱弱、村庄发展后继乏力的很大一部分原因是村落文化的缺失。历史底蕴丰厚的传统村落更应在后续发展过程中大力挖掘传承它们独具特色的文化要素，这样才能绵延不断地留存，因此应该注意以下几点。

第一，注重挖掘村落文化价值。很多浙江的传统村落都是典型的宗族村落，宗族文化是历史留给这些村落最宝贵的精神财富，更应将其利用好、传承好。类

---

① 朱士群，李远行. 自洽性与徽州村庄[J]. 中国研究，2006(1)：121-146，256。

似于敬祖联宗、厚风睦伦的家训是传统时期的宗族得以团结壮大的精神支撑;由家训衍生的差序格局、人伦位序等是村民有序生活、社会稳定的内涵基础;中国古代早期的孝双亲、和兄弟、睦邻里的家法族规更是维持熟人社会亲密性的重要法则。在如今大力推动文化振兴的背景下,怎样将其中的优秀思想和智慧激发出来,缓解村落文化流失、缓和社会关系、焕发村落生机是目前所有传统村落亟待解决的难题。

第二,探索传统文化的现代性转化。延续千年的村落文化只有与现代发展相契合,才能最大限度地发挥它对乡村振兴的导向作用,因此村落在发展过程中要格外注重对其进行创造性转化和创新性发展。首先,从传统村落的特色产业入手,例如,屿北村特色的手工产业——素面、纺织、香烛等技艺可以通过最热的互联网平台,介绍其传承历史,用直播制作过程、个性化定制等方式吸引顾客,在互动中吸收意见或建议,并进行适当的再造创新。一方面,销售产品和直播收益增加了村民的经济收入;另一方面,通过弘扬本地文化来增加村庄的吸引力从而推动旅游业的发展。其次,在传统村落的不断发展中考虑如何将其特色的宗族文化、耕读文化、风水文化、红色文化等与现代文化内涵完美融合,这对村落在现代化进程中实现创新性发展大有裨益。

第三,发挥自生性文化组织的辅助作用。文化组织为村落文化的重建提供了一定的组织保障,有利于实现集体文化活动在村落的重新兴旺。目前很多村落还没有正式的文化组织,只有一些村民出于自身兴趣不定期举行相关活动,因此村里可以考虑给予一定的资助来鼓励和引导村民成立相应的组织,吸引更多的村民加入,实现传统文化的传承与发扬,从而推动乡村的文化建设。

# 第七章 结论与讨论

在中国快速工业化、城镇化、全球化、信息化和市场化的进程中，传统村落何去何从是一个时代性问题，引起了全社会的关注。

## 一、国家、市场与村落共同体

在城镇化背景下，国家、市场和村落共同体是决定村落转型的三种主要力量。传统村落的转型方向及发展路径取决于国家、市场和村落共同体这三大力量之间的较量及良性互动。

### （一）村落共同体

传统村落共同体为农民提供了稳定的社会秩序和确定的生活意义，市场经济和消费社会的到来为农民提供了新的社会秩序和生活世界。孟德拉斯注意到："大多数农业劳动者意识到传统世界的崩溃，但还不善于在现代世界中从事活动，他们的生活跨越两个世界，一方面被禁锢在旧的结构里，另一方面不断受到'现代人'、进步和城市的吸引。时而，他们试着遵循新的逻辑；时而，他们又不得不返回到旧的逻辑。他们把新逻辑运用到按常规运行的领域，又用他们视为永恒的旧逻辑去解释新世界。"①

在强大的市场力量面前，村落共同体很难抵抗，不得不做出变化、适应和转型。由于市场力量对农村、农民的冲击在根本上就是对村落共同体的冲击，村庄转型的主要难题是村落共同体，所以关键性的争议就在于村落转型究竟是采取农

① 孟德拉斯．农民的终结[M]．李培林，译．北京：社会科学文献出版社，2005。

民变为自由劳动力个体的方式，还是保留村落共同体的方式？作为农民、农业的传统重要聚集单位，村落是否还有代价最小的融入现代社会的通道？在融入过程中，村落单位中的某些要素的保存是否具有社会意义？其中特别尖锐的问题就是村落居民都转变为以个体为单位的自由劳动力，这是市场力量的要求，但农民通常要为此付出惨痛的代价，并通常会成为市场中的弱者。国家、社会究竟该如何对待这些村落及其居民？这显然不仅是一个经济学上的效用计算问题，更是一个与社会态度、社会立场相关的问题，其本质是如何对待市场与社会的关系，即是否支持经济从社会中脱嵌。①

如果国家、社会没有更强大的力量和干预，市场力量不会放弃对村落社会的冲击，最终的结果必然是村落共同体的瓦解，农民沦为一个个孤零零的原子化的劳动力。②

可喜的是，在现实中，村落共同体在回应工业文明中发挥了能动性和自我调适能力，这使我们看到，在轰轰烈烈的城市化之外，同时发生着乡村化的趋势。

### （二）政府

国家本身作为一个共同体在新的层次和意义上对社会关系进行了整合，在一定程度上取代了传统地方性共同体的功能和作用。在当代中国，农业集体化、城市偏向发展战略曾经主导了中国农村发展的政策取向，快速的工业化、城市化是目前国家现代化的重要发展战略，构成了村落共同体转型的重要背景和影响因素。③

中华人民共和国成立后，由于我国采用国家工业化和偏向城市的发展战略，把农业当作工业化原始积累的源泉，改变农村的生产单位、生活方式、组织网络和文化偏好等，致力于在农村社区实现上级组织的直接管理，甚至尝试以城市组织的方式全面重组农村，其他的利益、客观需求没有得到重视，从而带来了巨大的城乡收入差别、农业经济效率低、农村社会组织能力降低等一系列的社会问题。

自 21 世纪以来，国家通过财政再分配将越来越多的公共资源投入乡村社会。住房和城乡建设部等部门自 2012 年起开始公布中国传统村落名录，2014 年住房

---

① 毛丹. 村落共同体的当代命运：四个观察维度[J]. 社会学研究，2010，25(1)：1-33，243。

② 正如毛丹教授所说：“目前多数主流经济学家关于农村劳动力大幅度转移与城市化的常规性理论与计划，基本上是基于发达国家资本主义进程的一般抽象和展望，在这种展望中农村和村庄只有数字意义，完全忽略了农民变成单个劳动力、村庄瓦解过程中农民和村庄可能付出的代价以及由此引起的社会问题，对村落共同体的命运几乎是置若罔闻的。”

③ 陆保良. 村落共同体的边界变迁与村落转型：基于一个城郊村的观察与思考[D]. 杭州：浙江大学，2012：156。

和城乡建设部、文化部、国家文物局、财政部联合出台《关于切实加强中国传统村落保护的指导意见》。此后，中国政府持续推动传统村落的保护工作，并为此投入巨量资金。

中国众多传统村落的环境、村容村貌等大为改观，其主要原因是中央到地方的政策、资金、项目等支持。

### （三）市场

市场是现代社会的一个重要特征。市场的主体是理性的个人及其理性个人的自由联合体。在经济利益的激励作用下，按照商品供求关系与价格的导向作用，由市场自发地配置生产要素和资源，成为链接超出小型、封闭共同体范围的社会关系的一种有效方式，并导致多种多样交往性共同体的出现，逐渐取代了以文化和规范为边界和行动取向的各种传统共同体。

亚当·斯密的“看不见的手”理论论述了社会分工和市场交换对于财富增长的社会意义。黄宗智的农村过密化和刘易斯的二元经济论都反映了农村劳动力、人口和资源向非农业流动的必要性。从抽象意义上说，市场化为整个社会经济的发展提供了一个突破口。①

市场也是一把“双刃剑”，正如波兰尼指出的，纯粹自发的市场观念是另一种形式的乌托邦，一旦经济从社会中脱嵌，其社会后果同样是灾难性的。市场容易使农民快速卷入异己的市场力量，失去社会的保护，导致经济和社会分层，甚至造成社会两极分化，引发社会动荡。

农民站在市场经济之中，他们无法融入城市又不得不离弃农村。他们一只脚站在城市，另一只脚还留守农村。很多农民无法依靠农业和农村经济活动来维持生计，因而走上了外出打工之路。目前，全国农民工群体总量约为 3 亿人，此外，还有庞大的留守老人、留守妇女、留守儿童群体。

### （四）城镇化

正如文军教授所言，城市化已经成为中国改革开放以来社会变迁的主旋律。在对城市的标榜中，乡村在城市中心主义的话语中已经被假定为在经济、政治、文化、社会上的封闭、落后、等待被改造的存在。城市中心主义在城优于乡的国家话语体

① 陆保良．村落共同体的边界变迁与村落转型：基于一个城郊村的观察与思考[D]．杭州：浙江大学，2012：160-161。

系中不断被生产和固化，并进一步影响社会形态和个体选择行为。[①] 城市中心主义的话语和意识形态使人们相信：以村落为载体的传统农业社会逐渐被以城市为载体的现代工业社会取代是社会现代化的一种必然趋势，甚至从某种程度上来说，都市的兴起和乡村的衰落可以被理解为是“一件事物的两面”。[②]

从这个角度来说，村落的转型与城镇化进程密切相关，城镇化是村落转型的重要推动力。城镇化的快速推进改变了原来传统村落农民同质性的职业结构，农民群体不断分化，同时，城乡之间巨大的收入差距使村落里大量的青壮年劳动力外流，留守村庄的几乎都是老年人[③]。随着不少年轻且有能力的村干部也外出务工，村组织的治理权威弱化，种种原因，留守老人对村落公共事务的参与度较低。此外，传统村落的生活方式和文化形态也逐渐被快节奏、快餐化的城市文化所消解。虽然城市文化不断地渗透到传统村落，但却很难生根，成为一种“无根的文化”。这不仅促使传统的村落文化开始发生变异和蜕变，而且随着传统文化的衰微，其所凝结的价值观也发生了深刻的转变。比如，随着城市消费文化的渗透，传统村落共同体的人际关系也发生了巨变，这可能意味着传统道德与生活方式的巨变，由此可能会导致更为严重的伦理性危机，村落里的农民会在承受“文化拔根”中变得更加焦灼不安和无所适从。[④]

2015年中央城市工作会议强调：“城市工作必须同‘三农’工作一起推动，形成城乡发展一体化的新格局。”城镇化建设的最终目的是要让居民“望得见山、看得见水、记得住乡愁。”乡村振兴战略是中国经济社会发展方式的一次大的转变，重塑城乡关系，走城乡融合发展之路，促进城乡之间更加均衡的发展。在该意义上，未来的城乡应当是在相互渗透、相互融合的过程中保留各自的独特属性，并最终实现一种共生发展。

## （五）小结

总而言之，工业化、城市化使社会产生了结构性变化，尤其是人口流动性大大

① 文军，沈东．当代中国城乡关系的演变逻辑与城市中心主义的兴起：基于国家、社会和个体的三维透视[J]．探索与争鸣，2015(7)：2，71-77。

② 文军，吴越菲．流失“村民”的村落：传统村落的转型及其乡村性反思[J]．社会学研究，2017，32(4)：22-45，242-243。

③ 以前村里留下的还是儿童、妇女和老人，2008年之后，妇女、儿童也纷纷离开村庄，去往城市务工、读书，村落里剩下的几乎都是老年人寂寞度日。

④ 文军．东亚村落发展的比较研究：经验与理论反思——重构中国传统村落的社会意义[J]．山东社会科学，2014(9)：71-72。

增加。农民个人身份认同越来越困难。村落共同体无论对外出务工的农民，还是对留守家中的农民来说，都具有不可替代的重要意义。一方面，快速的城市化、工业化的背景不断消解村落共同体的功能；另一方面，在庞大的政府、汹涌的市场力量面前，村落共同体的能动性也越来越小。

因此，如何保有村落共同体的力量，村落共同体能像过往一样继续做农民的保护力量，拥有凝聚力、向心力，以抵制和免于外力侵蚀和资本强制，为村落共同体和生活于其中的社会底层争取更多的时间和空间，寻求农民拥有更多自主权的参与式社会发展道路，是村落转型与发展过程中一个非常值得重视和注意的问题。此外，如何形成共同体、政府、市场三者力量之间的良性互动机制，不让一方过度进入另一方的领地，是未来宏观层面以及微观层面的村落转型能否成功及平稳运行的关键。

## 二、传统村落的未来

学者指出，中国的现代化路径并非一定要以意识形态化的现代化叙事为标的。相较而言，乡土化也许是一条更为切实可行的途径①。传统文化在乡村社会发展进程中的存在并非一定与现代化目标相冲突，相反，如果对其恰当地把握，倒很可能是一种潜在的文化优势，是社会和谐发展的基础。

乡村的失落其实是乡土文化的失落。而乡土文化是在我国漫长的乡土社会里由以农民为主，加上小手工业者、小商贩、在乡知识分子和少数退休还乡的官吏一起创造的。虽然庙堂文化、士大夫文化和市井文化给乡土文化带来了巨大的影响，但它们根扎于乡土文化。乡土文化是大多数人创造的文化，为大多数人服务。乡土文化依赖于土地，是一种地域性文化，千变万化、丰富多彩，是中华民族优秀文化遗产中还没有被充分开发的宝藏②。乡土文化的失落也就意味着乡土生活逻辑性、生命真实性的崩溃，意味着农民精神家园的失体，因此农民完全放弃自己的文化传统而趋向于西方文化，不仅不会加快乡村社会发展的进程，倒有可能在导致乡村生活解体的同时，引致乡村社会的解体。在一段时间内，村落里出现的信仰体系混乱、价值扭曲和道德滑坡等诸多社会问题在某种程度上是乡土传统文化

① 李远行.乡土中国 VS 城市中国[J].读书，2005(1)：126-131。
② 陈志华，李秋香.中国乡土建筑初探[M].北京：清华大学出版社，2011：379。

受到冲击，村民借以安身立命的精神家园解体后导致的一种茫然失措、心理失衡的结果。

因此，和谐乡土社会的建构并非意味着与传统文化的彻底诀别，并非要完全移植西方工业化或城市化的模式，而恰恰是要立足于乡土，梳理我们自己的乡土经验，从村民的现实生活、关系网络、地方习俗、伦理观念等去寻找演变的轨迹和可能的答案①。关于传统村落发展的未来，有一系列问题需要厘清。

第一，传统村落的未来取决于国家的选择，取决于国家怎么看待传统村落。传统村落是被看作无足轻重的社会构成，任其自生自灭，还是将传统村落看作凝聚了众多历史信息、文化景观和民族记忆的活态遗产，看作中华民族悠久灿烂文明的重要载体？如果在2010年之前第一种态度占主流，那么现阶段已转变为第二种态度占主流，而且对传统村落的政策支持和资金投入越来越多。

第二，必须重新审视现代化、工业化和城市化的关系问题，以城市发展为主导的现代化是否能够容纳非城市形态的村落现代化？

第三，传统村落是否可以与城市一样成为村民现代化的载体和场域？其需要的基本条件和要素是什么？如果可以，传统村落应该如何来达成这些基本条件和要素？

传统村落未来的预判既不应当是浪漫主义的，又不应当是悲情主义的。传统村落的未来不是等来的，是行动出来的。让更多的有识之士与村民们一起，共同期待传统村落的光明未来。

在乡村振兴背景下，我国逐步完善传统村落保护利用制度，抢救保护了一大批历史文化遗产，改善了村民的生产生活条件，逐步营造了弘扬传承中华优秀传统文化的良好氛围，传统村落保护利用工作取得历史性成就。

据统计，截至目前，我国共有8 155个村落被列入国家级传统村落保护名录并实施了挂牌保护，16个省(区、市)有5 028个村落被列入省级传统村落保护名录，55.6万栋传统建筑被保护，5 965项省级及以上非物质文化遗产得到传承和发展，形成了世界上规模最大、价值最丰富、保护最完整的农耕文明遗产保护群。住房和城乡建设部在全国传统村落保护利用工作推进会上又提出，我国将进一步加大传统村落保护力度，推动传统村落纳入中华文明标识体系，完善法规政策标准，进一步强化制度保障。

① 文军，吴越菲. 流失“村民”的村落：传统村落的转型及其乡村性反思[J]. 社会学研究，2017，32(4)：22-45，242-243。

所以传统村落的未来：一方面传统村落将采取因地制宜的发展路径，实现“传统”与“现代”的和谐共生，不断焕发出新的生机；另一方面传统村落作为中国历史文化的“活化石”，作为活态遗产和中华优秀传统文化的重要载体，见证了华夏文明的辉煌与变迁，也必将随着中华民族的伟大复兴、随着中华文明的延续而继续旺盛地生长。

# 参考文献


1. 安旭. 宗族政治的理想标本:新叶村[M]. 杭州:浙江大学出版社,2012.
2. 边燕杰. 市场转型与社会分层[M]. 北京:生活·读书·新知三联书店,2002.
3. 波兰尼. 大转型:我们时代的政治与经济起源[M]. 冯钢、刘阳,译. 杭州:浙江人民出版社,2007.
4. 布莱恩. 罗伯茨,安苗. 城市化、分权与农村生活的重组[J]. 中国农业大学学报(社会科学版),2008(1):52-60.
5. 陈庚. 以居民为核心主体的古村落保护与开发:基于婺源李坑村的实证调查分析[J]. 江汉大学学报(人文科学版),2009(5):86-90.
6. 陈然. 非线性转型的"乡村文化资本"生产路径:基于苏北和苏南两个典型村庄的比较[J]. 武汉理工大学学报(社会科学版),2017(3):107-114.
7. 陈文胜. 城镇化进程中乡村社会结构的变迁[J]. 湖南师范大学社会科学学报,2020(2):57-62.
8. 陈志华,李秋香. 中国乡土建筑初探[M]. 北京:清华大学出版社,2015.
9. 陈志华,李秋香. 诸葛村[M]. 北京:清华大学出版社,2010.
10. 陈志华. 俞源村[M]. 北京:清华大学出版社,2007.
11. 邓大才. 超越村庄的四种范式:方法论视角——以施坚雅、弗里德曼、黄宗智、杜赞奇为例[J]. 社会科学研究,2010(2):130-136.
12. 邓大才. 如何超越村庄:研究单位的扩展与反思[J]. 中国农村观察,2010(3):86-96.
13. 邓娟. 再造农民:国家、社会与农民互动的社会学研究[D]. 武汉:武汉大学,2011.
14. 狄金华. 中国农村田野研究单位的选择:兼论中国农村研究的分析范式[J]. 中国农村观察,2009(6):80-91,97.
15. 杜赞奇. 文化、权力与国家:1900—1942 年的华北农村[M]. 王福明,译. 南京:江苏人民出版社,2010.

16. 费孝通. 乡土中国[M]. 北京:人民出版社,2008.
17. 冯骥才. 传统村落的困境与出路:兼谈传统村落是另一类文化遗产[J]. 民间文化论坛,2013(1):7-12.
18. 冯骥才. 守护中华民族的"根性文化"[J]. 设计艺术(山东工艺美术学院学报),2012(4):6-7.
19. 葛学溥. 华南的乡村生活:广东凤凰村的家族主义社会学研究[M]. 周大鸣,译. 北京:知识产权出版社,2012.
20. 龚春明,朱启臻. 村落的终结、纠结与未来:经验反思及价值追寻[J]. 学术界,2012(6):225-231,279-281.
21. 郭占锋,李轶星,张森,等. 村庄市场共同体的形成与农村社区治理转型:基于陕西袁家村的考察[J]. 中国农村观察,2021(1):68-84.
22. 黄宗智. 华北的小农经济与社会变迁[M]. 北京:中华书局,2000.
23. 蓝宇蕴. 都市里的村庄:一个"新村社共同体"的实地研究[M]. 生活·读书·新知北京:三联书店,2005.
24. 郎友兴. 改革、市场经济与村庄政治:基于一个浙江村庄政治的三十年变迁[J]. 浙江社会科学,2010(11):2-10,125.
25. 李莉. 新叶古村旅游开发模式的研究[D]. 杭州:浙江工业大学,2017.
26. 李培林. 村落的终结:羊城村的故事[M]. 北京:商务印书馆,2004.
27. 李培林. 巨变:村落的终结——都市里的村庄研究[J]. 中国社会科学,2002(1):168-179,209.
28. 李培林. 现代性与中国经验[J]. 社会,2008(3):2-6.
29. 李秋香. 浙江新叶村[M]. 北京:中国建筑工业出版社,2016.
30. 李善峰. 中国乡村研究:"进入"村落与"超越"村落[J]. 山东社会科学,2014(9):64-67.
31. 李远行. 乡土中国 VS 城市中国[J]. 读书,2005(1):126-131.
32. 李远行. 中国农村社会学研究:第一辑[M]. 苏州:苏州大学出版社,2011.
33. 梁漱溟. 乡村建设理论[M]. 上海:上海人民出版社,2011.
34. 梁效革. 村落终结与村落共同体的未来研究:以山东省南山村为例[D]. 济南:山东大学,2009.
35. 林聚任. 中国村落研究的传统及其超越[J]. 山东社会科学,2014(9):60-62.
36. 刘梦琴. 中国城市化进程中村落终结的路径选择[J]. 农村经济,2011(2):92-96.
37. 刘锐. 农民阶层分化与乡村治理转型[J]. 中州学刊,2012(6):89-93.
38. 刘伟. 论村落自主性的形成机制与演变逻辑[J]. 复旦学报(社会科学版),2009(3):133-140.

39. 刘玉照. 村落共同体、基层市场共同体与基层生产共同体:中国乡村社会结构及其变迁[J]. 社会科学战线,2002(5):193-205.
40. 鲁可荣. 乡村集体记忆重构与价值传承[J]. 民俗研究,2021(3):62-70,158.
41. 陆保良. 村落共同体的边界变迁与村落转型:基于一个城郊村的观察与思考[D]. 杭州:浙江大学,2011.
42. 毛丹. 村落共同体的当代命运:四个观察维度[J]. 社会学研究,2010(1):1-33,243.
43. 毛丹. 村庄大转型:浙江乡村社会的发育[M]. 杭州:浙江大学出版社,2008.
44. 毛丹. 村庄的大转型[J]. 浙江社会科学,2008(10):2-13,125.
45. 毛丹. 一个村落共同体的变迁:关于尖山下村的单位化的观察与阐释[M]. 上海:学林出版社,2000.
46. 孟德拉斯. 农民的终结[M]. 李培林,译. 北京:社会科学文献出版社,2005.
47. 聂存虎. 古村落保护的策略与行动研究:以山西下州村为例[D]. 北京:中央民族大学,2011.
48. 潘家恩,杜洁. “现代梦”的别样回声:乡村建设的资源与矛盾[J]. 开放时代,2013(3):70-83.
49. 平锋. 生态博物馆的文化遗产保护理念与基本原则:以贵州梭嘎生态博物馆为例[J]. 黑龙江民族丛刊,2009(3):133-137.
50. 渠敬东. 项目制:一种新的国家治理体制[J]. 中国社会科学,2012(5):113-130,207.
51. 塞缪尔·亨廷顿. 文明的冲突与世界秩序的重建[M]. 周琪,等译. 北京:新华出版社,2010.
52. 施坚雅. 中国农村的市场和社会结构[M]. 史建云,译. 北京:中国社会科学出版社,1998.
53. 施云卿. 面对当前中国转型社会学研究的“真问题”[J]. 社会学研究,2006(4):239-240.
54. 舒尔茨. 改造传统农业[M]. 梁小民,译. 北京:商务印书馆,2007.
55. 宋绍杭,赵淑红,邰惠鑫. 屿北:楠溪耕读村状元归隐地[M]. 杭州:浙江大学出版社,2010.
56. 苏流芳. 当代中国社会结构转型研究[D]. 北京:中共中央党校,2018.
57. 滕尼斯. 共同体与社会[M]. 林荣远,译. 北京:商务印书馆,1999.
58. 田毅鹏,韩丹. 城市化与“村落终结”[J]. 吉林大学社会科学学报,2011(2):11-17.
59. 田毅鹏. “村落终结”与农民的再组织化[J]. 人文杂志,2012(1):155-160.
60. 田毅鹏. 东亚村落比较研究的视域及启示[J]. 山东社会科学,2014(9):68-71.
61. 王春光. 村落研究的问题取向[J]. 山东社会科学,2014(9):62-64.
62. 王萍. 村庄转型的动力机制与路径选择[D]. 杭州:浙江大学,2013.
63. 王绍光. 大转型:1980 年代以来中国的双向运动[J]. 中国社会科学,2008(1):129-148

+207.
64. 王斯福，赵旭东，孙美娟．什么是村落？[J]．中国农业大学学报(社会科学版)，2007(1)：15-32.
65. 王小明．传统村落价值认定与整体性保护的实践和思考[J]．西南民族大学学报(人文社会科学版)，2013(2)：156-160.
66. 王晓毅，张军，姚梅．中国村庄的经济增长与社会转型[M]．太原：山西经济出版社，1996.
67. 文军、沈东．当代中国城乡关系的演变逻辑与城市中心主义的兴起：基于国家、社会和个体的三维透视[J]．探索与争鸣，2015(7)：2，71-77.
68. 文军、王谦．从发展社会学到转型社会学：发展研究学科范式的新探索[J]．江海学刊，2017 (1)：96-104，238.
69. 文军、吴越菲．流失"村民"的村落：传统村落的转型及其乡村性反思[J]．社会学研究，2017(4)：22-45，242-243.
70. 文军．重构中国传统村落的社会意义[J]．山东社会科学，2014(9)：71-72.
71. 项飚．跨越边界的社区：北京"浙江村"的生活史[M]．北京：生活·读书·新知三联书店，2000.
72. 熊培云．一个村庄里的中国[M]．北京：新星出版社，2011.
73. 徐崇统．千年屿北[M]．杭州：浙江大学出版社，2006.
74. 阎云翔．私人生活的变革[M]．上海：上海书店出版社，2006.
75. 俞可平．治理与善治[M]．北京：社会科学文献出版社，2009.
76. 郁建兴、高翔．农业农村发展中的政府与市场、社会：一个分析框架[J]．中国社会科学，2009(6)：89-103，206-207.
77. 张鸣．乡村社会权力和文化结构的变迁(1903—1953)[M]．南宁：广西人民出版社，2001.
78. 张绚璇．社区营造视角下传统村落的保护与发展研究：以建德市新叶村为例[D]．杭州：浙江工商大学，2016.
79. 张仲礼．中国绅士研究[M]．上海：上海人民出版社，2008.
80. 赵旭东．乡村成为问题与成为问题的中国乡村研究：围绕"晏阳初模式"的知识社会学反思[J]．中国社会科学，2008(3)：110-117.
81. 折晓叶，陈婴婴．社区的实践：超级村庄的发展历程[M]．杭州：浙江人民出版社，2000.
82. 折晓叶．村庄的再造：一个超级村庄的变迁[M]．北京：中国社会科学出版社，1997.
83. 周大鸣．庙、社结合与中国乡村社会整合[J]．贵州民族大学学报，2014(6)：19-25.
84. 周飞舟．从汲取型政权到"悬浮型"政权：税费改革对国家与农民关系之影响[J]．社会学研究，2006(3)：1-38，243.
85. 周晓虹．社会转型与中国社会科学的历史使命[J]．南京社会科学，2014(1)：1-10.

86. 周晓虹. 中国经验与中国体验:理解社会变迁的双重视野[J]. 天津社会科学,2011(6):12-19.

87. 周雪光. 权威体制与有效治理:当代中国国家治理的制度逻辑[J]. 开放时代,2011(10):67-85.

88. 周雪光. 从“黄宗羲定律”到帝国的逻辑:中国国家治理逻辑的历史线索[J]. 开放时代,2014(4):7-8,108-132.

89.《诸葛村志》编纂委员会. 诸葛村志[M]. 杭州:西泠印社出版社,2013.

# 后　记

终于，这本书稿写完了！

感谢教育部人文社科项目对本研究的支持！感谢浙江科技大学人才经费的支持！没有经费支持，本研究可能是关山难越，调查难成。

感谢浙江大学的王景新教授、浙江师范大学的葛深渭教授、朱华友教授、金正庆教授等帮忙联系调研地点、探讨课题内容。感谢浙江科技大学马克思主义学院张悦靖书记、武林副院长、楼天宇副院长对本研究的鼓励和支持。

感谢挚友刘励敏老师，感谢学生毛清华、蒋艳琪、吕航、陈亚杰、陈德仙、王雪凝、江一、蔡鹏程等，研究过程是枯燥的，但和你们一起下乡调研、头脑风暴是快乐的。

感谢杭州市哲学社会科学研究基地“现代职业教育研究中心”出版资助(编号:2023JD4T)。

此刻，唯有感恩，以后会更加努力。

郭海霞

于浙江科技大学 A3-201

2023 年 12 月